铁路轨道构造与施工

主　编　霍君华　哈　娜　马　健
副主编　李冬松　曹英浩　徐　刚
　　　　张永丹
参　编　郭　扬　徐　达　孟祥竹

北京理工大学出版社
BEIJING INSTITUTE OF TECHNOLOGY PRESS

内容提要

本书是交通运输高等职业教育骨干专业建设的重要成果之一，是众多专业教师、一线工程技术人员共同的智慧和劳动成果。本书依据铁道工程技术专业人才培养目标，结合工程实际，按照行业领域与职业能力进行编写。本书对普速铁路的有砟轨道，高速铁路常用的CRTSⅠ型、Ⅱ型、Ⅲ型板式无砟轨道和CRTSⅠ型双块式无砟轨道，地铁及城市轨道中常用的弹性支撑块式、长枕埋入式无砟轨道，以及道岔、无缝线路等施工技术进行了讲解。

本书可作为高等院校铁道工程施工、高速铁路施工、城市轨道施工技术等相关专业的教材，也可供相关行业从业者参考使用。

版权专有　侵权必究

图书在版编目（CIP）数据

铁路轨道构造与施工 / 霍君华，哈娜，马健主编. -- 北京：北京理工大学出版社，2023.8
ISBN 978-7-5763-2754-0

Ⅰ．①铁… Ⅱ．①霍… ②哈… ③马… Ⅲ．①轨道（铁路）－构造－高等学校－教材②轨道（铁路）－铁路施工－高等学校－教材 Ⅳ．① U213.2 ② U215

中国国家版本馆 CIP 数据核字（2023）第 155402 号

责任编辑：阎少华	**文案编辑**：阎少华
责任校对：周瑞红	**责任印制**：王美丽

出版发行	北京理工大学出版社有限责任公司
社　　址	北京市丰台区四合庄路6号
邮　　编	100070
电　　话	(010) 68914026（教材售后服务热线）
	(010) 63726648（课件资源服务热线）
网　　址	http：//www.bitpress.com.cn
版印次	2023年8月第1版第1次印刷
印　　刷	河北鑫彩博图印刷有限公司
开　　本	787 mm×1092 mm　1/16
印　　张	14
字　　数	320千字
定　　价	69.00元

图书出现印装质量问题，请拨打售后服务热线，负责调换

前 言

铁路轨道构造与施工课程是铁道工程技术专业中一门理论与实践相互交融的职业核心能力课程。本课程基于智慧职教云课堂平台，面向高职高专轨道专业类学生和从事轨道工程岗位的技术人员。

本课程注重高职学生的培养目标，以轨道交通和铁路施工技术为主，注重新工艺、新技术的学习。考虑到轨道结构的复杂性，课程内容组织采用先整体介绍，再根据轨道施工任务实施中的技能需求依次展开。通过教学，学生应具备城市轨道交通及高速铁路轨道工程施工技术与工程管理能力，能运用所学知识分析处理轨道工程施工中的实际问题。

课程的主要教学内容包括六个项目。项目一和项目二介绍轨道结构，包括有砟轨道、无砟轨道等常用的轨道形式；项目三介绍传统的有砟轨道施工技术；项目四介绍无砟轨道施工技术，其中包括高铁常用的无砟轨道（高铁常用的CRTS Ⅰ型、Ⅱ型、Ⅲ型轨道，CRTS Ⅰ型双块式轨道，长枕埋入式和弹性支承块式轨道等）；项目五介绍道岔，道岔作为轨道线路的薄弱环节，其施工方法也是很重要的；项目六是对无缝线路的介绍。整个教学按照先整体，再展开的模式进行。

本书由专业教师与企业一线施工技术人员合作开发，是交通运输高等职业教育骨干专业建设的重要成果之一，是众多专业教师、一线工程技术人员共同的智慧和劳动成果。本书依据铁道工程技术及相关专业人才培养目标，结合工程实际，按照行业领域与职业能力进行编写。本书具有以下特色：

1.本书从岗位核心能力入手，突出专业化与岗位技术相适应，明确了人才的培养方向，更加适应高职技术教育改革的教学理念。本书以使学习者掌握"中国名片"——高铁和绿色公共交通——地铁的施工建设技能为核心，能够满足轨道工程技术员的岗位要求。

2.本书注重学习者的认知逻辑和学习效能，从知识、技能的逻辑性入手，用浅显生动的语言描述，配以丰富的资源展示，使学习者学习轻松、运用自如。本书以总分的形式完整系统地对轨道各种施工工况进行介绍，让学习者更全面地了解轨道施工。

3.本书与数字化资源配套使用，对教与学双向辅助，有效地保证学习者对资源的有效检索和运用，形成以学习者为中心的教育形式。本书的数字资源包括视频、动画、微课、PPT等，能够更好、更形象、更生动地对施工方法以及施工设备操作进行演示，从而满足不同学习者的要求。

4.本书是由专业老师与企业联合开发的，紧跟生产技术一线，符合行业标准和技术规范，融合新技术、新工艺，再现真实环境下的岗位核心技能，具有较强的实践指导性。

本书根据课程标准，以工作过程为导向，以城市轨道交通行业所涵盖的职业岗位群进行工作任务和职业能力分析，设定职业能力培养目标。本书以工作过程为导向，紧紧围绕完成工作任务的需要，选择课程内容，并以典型城市轨道交通施工项目为载体，模拟施工场景，设计教学活动，强化实训。本书内容结合职业资格考证，使学生能适应职业岗位的要求。本书旨在培养学生的专业能力、方法能力和社会能力。

本书在编写过程中，参考并吸取了很多专家、学者的研究成果，参阅了很多参考文献，在此表示由衷的感谢。

由于时间仓促，编者水平有限，书中遗漏之处在所难免，敬请读者批评指正。

编　者

目 录

项目一 直线轨道构造 ……………… 1
  任务一 钢轨认知 ………………… 1
  任务二 连接零件安装 …………… 5
  任务三 有砟轨道结构 …………… 23
  任务四 无砟轨道结构 …………… 32
  任务五 轨道几何形位 …………… 44

项目二 曲线轨道构造 ……………… 52
  任务一 曲线外轨超高设置 ……… 52
  任务二 轨距加宽设置 …………… 55
  任务三 缓和曲线设置 …………… 56
  任务四 缩短轨布置 ……………… 60

项目三 有砟轨道施工 ……………… 66
  任务一 轨枕预制 ………………… 66
  任务二 轨排制作 ………………… 68
  任务三 轨排铺设 ………………… 71
  任务四 铺砟整道 ………………… 76

项目四 无砟轨道施工 ……………… 84
  任务一 CRTS Ⅰ型板式无砟轨道施工 …… 84
  任务二 CRTS Ⅱ型板式无砟轨道施工 …… 110
  任务三 CRTS Ⅲ型板式无砟轨道施工 …… 124
  任务四 CRTS Ⅰ型双块式无砟轨道施工 …… 149
  任务五 长枕埋入式轨道施工 …… 154
  任务六 弹性支承块式轨道施工 …… 158

项目五 道岔 ………………………… 162
  任务一 道岔构造 ………………… 162
  任务二 道岔尺寸检查 …………… 166
  任务三 道岔施工 ………………… 179

项目六 无缝线路 …………………… 192
  任务一 无缝线路构造 …………… 192
  任务二 无缝线路基本原理 ……… 194
  任务三 无缝线路施工 …………… 196

参考文献 ……………………………… 217

项目一

直线轨道构造

学习目标

知识目标

1. 掌握有砟轨道和无砟轨道的结构及其优缺点。
2. 掌握轨枕、钢轨作用及类型。
3. 掌握道床类型及构造。

能力目标

1. 能够正确选用轨道加强设备。
2. 能够测量直线地段轨道几何形位,并对测量数据进行分析。

素质目标

1. 树立"科技是第一生产力"的观念,大力推进自主创新。
2. 坚持正确的施工原则,发扬勤俭节约、艰苦奋斗的精神。
3. 在施工过程中,树立生态文明观念,自觉落实环境保护行动。

任务一 钢轨认知

钢轨概述

一、钢轨的作用及基本要求

1. 钢轨的作用

钢轨是轨道的主要组成部分,钢轨的作用:直接承受车轮传递的列车及其荷载的质量,并传递给轨下基础;为车轮的滚动提供连续平顺和阻力最小的表面;引导列车的运行方向。在电气化铁路或自动闭塞区段,钢轨还可兼作轨道电路。

2. 钢轨的基本要求

随着铁路向高速、重载方向发展,钢轨也正向重型化、强韧化及纯净化发展。对钢轨质量、断面、材质三要素均提出了相应的要求。

因为钢轨的工作条件十分复杂,气候及其他因素对钢轨受力也有影响,所以为使列车能够安全、平稳和不间断地运行，钢轨必须保证在轮荷载温度力的作用下，应力和变形均不超过规定的限值，这就要求钢轨具有足够的强度和耐磨性。钢轨长期在列车重复荷载作用下工作，为防止轨头部分的疲劳损伤，减轻车轮对钢轨的动力冲击作用，要求钢轨应具有较高的抗疲劳强度、较强的冲击韧性和一定的弹性。钢轨和车轮接触的踏面既要粗糙，以增加轮轨间的黏着力，又要光滑，以减少行车阻力。另外，还要求钢轨有良好的可焊性。

二、钢轨的类型及断面尺寸

1. 钢轨的类型

钢轨的类型通常以每米长的钢轨质量千克数（kg/m）来表示。每米钢轨的质量越大，它所能承受的荷载越大。世界上第一条铁路的钢轨为 18 kg/m，质量最大的钢轨在美国，重达 77 kg/m。

我国现行的钢轨标准有 50 kg/m、60 kg/m、75 kg/m 三种。为了提高线路的通过能力，我国铁路正逐步淘汰小质量钢轨，主要线路一般铺设 60 kg/m 或 75 kg/m 的重型钢轨，具体尺寸如图 1-1 所示。

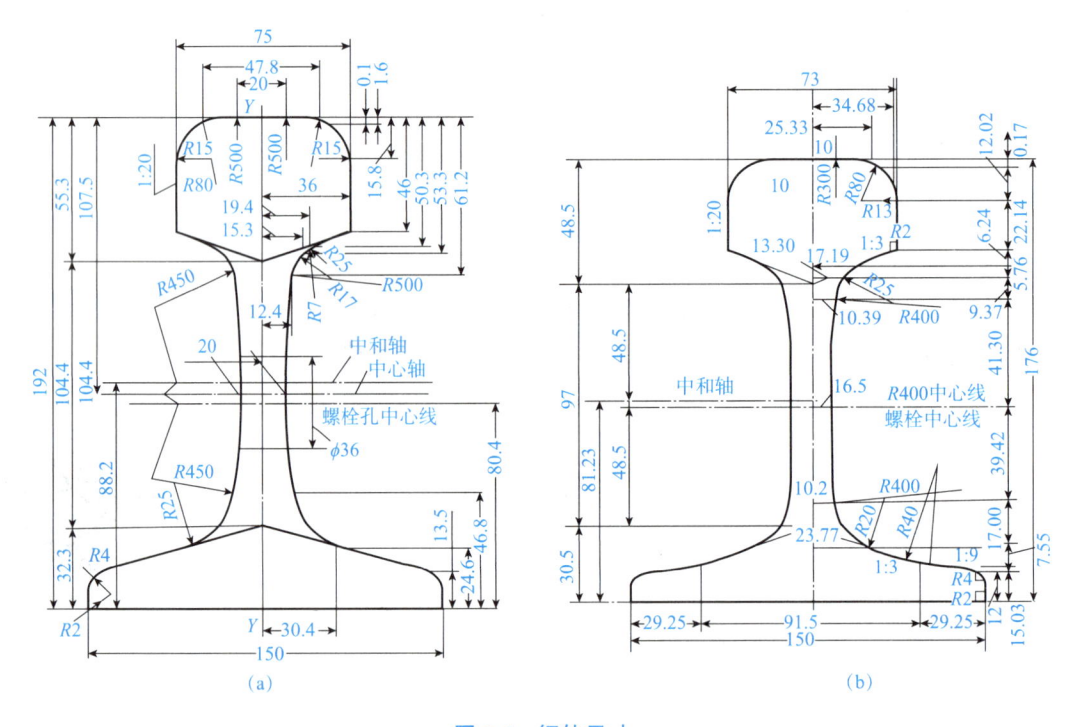

图 1-1 钢轨尺寸
(a)75 kg/m 钢轨；(b)60 kg/m 钢轨

另外，钢轨按厂制钢轨长度的不同可分为以下几种：

(1)标准轨：12.5 m 和 25 m；

(2)缩短轨：12.5 m 轨缩短量为 40、80、120(mm)；25 m 轨缩短量为 40、80、160(mm)。

钢轨按材质的不同可分为碳素轨、合金轨、热处理轨。按强度的不同可分为五级：850、900、1 000、1 200、1 300(MPa)。按货源可分为国产轨、进口轨、试验轨。

2. 钢轨的断面尺寸

钢轨断面形状为 I 形，由轨头、轨腰、轨底三大部分组成。I 形看似简单，但受力性能好，省材料，具有最佳抗弯性能，是抵抗挠曲的最佳断面。其四个主要参数分别为轨头宽度 b、轨腰厚度 c、轨身高度 H 和轨底宽度 B，如图 1-2 所示，各部分尺寸见表 1-1。

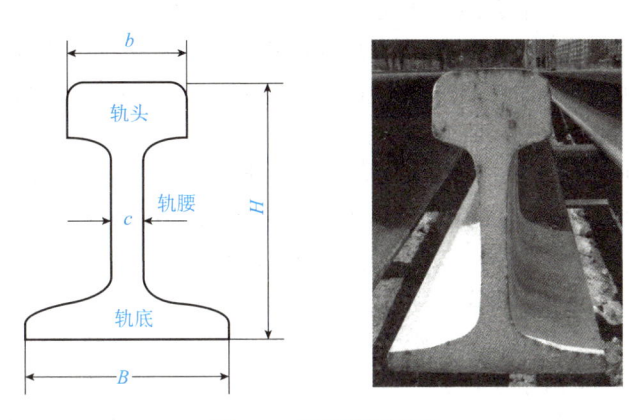

图 1-2 钢轨断面形式

表 1-1 钢轨断面各部分尺寸

项目	钢轨类型/(kg·m^{-1})			
	43	50	60	75
每米钢轨质量 m/kg	44.653	51.514	60.64	74.414
钢轨高度 H/mm	140	152	176	192
轨头宽度 b/mm	70	70	73	75
轨底宽度 B/mm	114	132	150	150
轨腰厚度 c/mm	14.5	15.5	16.5	20
螺栓孔直径 ϕ/mm	29	31	31	31
轨端至 1 孔中心距 L_1/mm	56	66	76	96
1 孔至 2 孔中心距 L_2/mm	110	150	140	220
2 孔至 3 孔中心距 L_3/mm	160	140	140	130
截面面积/cm³	57	65.8	77.45	95.04
钢轨长/m	12.5 25	12.5 25	12.5 25	25

三、钢轨的化学成分

1. 钢轨的化学成分

钢轨的化学成分主要是铁(Fe)，其次是碳(C)，可根据强度和硬度的需要增加其他化学元素，如锰(Mn)、硅(Si)、钒(V)等，同时限制磷(P)、硫(S)等含量。

钢轨的物理力学性能包括强度极限、屈服极限、疲劳极限、伸长率、断面收缩率、冲击韧性及硬度等。

碳对钢轨的性质影响最大。提高钢轨的含碳量，其抗拉强度、耐磨性及硬度都会增加。但含碳量过高，会使钢轨的伸长率、断面收缩率和冲击韧性显著下降。因此，一般含碳量不超过0.82%。

为了进一步提高钢轨的耐磨性能和强度，可对钢轨进行全长淬火或采用合金钢轨。淬火时采用电感应加热的方法，以局部改变轨头钢的组织，从而提高钢轨的强度和韧性。另外，在钢轨的化学成分中适当增加铬(Cr)、镍(Ni)、钼(Mo)、铌(Nb)、钛(Ti)和铜(Cu)等元素，制成合金钢轨，可有效提高钢轨的抗拉、抗疲劳强度以及耐磨和耐腐蚀性能。

锰可以提高钢轨的强度和韧性，去除有害的氧化铁和硫夹杂物，其含量一般为0.6%~1.0%。锰含量为1.1%~1.5%的钢称为中锰钢，有较高的抗磨性能。

硅易与氧化合，故能去除钢中气泡，增大密度，使钢质密实细致。在碳素钢中，硅含量一般为0.15%~0.30%。提高钢轨的含硅量，也能提高钢轨的耐磨性能。

磷和硫在钢中均属于有害成分。磷含量超过0.1%，会使钢轨具有冷脆性，在冬季严寒地区，易突然断裂。硫不溶于铁，无论含量多少均生成硫化铁，在985℃时，呈晶态结晶析出。这种晶体性脆易溶，使金属在800~1 200℃时发脆，在钢轨轧制或热加工过程中易出现大量废品。因此，磷、硫的含量必须严格加以控制。

按钢轨材质划分，常见种类有U71、U74(抗拉强度 σ_b=785 MPa)——碳素钢、U71Mn(σ_b=883 MPa)——合金钢、PD3(U75V一般 σ_b=980 MPa)、高碳微钒轨钢(σ_b=1 300 MPa)。

2. 钢轨损伤

钢轨损伤是指钢轨在使用过程中发生折断、裂纹及其他影响和限制钢轨使用性能的损伤。为便于统计和分析钢轨损伤，需对钢轨损伤进行分类。根据损伤在钢轨断面上的位置、损伤外貌及损伤原因等，损伤分为9类共32种，用两位数编号分类，十位数表示损伤的部位和状态，个位数表示造成损伤的原因。钢轨损伤分类具体内容可见《铁道工务技术手册(轨道)》。

钢轨折断是指下列情况之一：钢轨全截面至少断成两部分；裂缝已经贯通整个轨头截面或轨底截面；钢轨顶面有长大于50 mm、深大于10 mm的掉块。钢轨折断直接威胁行车安全，应及时更换。钢轨裂纹是指除钢轨折断外，钢轨部分材料发生分离，形成裂纹。钢轨损伤种类很多，常见的有钢轨磨耗、接触疲劳伤损、剥离及轨头核伤、轨腰螺栓孔裂纹等。

四、钢轨轨缝设置

普通线路上钢轨与钢轨之间留有一定的缝隙，称为轨缝。每节钢轨通过夹板和接头螺栓将其连接起来。随着轨温变化，钢轨将发生伸缩，这个伸缩量由钢轨螺栓孔、夹板螺栓孔和螺栓杆之间的间隙来提供，它们之间在构造上能实现的轨端最大缝隙称为构造轨缝。

为适应钢轨热胀冷缩的需要，在钢轨接头处要预留轨缝。预留轨缝应满足以下条件：

(1)当轨温达到当地最高轨温时，轨缝应大于或等于零，使轨端不受挤压力，以防温度压力太大而胀轨跑道。

(2)当轨温达到当地最低轨温时，轨缝应小于或等于构造轨缝，使接头螺栓不受剪力，以防止接头螺栓拉弯或拉断。构造轨缝是指受钢轨、接头夹板及螺栓尺寸限制，在构造上能实现的轨端最大缝隙值。

《铁路线路修理规则》规定，普通线路预留轨缝计算公式为

$$a_0 = \alpha L(t_z - t_0) + \frac{1}{2}a_g$$

式中 a_0——换轨或调整轨缝时的预留轨缝(mm)；

α——钢轨线膨胀系数，$\alpha = 0.0118$ mm/m·℃；

L——钢轨长度(m)；

t_0——换轨或调整轨缝时的轨温(℃)；

a_g——构造轨缝，38 kg/m、43 kg/m、50 kg/m、60 kg/m、75 kg/m 钢轨均采用 $a_g = 18$ mm；

t_z——当地中间轨温(℃)。

【例题 1-1】 兰州地区最高轨温为 59.1 ℃，最低轨温为 −23.3 ℃，若铺设 25 m 长的 60 kg/m 钢轨，采用 10.9 级螺栓，试计算在 20 ℃铺设时的预留轨缝。

解：(1) $t_z = \frac{1}{2}(T_{max} + T_{min}) = \frac{1}{2} \times (59.1 - 23.3) = 17.9$(℃)

(2) $a_0 = \alpha L(t_z - t_0) + \frac{1}{2}a_g = 0.0118 \times 25 \times (17.9 - 20) + \frac{1}{2} \times 18 = 8.4$(mm)

取 $a_0 = 8$ mm

最高、最低轨温差不大于 85 ℃的地区，在按上式计算以后，可根据具体情况将轨缝值减小 1~2 mm。

25 m 钢轨铺设在当地历史最高、最低轨温差大于 100 ℃的地区时，应个别设计。

铺设 12.5 m 钢轨地段，不受年轨温差限制。25 m 钢轨地段，更换钢轨或调整轨缝时的轨温限制范围为(t_z−30 ℃)~(t_z+30 ℃)；最高、最低轨温差不大于 85 ℃的地区，如将轨缝值减小 1~2 mm，轨温限制范围相应地降低 3~7 ℃。

任务二　连接零件安装

钢轨连接零件分为连接钢轨与钢轨的接头连接零件，以及钢轨连接与轨枕的中间连接零件(又称扣件)。

一、钢轨接头连接零件

钢轨接头是线路的薄弱环节之一。机车车辆的作用使钢轨接头低塌、道床翻浆、钢轨产生鞍形磨耗和螺栓孔断裂、轨枕开裂等，因而需要投入大量的精力进行线路维修工作。12.5 m 长的钢轨线路，接近一半的维修工作在接头处，因此必须对接头予以充分的重视，选择合理的结构形式。

钢轨接头可以按以下方式进行分类。

(1)按左右两股钢轨接头相对位置来分，钢轨接头分为相对式接头和相错式接头，如图 1-3 所示。

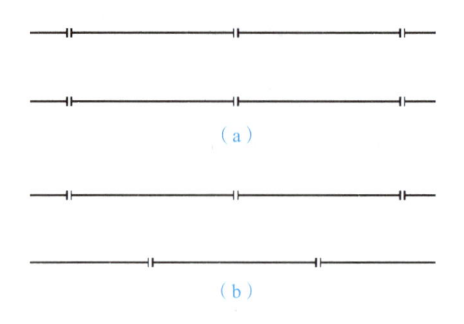

图 1-3　按左右两股钢轨接头相对位置分类
(a)相对式接头；(b)相错式接头

钢轨施工

相错式接头由于左右两股钢轨接头错开，车辆通过时车轮交替冲击左右两股钢轨，会增加对钢轨的冲击次数，还会使车辆左右摇摆，左右钢轨受力不均，也不利于机械化铺轨作业，因而只有一些等级较低、行车速度较小的非标轨或旧轨采用。而相对式接头可有效克服相错式接头的缺点，因而世界各国广泛采用。

(2)按接头与轨枕的相对位置来分，钢轨接头分为悬空式接头、单枕承垫式接头、双枕承垫式接头，如图1-4所示。

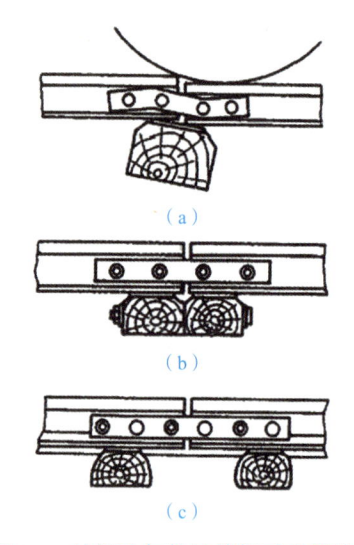

图 1-4　按接头与轨枕的相对位置分类
(a)单枕承垫式接头；(b)双枕承垫式接头；(c)悬空式接头

1)目前我国广泛采用悬空式接头，即将轨缝悬于两接头轨枕之间，当车轮通过时钢轨挠曲，轨端下落，弯矩增大，为了减少挠曲和弯矩，采用较小的接头轨枕间距。

2)单枕承垫式接头很少采用，因为当车轮通过时，轨枕左右摇动，不稳定。

3)双枕承垫式接头可保证稳定性，但存在刚度大、不易捣固的不足。为了加强木枕地段钢轨接头，一般只在正线绝缘接头处采用双枕承垫式接头。

(3)按接头连接的用途及工作性能来分，钢轨接头分为普通接头、导电接头、绝缘接头、异型接头、尖轨接头、冻结接头、胶结接头及焊接接头。

1)普通接头。普通接头连接零件是由夹板、螺栓、弹簧垫圈等组成的,如图 1-5 所示。其作用是在接头处把钢轨连接起来,使钢轨接头部分具有与钢轨一样的整体性,以抵抗弯曲和位移。接头处还要满足钢轨伸缩的要求。

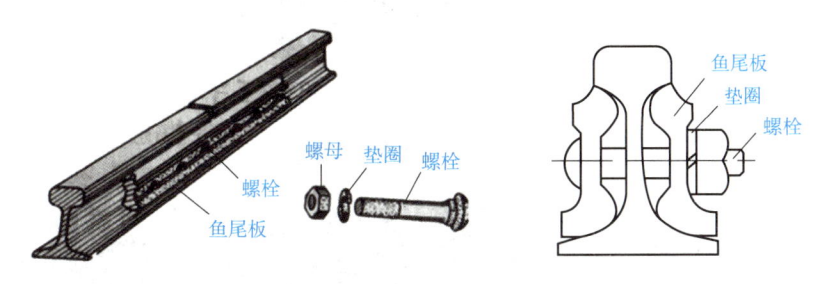

图 1-5 普通接头结构组成

接头夹板的作用是承受弯矩、传递纵向力、阻止钢轨伸缩。接头螺栓、螺母是用来夹紧夹板和钢轨的配件,弹簧垫圈可以防止螺栓松动,如图 1-6 所示。每对夹板上的 6 个螺栓头部交错布置,如图 1-7 所示。

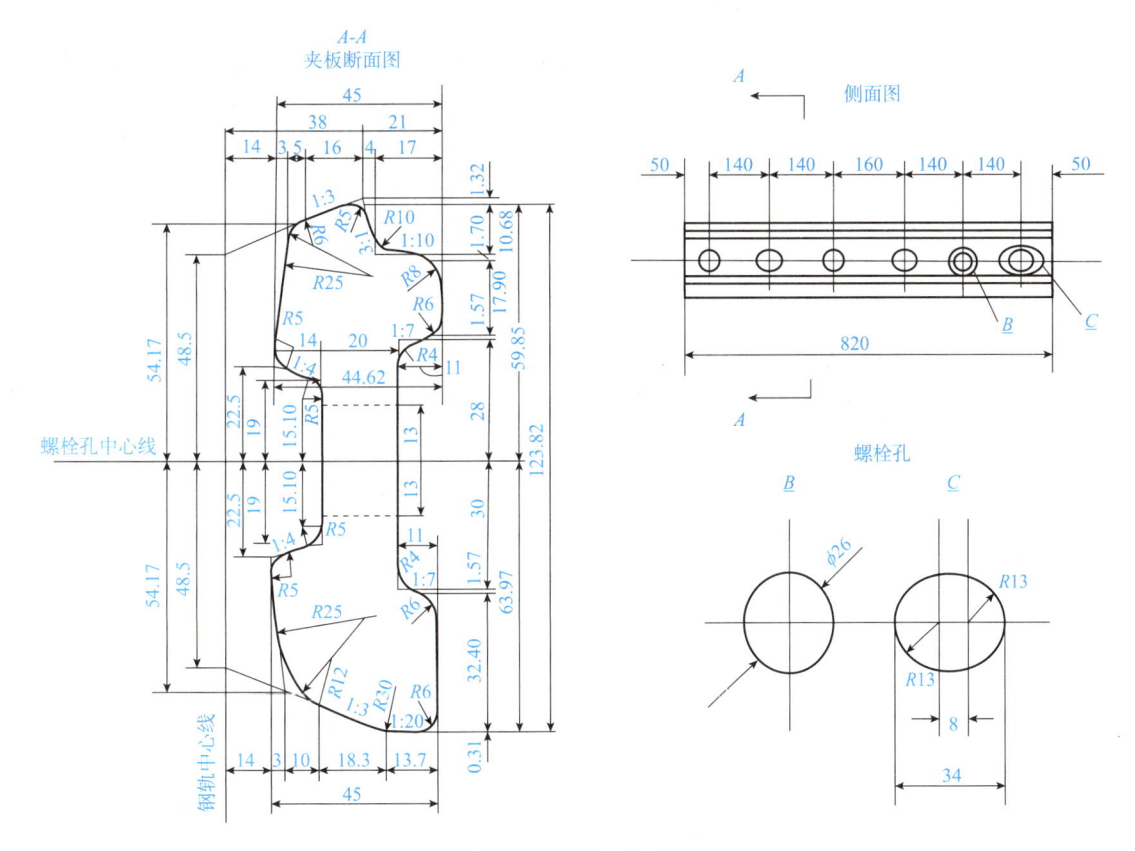

图 1-6 接头夹板尺寸

图 1-7 接头螺栓交错布置

2) 异型接头。异型接头用于两种不同型号钢轨的连接，又称过渡接头，如图 1-8 所示。

（a）　　　　　　　　　　　　（b）

图 1-8 接头连接

(a) 异型夹板连接；(b) 异型钢轨连接

3) 导电接头和绝缘接头。导电接头和绝缘接头是用于自动闭塞区段上的两种接头。将钢轨作为导电体的自动闭塞区段，为确保和加强导电性，要在接头处铆上或焊上一根导线，这种供传导轨道电流或作为牵引电流回路的接头称为导电接头，如图 1-9 所示。使信号电流不能从一个闭塞区传到另一个闭塞区的钢轨接头，称为绝缘接头，如图 1-10 所示。绝缘接头在钢轨与夹板之间、夹板与螺栓之间、两轨端之间都用绝缘材料填充，用以严格绝缘，防止漏电。

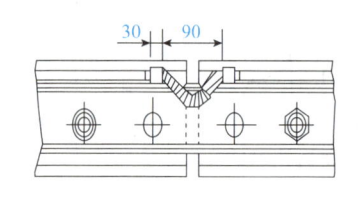

（a）　　　　　　　　　　　　（b）

图 1-9 钢轨导电接头

(a) 塞钉式；(b) 焊接式

4) 尖轨接头。尖轨接头，（又称伸缩接头或温度调节器），是将钢轨以尖轨的形式连接的接头。尖轨接头用于钢轨伸缩量大的线路，如无缝线路长轨节、温度跨度大的桥梁。我国目前在一些铁路的大跨度桥和城市轻轨的高架桥上使用这种接头形式。

5) 冻结接头。上述几种接头结构允许轨端伸缩，也有一种接头不允许钢轨伸缩，这种接头称为冻结接头，一般用于道口、明面小桥等不适合设普通钢轨接头的处所。最早的冻结接头是将一块月牙形垫片垫在钢轨螺栓孔和螺栓之间，以阻止钢轨的伸缩，这种结构在列车振动作用下，月牙片容易损坏或脱落，起不到冻结的作用。目前多用高分子化学胶粘剂来胶接夹板与钢轨的接触面，再用高强度螺栓拧紧，其剪切荷载可达 1 800 kN，可保证钢轨接头冻结。

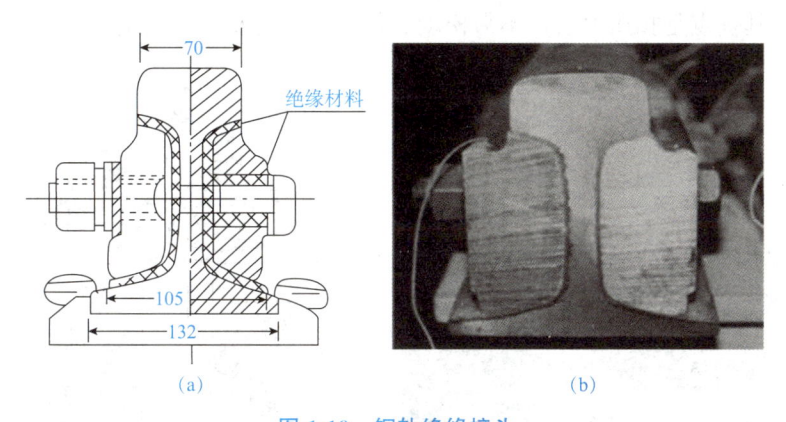

图 1-10 钢轨绝缘接头

(a)普通高强绝缘接头；(b)胶接绝缘接头

二、扣件

钢轨与轨枕间的连接是通过中间连接零件实现的。

中间连接零件也称为扣件，要求具有足够的强度、耐久性和一定的弹性，能长期有效地保持钢轨与轨枕的可靠连接，阻止钢轨相对于轨枕的移动，并能在动力作用下充分发挥其缓冲减震性能，延缓轨道残余变形积累。此外，还要求构造简单，便于安装及拆卸。

因此，扣件需要具备如下性能：具有足够的扣压力和阻力；适当的弹性；具有一定的水平向和竖向调整量；构造简单，便于装卸与维修；具有足够的耐久性和良好的绝缘性能。

1. 木枕扣件

按扣件连接钢轨、垫板和轨枕三者之间的关系来分，木枕扣件分为混合式扣件和分开式扣件两种。

混合式扣件是木枕线路普遍使用的扣件，如图 1-11 所示，该扣件主要由道钉和五孔双肩垫板组成。扣紧方式是用道钉将钢轨轨底、垫板和木枕一起扣紧，再用两个道钉将垫板与木枕单独扣紧。其优点是可减少垫板在列车作用下的振动，零件少，安装方便。但道钉扣件的扣压力不足，易松动。

图 1-11 混合式扣件

为了加强扣压力,在桥上、无缝线路的伸缩区和缓冲区,采用分开式扣件。它用4个螺纹道钉连接垫板与木枕,两个地脚螺栓扣压钢轨与垫板,其道钉和地脚螺栓构成K形,如图1-12所示。其优点是扣压力大,不易松动。但结构相对复杂,用钢量大。

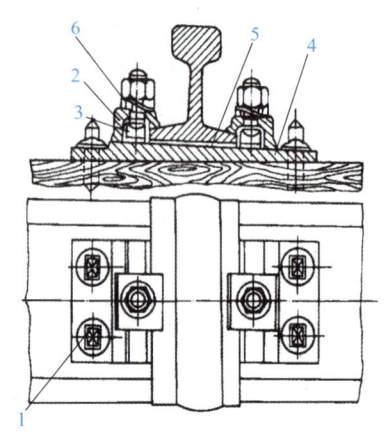

图1-12 K形扣件

1—螺纹道钉;2—扣轨夹板;3—底脚螺栓;
4—垫板;5—木片;6—弹簧垫圈

扣件安装

2. 混凝土枕扣件系统

随着混凝土轨枕的发展与应用,我国从1957年就开始混凝土枕扣件的研究,开发了多种扣件形式,如螺栓扣板式扣件(图1-13)、63型扣板式扣件、67型拱形弹片式扣件(图1-14)、70型扣板式扣件、弹条Ⅰ型扣件(图1-15)、弹条Ⅰ型调高扣件、弹片Ⅰ型调高扣件、弹条Ⅱ型扣件(图1-16)、弹条Ⅲ型扣件(图1-17)等。随着客运专线建设的发展,新近又研发了弹条Ⅳ型扣件和弹条Ⅴ型扣件。以下主要介绍常用的几种扣件形式。

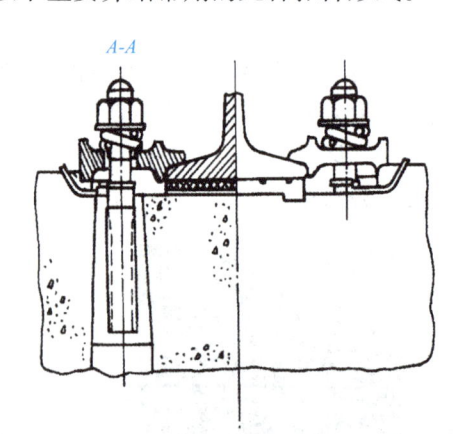

图1-13 螺栓扣板式扣件

(1)67型拱形弹片式扣件。67型拱形弹片式扣件采用弹片扣压件,混凝土轨枕设挡肩,采用锚固在混凝土轨枕中的螺栓紧固弹片,如图1-14所示。为适应冻害地段大调高量的要求，开发了弹片Ⅰ型调高扣件。这种扣件弹性较差，而且螺栓孔处应力集中，易造成弹片断裂，因而较少采用。

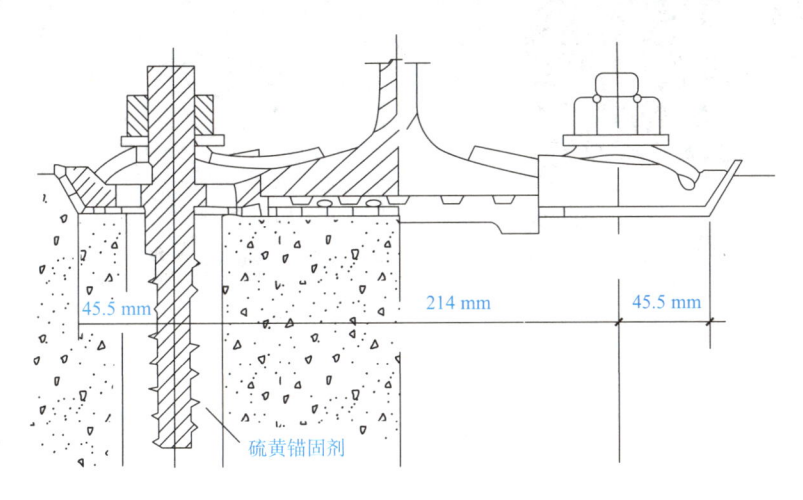

图 1-14 67 型拱形弹片式扣件

(2)弹条Ⅰ型扣件。弹条Ⅰ型扣件的弹条分 A、B 两种类型。A 型弹条单个弹条扣压力 8 kN，弹程 9 mm，B 型弹条单个弹条扣压力 9 kN，弹程 8 mm，轨下胶垫的静刚度为 90～120 kN/mm，如图 1-15 所示。

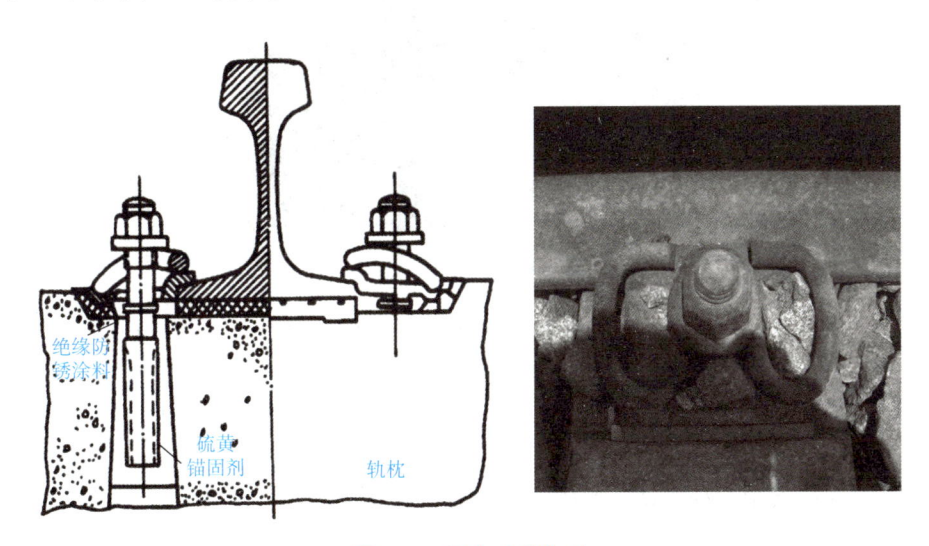

图 1-15 弹条Ⅰ型扣件

弹条Ⅰ型扣件弹性好，扣压力损失较小，能较好地保持轨道几何形位，使用效果好，主要技术性能均优于扣板式扣件。其适用于标准轨距铁路直线及半径 R 大于 300 m 的曲线地段，与 50 和 60 轨相连接。

(3)弹条Ⅱ型扣件。弹条Ⅱ型扣件单个弹条扣压力 10 kN，弹程 10 mm，轨下胶垫的静刚度为 55～80 kN/mm、40～60 kN/mm(钢轨接头地段)，如图 1-16 所示。

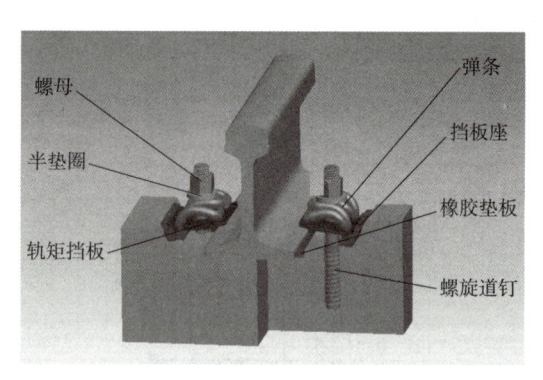

图1-16 弹条Ⅱ型扣件

弹条Ⅱ型扣件具有扣压力大、强度安全储备大、残余变形小等优点，适用于Ⅱ和Ⅲ型混凝土枕的60轨。

(4)弹条Ⅲ型扣件。弹条Ⅲ型扣件由ω形弹条、螺旋道钉、轨距挡板、挡板座及弹性橡胶垫板等组成(图1-17)。

图1-17 弹条Ⅲ型扣件

(5)弹条Ⅳ型扣件。弹条Ⅳ型扣件对轨枕接口的主要技术要求在于轨枕中预埋铁座的埋设位置和精度，轨枕设1∶40轨底坡。

弹条Ⅳ型扣件由弹条、预埋铁座、绝缘轨距块和橡胶垫板组成，如图1-18所示。

1)弹条Ⅳ型扣件结构特征。弹条Ⅳ型扣件系统为无螺栓扣件，属于轨枕不带混凝土挡肩的不分开式有砟轨道用扣件系统。其主要结构特征如下：

①在制作轨枕时预先埋设预埋铁座，弹条通过插入预埋铁座扣压钢轨。
②预埋铁座与钢轨间设有绝缘轨距块，通过更换绝缘轨距块实现钢轨左右位置的调整。
③该扣件不能进行钢轨高低调整。

安装弹条前，钢轨、橡胶垫板、轨枕承轨面之间以及轨距块扣压钢轨面与钢轨轨底上表面均应密贴。安装弹条时应采用专用工具，如图1-19所示。弹条中肢入孔位置要放平、放正，不得歪斜。安装时切忌生拉硬扳，用力要适中，支点与加力点要正确。如遇到个别弹条就位困难时，在使用安装工具的同时可用小锤轻敲弹条尾部，使其就位。

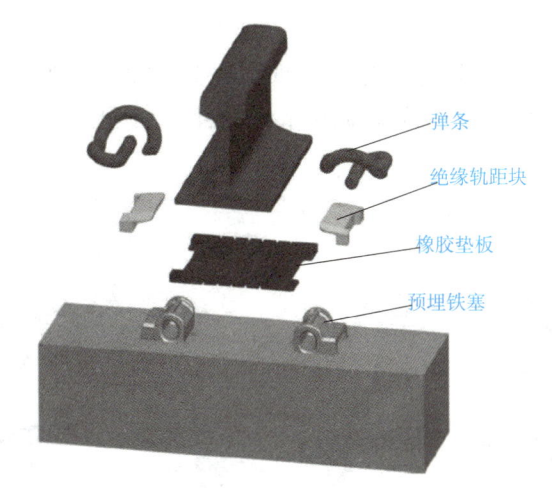

图 1-18　弹条Ⅳ型扣件系统部件组成

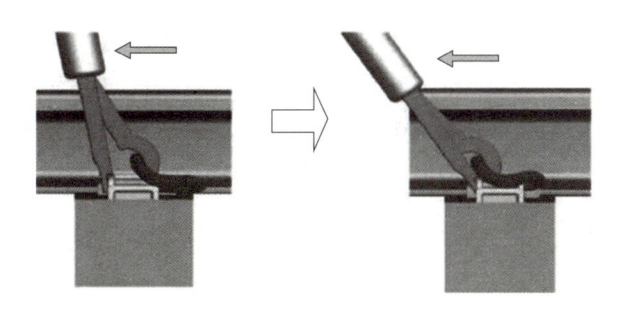

图 1-19　采用专用工具安装弹条

弹条就位以其小圆弧内侧与预埋铁座端部相距 8～10 mm 为准，如图 1-20 所示，不得顶紧或距离过大。

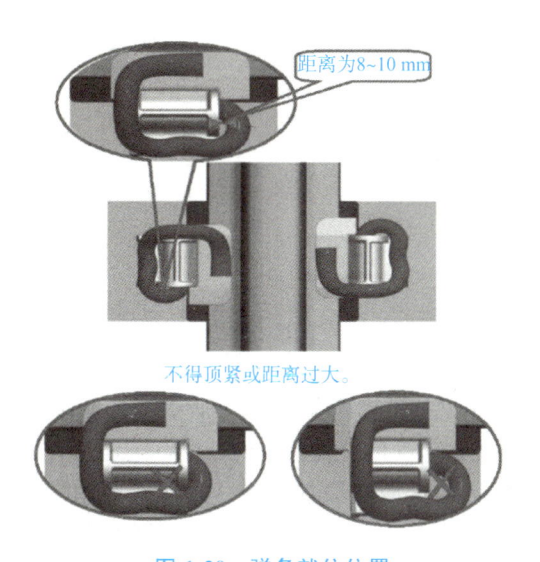

图 1-20　弹条就位位置

2)弹条Ⅳ型扣件安装调整内容。

①检查轨距,如不合适,须用专用工具(同安装工具)将弹条卸下。

②结合图1-21,根据所检查的轨距调整量,对照表1-2更换不同号码的轨距块。

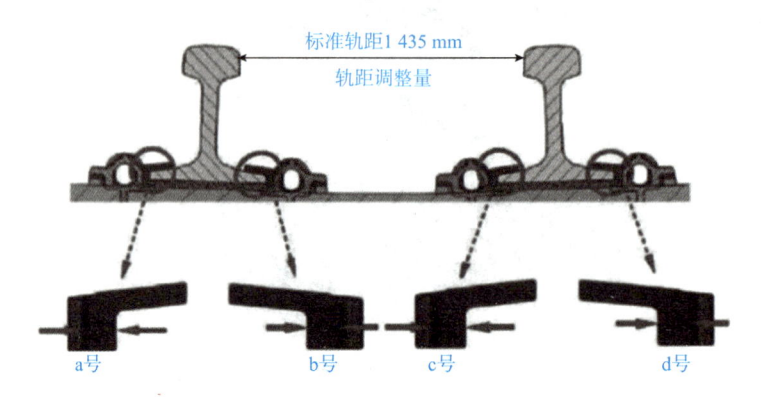

图1-21 轨距块

表1-2 轨距调整量

轨距调整量 /mm	左股钢轨 外侧a	左股钢轨 内侧b	右股钢轨 内侧c	右股钢轨 外侧d
−8	13	7	7	13
−7	12	8	7	13
−6	12	8	8	12
−5	11	9	8	12
−4	11	9	9	11
−3	10	10	9	11
−2	10	10	10	10
−1	9	11	10	10
0	9	11	11	9
+1	8	12	11	9
+2	8	12	12	8
+3	7	13	12	8
+4	7	13	13	7

(6)弹条Ⅴ型扣件。弹条Ⅴ型扣件由螺旋道钉、平垫圈、弹条、轨距挡板、轨下垫板和预埋套管组成,此外,为了满足钢轨高低位置调整的需要,它还配有调高垫板,如图1-22所示。

1)弹条。弹条分为两种,即一般地段使用的W2型弹条和桥上可能使用的X3型弹条,如图1-23所示。W2型弹条的直径为14 mm;X3型弹条的直径为13 mm。此外,作为备件的弹条Ⅰ型扣件A型弹条可能用于钢轨接头处。

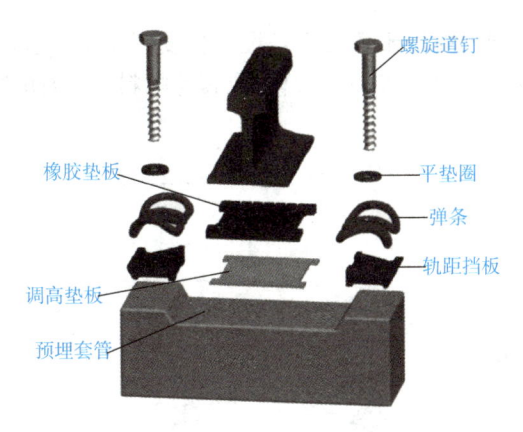

图 1-22　弹条 V 型扣件部件组成

2)轨下垫板。轨下垫板分为一般地段使用的橡胶垫板 RP5 和桥上可能使用的复合垫板 CRP5 两种，如图 1-23 所示。桥上需要降低线路阻力时，可采用 X3 型弹条并配用复合垫板，此时单组扣件的钢轨纵向阻力为 4 kN。

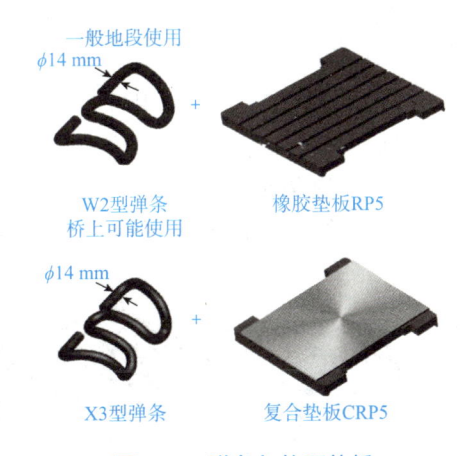

图 1-23　弹条与轨下垫板

3)轨距挡板，如图 1-24 所示。轨距挡板 G5 分为 7 种型号，即 2 号、3 号、4 号、5 号、6 号、7 号和 8 号。标准轨距采用 1 号轨道挡板和 6 号轨距挡板。

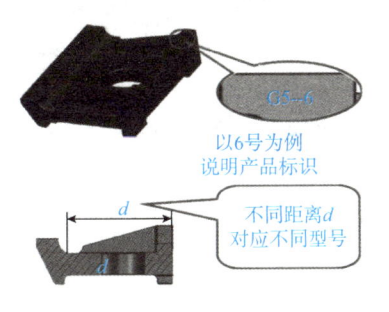

图 1-24　轨距挡板

4)预埋套管。该部件预先埋设于轨枕中,埋设精度应满足要求,且预埋套管顶面应与轨枕承轨面齐平。预埋套管埋设后,应加盖塑料(或其他材料)盖以防雨水和泥污进入。预埋套管埋设如图 1-25 所示。

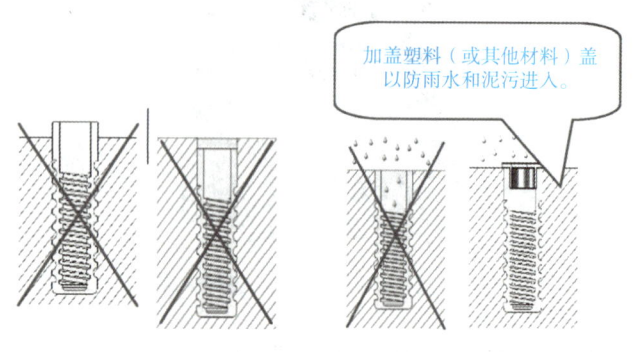

图 1-25　预埋套管埋设

5)轨下调高垫板。调高垫板 TD5 按厚度 d 分为 1 mm、2 mm、5 mm、8 mm 4 种规格,放置于轨下垫板与轨枕承轨面之间。

3. 无砟轨道用扣件系统

我国从 20 世纪 60 年代开始无砟轨道的研究,采用过多种扣件形式。如 TF-M 型扣件、TF-Y 型弹性扣件(图 1-26)、64-Ⅲ型扣件、秦岭隧道整体道床用弹性扣件、弹条Ⅰ型弹性分开式扣件、Ⅱ型弹性分开式扣件、弹条Ⅲ型弹性分开式扣件、WJ-1 型扣件(图 1-27)、WJ-2 型扣件(图 1-28)等。随着客运专线建设的发展又新近研发了 WJ-7 型扣件和 WJ-8 型扣件。

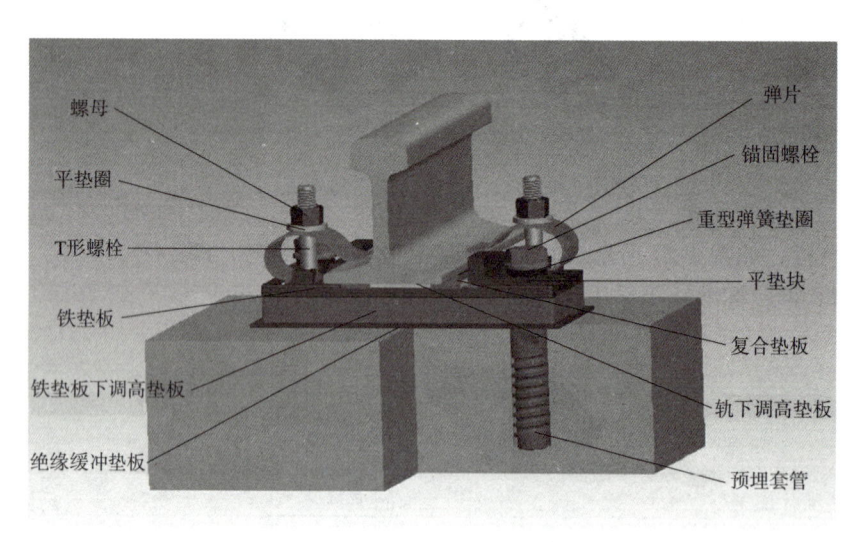

图 1-26　TF-Y 型弹性扣件

(1)WJ-7 型扣件系统。

1)结构特征。WJ-7 型扣件(图 1-29),为无砟轨道扣件,属于轨枕或轨道板不带混凝土

项目一　直线轨道构造

挡肩的分开式扣件。其主要结构特征如下：

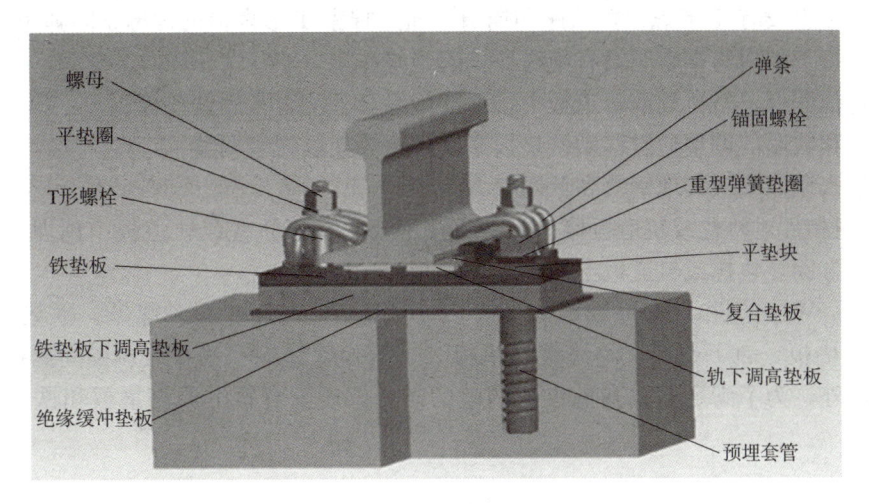

图 1-27　WJ-1 型扣件

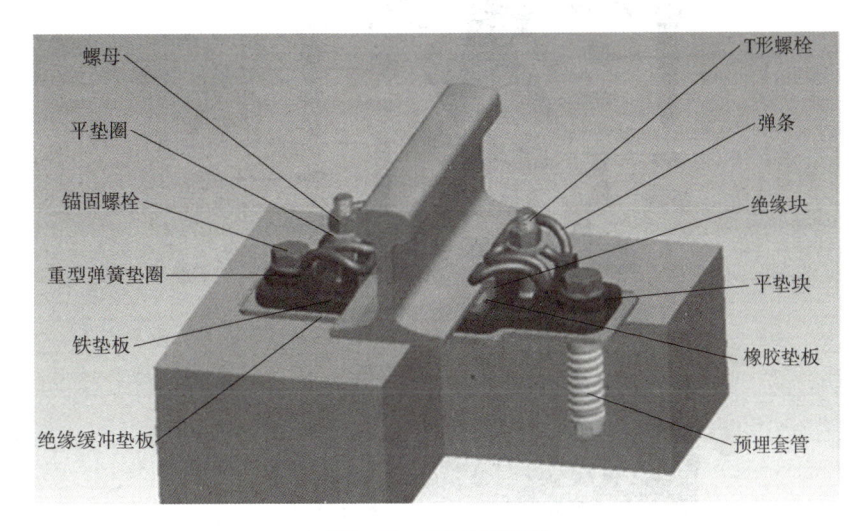

图 1-28　WJ-2 型扣件

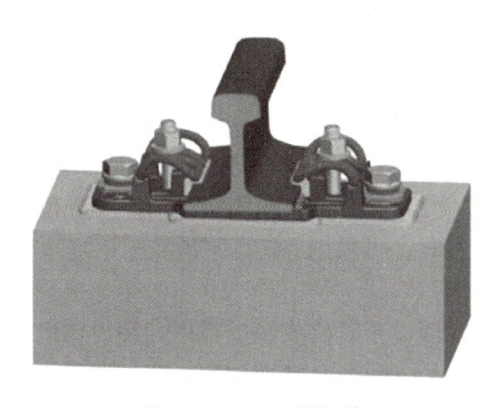

图 1-29　WJ-7 型扣件

①铁垫板上设置轨底坡，轨枕或轨道板承轨面为平坡。
②铁垫板上设有 T 形螺栓插入座和挡肩，通过拧紧 T 形螺栓的螺母紧固弹条。
③铁垫板上挡肩与钢轨间设有绝缘块，起绝缘作用。
④通过锚固螺栓与轨枕或轨道板中预埋的绝缘套管配合紧固铁垫板。
⑤轨向和轨距的调整通过移动铁垫板来实现，为连续无级调整。
⑥可垫入调高垫板实现钢轨高低调整。

WJ-7 型扣件对轨枕或轨道板接口的主要技术要求在于轨枕或轨道板中预埋套管的埋设位置和精度方面，轨枕或轨道板不设轨底坡。

2)组成。WJ-7 型扣件部件组成如图 1-30 所示，由 T 形螺栓、螺母、平垫圈、弹条、绝缘块、铁垫板、轨下垫板、绝缘缓冲垫板、重型弹簧垫圈、平垫块、锚固螺栓和预埋套管组成，此外，为了满足钢轨高低位置调整的需要，还配有轨下调高垫板和铁垫板下调高垫板。

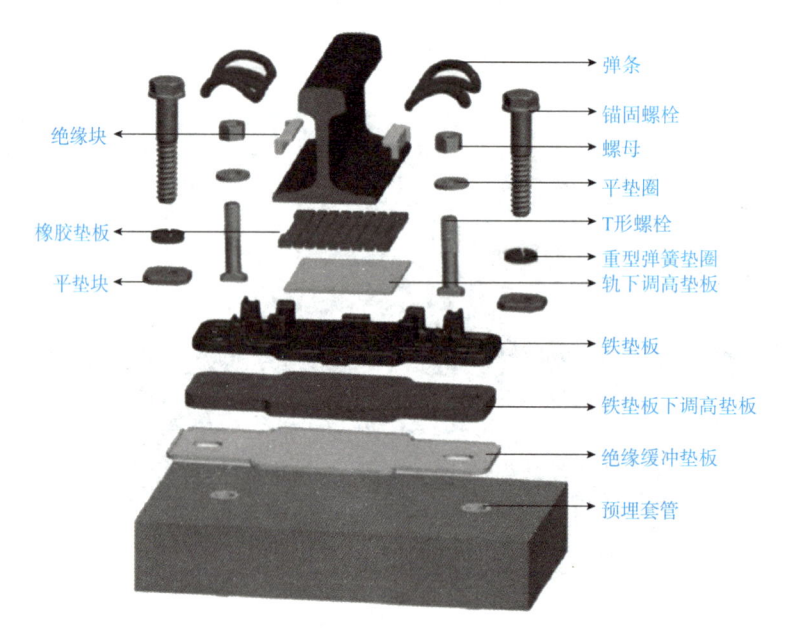

图 1-30 WJ-7 型扣件部件组成

①弹条。弹条分为两种，如图 1-31 所示，即一般地段使用的 W1 型弹条和桥上可能使用的 X2 型弹条，W1 型弹条的直径为 14 mm，X2 型弹条的直径为 13 mm。

②轨下垫板。轨下垫板分为 A、B 两类，如图 1-31 所示，A 类用于兼顾货运的客运专线，B 类用于客运专线。每一类又分为一般地段使用的橡胶垫板和桥上可能使用的复合垫板两种。桥上需要降低线路阻力时，可采用 X2 型弹条并配用复合垫板，此时单组扣件的钢轨纵向阻力为 4 kN。

③预埋套管。该部件预先埋设于轨枕或轨道板中，埋设精度应满足要求，且预埋套管顶面应与轨枕或轨道板承轨面齐平。预埋套管埋设后，应加盖塑料(或其他材料)盖以防雨水和泥污进入。

一般地段使用

图中标注：$\phi14$ mm，W1弹条 + 橡胶垫板

桥上可能使用

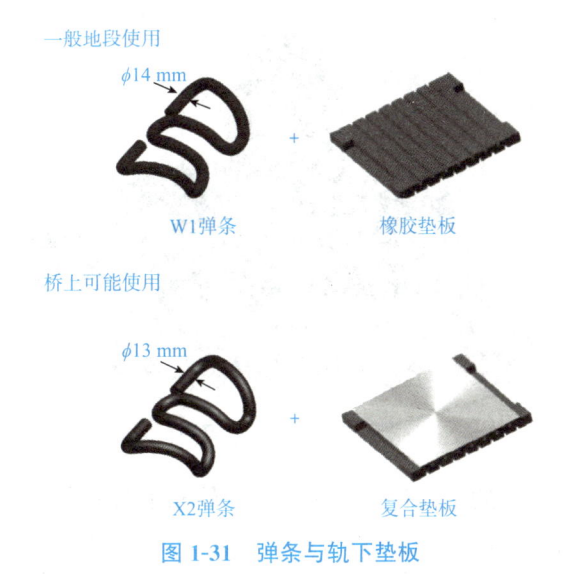

图中标注：$\phi13$ mm，X2弹条 + 复合垫板

图 1-31　弹条与轨下垫板

④调高垫板(图 1-32)。调高垫板分为轨下调高垫板和铁垫板下调高垫板两种。轨下调高垫板根据厚度 d 不同，分为 1 mm、2 mm、5 mm、8 mm 四种规格。铁垫板下调高垫板根据厚度 d 不同，分为 5 mm、10 mm 两种规格。

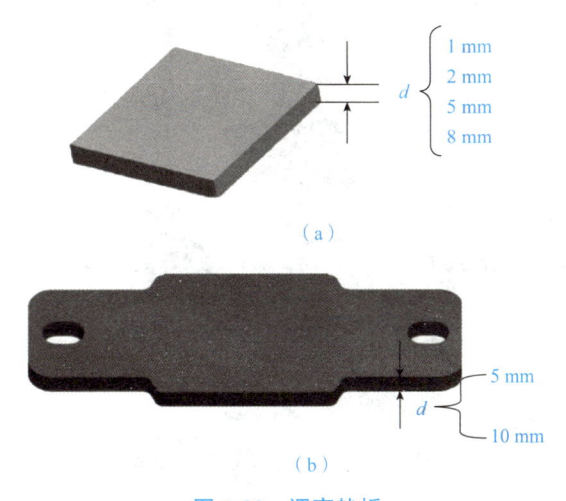

图 1-32　调高垫板
(a)轨下调高垫板；(b)铁垫板下调高垫板

(2)WJ-8 型扣件系统。

1)结构特征。WJ-8 型扣件(图 1-33)为无砟轨道扣件，属于轨枕或轨道板带混凝土挡肩的不分开式扣件。其主要结构特征如下：

①铁垫板上设挡肩，挡肩与钢轨之间设有绝缘块。
②通过螺旋道钉与轨枕或轨道板中预埋的套管配合紧固弹条。
③铁垫板与混凝土挡肩间设置轨距挡板，通过更换轨距挡板实现钢轨左右位置的调整。
④可垫入调高垫板实现钢轨高低调整。

图 1-33　WJ-8 型扣件

WJ-8 型扣件对轨枕接口的主要技术要求在于承轨槽的形式尺寸及轨枕或轨道板中预埋套管的埋设位置和精度。轨枕或轨道板设 1∶40 轨底坡。

2)组成。WJ-8 型扣件由螺旋道钉、平垫圈、弹条、绝缘块、轨距挡板、轨下垫板、铁垫板、铁垫板下弹性垫板和预埋套管组成。此外，为了满足钢轨高低位置调整的需要，WJ-8 型扣件还配有轨下微调垫板和铁垫板下调垫板，如图 1-34 所示。

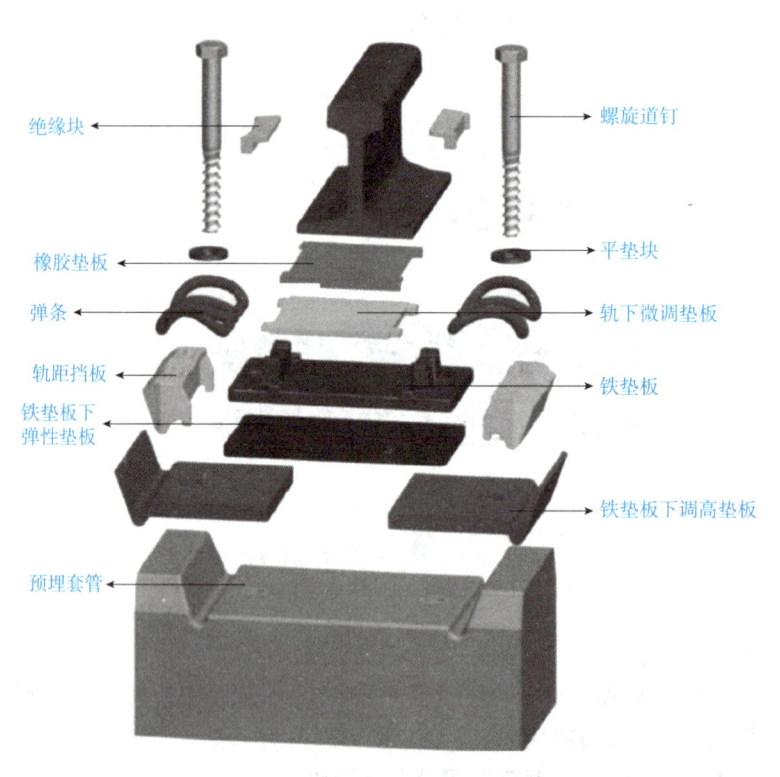

图 1-34　WJ-8 型扣件部件组成

①弹条和轨下垫板。图 1-35 为弹条和轨下垫板示意。弹条分为两种，即一般地段使用的 W1 型和桥上可能使用的 X2 型。W1 型弹条的直径为 14 mm，X2 型弹条的直径为 13 mm。轨

下垫板分为一般地段使用的橡胶垫板和桥上可能使用的复合垫板两种。桥上需要降低线路阻力时，可采用 X2 型弹条并配用复合垫板，此时单组扣件的钢轨纵向阻力为 4 kN。

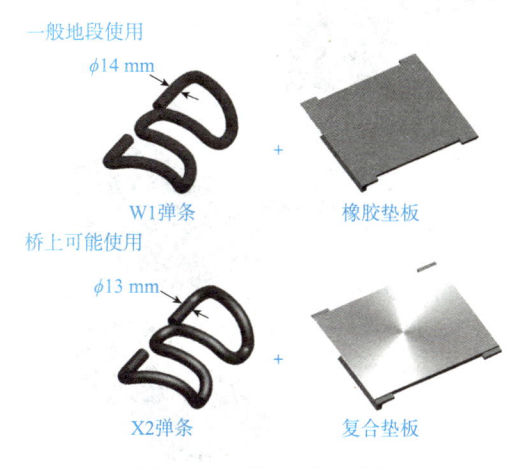

图 1-35 弹条和轨下垫板

②轨距挡板（图 1-36）。轨距挡板分为一般地段用 WJ-8 轨距挡板和钢轨接头处用 WJ-8 接头轨距挡板两种。

一般地段用 WJ-8 轨距挡板又分为 2 号、3 号、4 号、5 号、6 号、7 号、8 号、9 号、10 号、11 号和 12 号 11 种规格，标准轨距时使用 7 号轨距挡板，其中 10 号、11 号、12 号 3 种规格的轨距挡板可用于钢轨接头处。

WJ-8 接头轨距挡板分为 2 号、3 号、4 号、5 号、6 号、7 号、8 号、9 号 8 种规格，标准轨距时使用 7 号的轨距挡板。

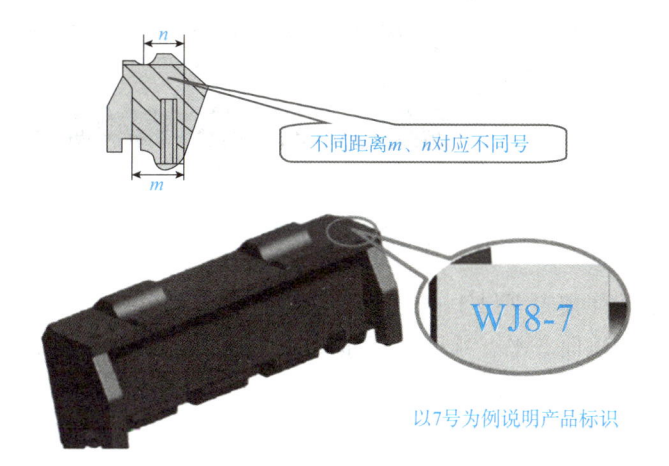

图 1-36 轨距挡板

③绝缘块（图 1-37）。绝缘块分为Ⅰ型和Ⅱ型两种：一般地段采用Ⅰ型绝缘块；钢轨接头处采用Ⅱ型绝缘块。

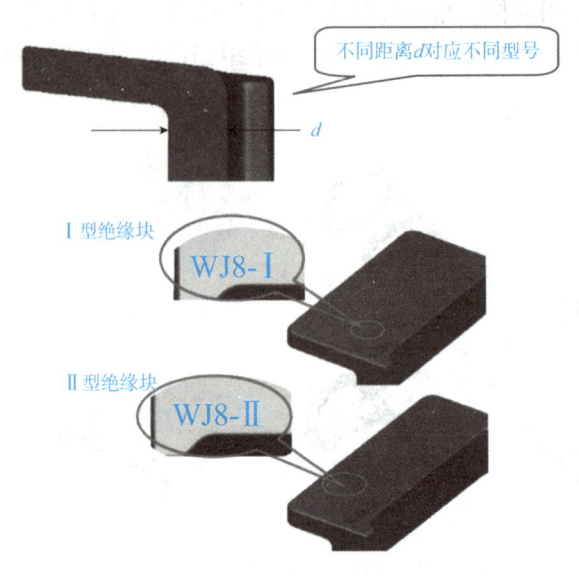

图 1-37　绝缘块

④铁垫板下弹性垫板。铁垫板下弹性垫板分为 A、B 两类。A 类弹性垫板用于兼顾货运的客运专线；B 类弹性垫板用于客运专线。

⑤螺旋道钉。螺旋道钉分为 S2 型和 S3 型两种（图 1-38），在扣件正常状态安装或钢轨调高量不大于 15 mm 时用 S2 型螺旋道钉，大于 15 mm 时用 S3 型螺旋道钉。

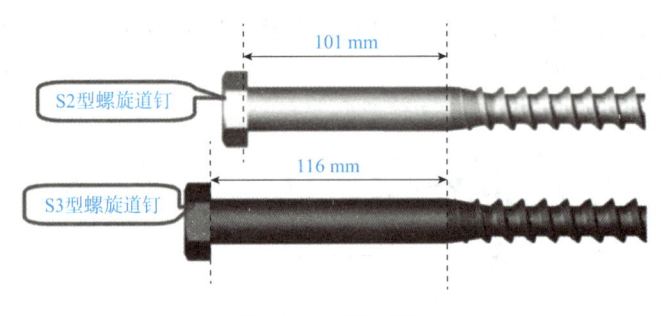

图 1-38　螺旋道钉

⑥预埋套管。该部件预先埋设于轨枕或轨道板中，埋设精度应满足要求，且预埋套管顶面应与轨枕或轨道板承轨面齐平。预埋套管埋设后，应加盖塑料（或其他材料）盖以防雨水和泥污进入。

⑦调高垫板（图 1-39）。调高垫板分为轨下微调垫板和铁垫板下调高垫板两种，分别放置于轨下垫板与铁垫板之间及铁垫板下弹性垫板与轨枕或轨道板承轨面之间。

轨下微调垫板按厚度分为 1 mm、2 mm、5 mm 和 8 mm 4 种规格。

铁垫板下调高垫板按厚度分为 10 mm 和 20 mm 两种规格，铁垫板下调高垫板由两片组成，应成对使用。

项目一　直线轨道构造

1 mm
2 mm
d { 5 mm
8 mm

轨下微调垫板

10 mm
d {
20 mm

铁垫板下调高垫板

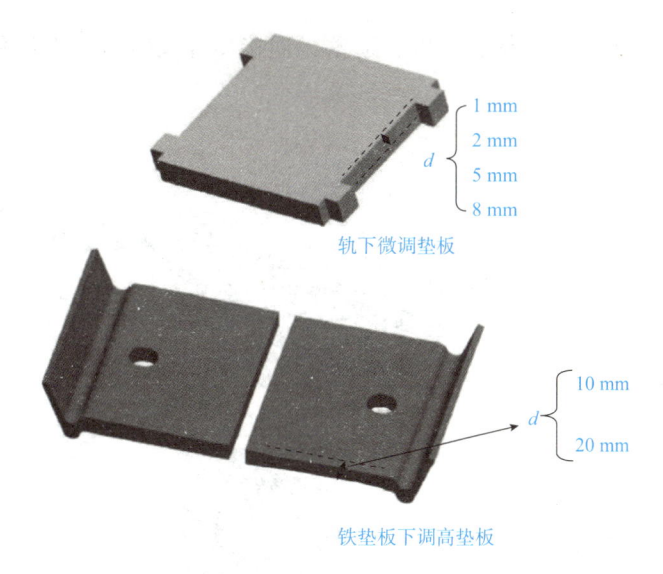

图 1-39　轨下调高垫板

任务三　有砟轨道结构

有砟轨道，如图 1-40 所示。其优点是投资小，弹性好，易于养护维修，适应性强；缺点是容易变形，养护维修频繁，维修费用高，维修条件差。

道床肩　钢轨　　轨枕
路肩
道床
路基面

图 1-40　有砟轨道

23

传统轨道结构由钢轨、轨枕、道床、道岔、连接零件及轨道加强设备组成，如图 1-41 所示。

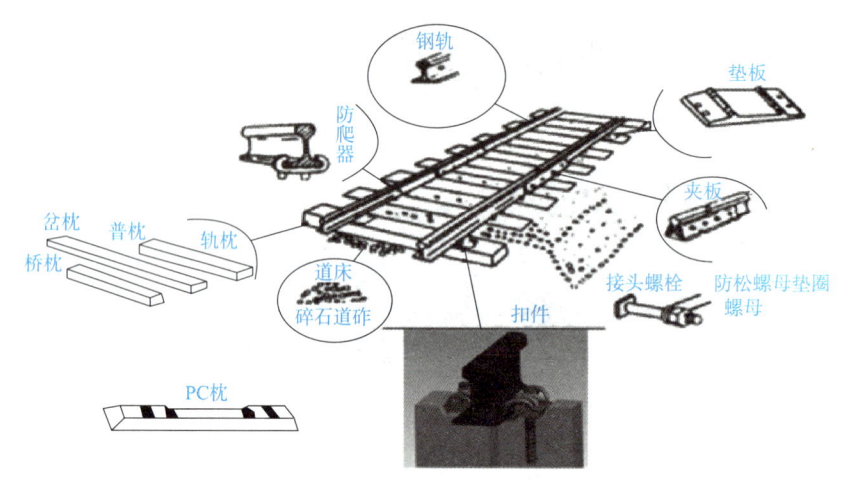

图 1-41 有砟轨道组成

一、轨枕

正线有砟轨道采用 2.6 m 长的混凝土轨枕，每千米铺设 1 667 根。道岔区段铺设混凝土岔枕。

1. 轨枕的功用及类型

轨枕承受来自钢轨的各向压力，并弹性地传布于道床，同时有效地保持轨道的几何形位，特别是轨距和方向。轨枕应具有必要的坚固性、弹性和耐久性，并便于固定钢轨，有抵抗纵向和横向位移的能力。

(1)按材质分类。

1)木枕。其优点是弹性好，可减缓冲击，易加工维修，与钢轨连接简单，绝缘性能好；缺点是耗木材，易腐蚀，易磨损，寿命短，易导致轨道动态不平顺。

2)普通钢筋、预应力钢筋混凝土轨枕。其优点是刚度大，平顺性好，轨道稳定性好。

3)钢枕。轨枕适用于提速道岔，便于大机作业，且保护转辙机械。

(2)按使用目的分类。轨枕可分为普通枕、桥枕、岔枕等。

(3)按结构形式分类。轨枕可分为整体式轨枕、组合式轨枕、半枕、纵向轨枕、宽轨枕/轨枕板。

2. 木枕

轨枕最早采用木材制造，木材的弹性和绝缘性较好，受周围介质的温度变化影响小，重量轻，加工和在线路上更换简便，并且有足够的位移阻力。经过防腐处理的木枕(图 1-42)使用寿命可大大延长，在 15 年左右。

随着森林资源的减少和人们环保意识的增强，也因为科学技术的发展，20 世纪初，有些国家开始生产钢枕和钢筋混凝土轨枕，以代替木枕。然而，因为钢枕的金属消耗量过大，造价不菲，而且过于笨重，没有推广开来，只有德国等少数国家还在使用。许多国家从 20 世纪 50 年代起，开始普遍生产钢筋混凝土轨枕。

3. 钢筋混凝土枕

钢筋混凝土轨枕(图 1-43)使用寿命长，稳定性高，养护工作量小，损伤率和报废率比木枕要低得多。在无缝线路上，钢筋混凝土轨枕比木枕的稳定性平均提高 15%～20%，因此，尤其适用于高速客运线。

图 1-42 木枕　　　　　　　　　图 1-43 混凝土枕

轨枕因应用范围不同，长度也不同。在我国，普通轨枕长度为 2.5 m，道岔用的岔枕和钢桥上用的桥枕，长度有 2.6～4.85 m 多种。每千米线路上铺设轨枕的数量是根据铁路运量和行车速度等运营条件来确定的，一般而言，为 1 440～1 840 根。不言而喻，轨枕数量越多，轨道强度越大。

混凝土枕按使用部位的不同，可分为普通混凝土枕、混凝土岔枕和混凝土桥枕三种。我国铁路使用的普通混凝土枕又分为Ⅰ型轨枕、Ⅱ型轨枕、Ⅲ型轨枕，我国混凝土枕主要尺寸见表 1-3。

表 1-3 我国混凝土枕主要尺寸

轨枕类型	主筋数量	混凝土等级	截面高度/mm 轨下	截面高度/mm 中间	截面高度/mm 端部	截面宽度/cm 轨下	截面宽度/cm 中间	底面面积/cm²	质量/kg	长度/cm
Ⅰ	36Φ3	C48	20.2	16.5	29.45	27.5	25	6 588	251	250
Ⅱ	44Φ3 4Φ10	C58	20.2	16.5	29.45	27.5	25	6 588	251	250
Ⅲ	10Φ7 8Φ7.8	C60	23.0	18.5		30.0	28.0	7 720	320	260

4. 轨枕间距

轨枕间距与每千米配置的轨枕根数有关。轨枕根数应根据运量、行车速度及线路设备条件确定，并结合钢轨及道床等综合考虑，合理配套，以求在最经济的条件下，保证轨道具有足够的强度和稳定性。轨枕密一些，道床、路基面、钢轨以及轨枕本身受力都会小一些，而且轨距、方向易于保持，这对行车速度高的地段尤为重要。但也不能太密，太密则不经济，而且净距过小，也会在一定程度上影响捣固质量。

我国铁路规定：木枕轨道，每千米最多铺设 1 920 根，混凝土枕最多铺设 1 840 根；两者每千米最少均为 1 440 根。轨枕的级差为每千米 80 根。

符合下列条件之一的地段，正线轨道应加强，每千米铺枕根数外，对混凝土枕每千米增加 80 根，木枕增加 160 根，当条件重合时，只增加一次，但不能超过前述允许最大铺设数量。

(1) $R \leqslant 800$ m 的曲线地段；
(2) 坡度大于 12‰ 的下坡制动地段；
(3) 长度 ≥300 m 的且铺设木枕的隧道内。

下列地段宜铺设木枕：

(1) 明桥面桥的桥台挡砟墙范围内及两端各 15 根轨枕（有护轨时应延至桥头外不少于 5 根轨枕）；
(2) 正线铺设木岔枕的道岔及其前后两端线路各 50 根轨枕，站线铺设木岔枕的道岔前后两端各 15 根轨枕（均包括道岔后端辙叉跟端以后的岔枕）；
(3) 脱轨器及铁鞋制动地段；
(4) 上列地段间长度不足 50 m 的区段。

不同类型的轨枕不应混铺，在不同类型的轨枕分界处，如有普通钢轨接头，应保持同类型轨枕延伸至钢轨接头外 5 根及以上。与正线道岔相接的轨道，60 kg/m 及以上钢轨混凝土岔枕道岔的道岔区前后两端各 50 根（后端包括辙叉跟端以后的岔枕）轨枕应采用Ⅲ型混凝土枕，每千米铺枕根数及扣件类型应与正线标准一致。道岔与道岔之间应采用与岔枕类型相同的轨枕。

普通轨道上，钢轨接头处车轮的冲击动荷载大，接头处轨枕的间距应当比中间间距小一些，且从接头间距向中间间距过渡时，应有一个过渡间距，以适应荷载的变化，如图 1-44 所示。

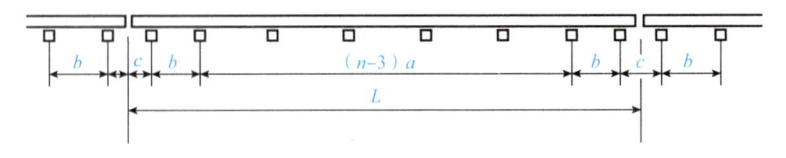

图 1-44 轨枕布置示意

每节钢轨下轨枕间距应当满足：$a > b > c$。接头轨枕间距一般是给定的：对于 50 kg/m 及以上钢轨，木枕接头间距为 440 mm，混凝土枕接头间距为 540 mm。

轨枕间距计算过程：

由图 1-44 可知：
$$a=\frac{L-c-2b}{n-3} \tag{1-1}$$

设 $b=\frac{a+c}{2}$，代入上式，得
$$a=\frac{L-2c}{n-2} \tag{1-2}$$

由式(1-1)求得 b 值
$$b=\frac{L-c-(n-3)a}{2} \tag{1-3}$$

根据式(1-2)算出轨枕间距 a，取整，然后代入式(1-3)求得应有的 b 值。对于无缝线路，轨枕间距应均匀布置。

5. 特种混凝土轨枕

(1)混凝土宽枕(图 1-45)。

1)特点。混凝土宽枕是一块预制的混凝土板，与混凝土枕外形相似，又称轨枕板。其制造工艺与混凝土枕基本相同。宽枕长度与普通混凝土枕长度相同，均为 2.5 m，而宽度约为后者的两倍。宽枕由于宽度较大，直接铺设在预先压实的道床面上，在制造中对其厚度的控制要求较严格。

图 1-45 混凝土宽枕

混凝土宽枕在道床上是密排铺设的，每千米铺 1 760 块，每块枕上安装一对扣件，由钢轨传来的力处于宽枕轴线的对称位置，可避免荷载的偏心。宽枕由于宽度较大，在纵横两个方向上都有弯矩作用，是一块支承在弹性基础上的板。

2)优点。混凝土宽枕与普通枕比较有以下优点。

①宽轨枕宽 55 cm，支承面积较混凝土枕大一倍，使道床的应力大为减小。同时，每块宽枕的质量为 500 kg 左右，可以减小道床的振动加速度，使道床的变形减小，残余变形积累过程延缓，轨道几何形位易于保持，整个轨道结构得到加强。

②轨枕与道床接触面上的摩阻力增大，提高了轨道的横向稳定性，道床阻力增加约 80%，有利于铺设无缝线路。

③宽轨枕密排铺设，枕间空隙用沥青混凝土封塞，把道床顶面全部覆盖起来，可防止雨水及脏污侵入道床内部，从而有效地保持道床的整洁，延长道床的清筛周期。

④宽轨枕轨道的维修养护工作量很小，仅为混凝土枕轨道的 1/4～1/2，从而可减轻和改善养护工作条件，减少作业次数，节省养护费用。另外，其养护维修作业基本上可在轨道两旁进行，对行车干扰较少，比较适用于运输繁忙的铁路。

⑤宽轨枕轨道外观整洁美观。

(2)弹性轨枕(图 1-46)。弹性轨枕是指在轨枕底部设置弹性垫层以提高轨道弹性的轨枕，有些轨枕的侧面也设置弹性垫层(图 1-47)。根据其使用目的不同，弹性轨枕分为有砟道床用弹性轨枕和无砟轨道床用弹性轨枕。

图 1-46　弹性轨枕

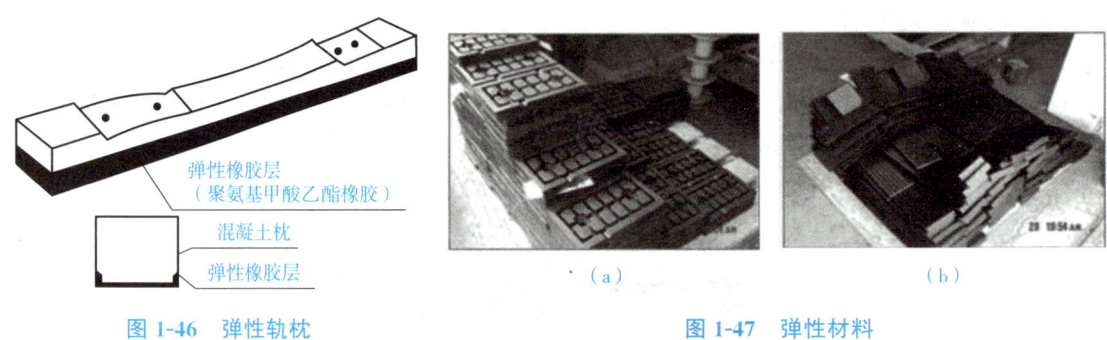

图 1-47　弹性材料
(a)轨枕底面弹性材料；(b)轨枕侧面弹性材料

二、道床

道床通常指的是轨枕下面、路基面上铺设的石砟(道砟)垫层。其主要作用是支承轨枕，把来自轨枕上部的巨大荷载均匀地分布到路基面上，可大大减少路基的变形。道砟是直径 20～70 mm 的小块状花岗石，块与块之间存在着空隙和摩擦力，使轨道具有一定的弹性。这种弹性不仅能吸收机车车辆的冲击和振动，使列车运行比较平稳，而且可大大改善机车车辆和钢轨、轨枕等部件的工作条件，延长其使用寿命。

道床顶面低于轨枕承轨面不应小于 40 mm，且不应高于轨枕中部顶面。路基地段单线道床顶面宽度 3.6 m，道床厚度 0.35 m，道床边坡 1∶1.75，砟肩堆高 0.15 m。双线道床顶面宽度分别按单线设计，石质路堑地段采用弹性轨枕或铺设砟下弹性垫层。桥上道床标准与路基地段相同，应采用弹性轨枕或铺设砟下弹性垫层。砟肩至挡砟墙之间以道砟填平。隧道内道床标准与路基地段相同，应采用弹性轨枕或铺设砟下弹性垫层。砟肩至边墙(或高侧水沟)间以道砟填平。线路开通前，道床密度不应小于 1.75 g/cm，轨枕支承刚度不应小于 120 kN/mm，纵向阻力不应小于 14 kN/枕，横向阻力不应小于 12 kN/枕。

道砟的弹性一旦丧失，则钢筋混凝土轨枕上所受的荷载比正常状态时要增加 50%～80%。

道床和轨枕间的摩擦，起到固定轨枕的位置、阻止轨枕纵向或横向移动的作用。这在无缝线路区段显得更为重要，因为这种区段如果线路的纵向或横向阻力减少到一定程度，很容易发生胀轨跑道事故，严重危及行车安全。

采用特级碎石道砟，道砟的物理力学性能应符合有关规定。道砟上道前要清洗，清洁度应满足有关要求。道砟还有排水作用，道砟块状间存在空隙，使得地表水能够顺畅地通过道床排走，这样路基表面就不会长期积水。路基表面长期积水，不仅会使承载能力大大下降，还会造成翻浆和冻胀等很多病害。

道床断面涉及道床厚度、顶面宽度及边坡坡度三个主要参数。

1. 道床厚度

(1)定义。道床厚度是指直线上钢轨或曲线上内股钢轨中轴线下轨枕底面至路基顶面的距离。

(2)要求。轨枕传来的压力不超过路基面上容许的最大压力。

(3)选用标准。道床厚度应综合考虑、钢轨的运营条件和道砟质量、路基强度、轨枕间距等，一般为 25～50 cm。

2. 道床顶面宽度

道床顶面宽度与轨枕长度和道床肩宽有关。轨枕长度基本上是固定的，因此道床顶面宽度主要决定于道床肩宽。适当的肩宽可保持道床的稳定，并提供一定的横向阻力。一般情况下，肩宽在 450～500 mm 已能满足要求，再宽则作用不大。

3. 道床边坡坡度

坡度大小对道床的坚固稳定有十分重要的意义。国内外的运营实践表明，边坡坡度 1∶1.5 不能长期保持道床的稳定，因此我国铁路规定正线区间边坡坡度均为 1∶1.75。

道床顶面宽度及边坡坡度标准见表 1-4，道床厚度(mm)标准见表 1-5。

表 1-4　道床顶面宽度及边坡坡度标准

线路类别		顶面宽度 /m	曲线外侧道床加宽		砟肩堆高 /m	边坡坡度
			半径/m	加宽/m		
正线	无缝线路	v_{max}>160 km/h	3.5			0.15	1∶1.75
		v_{max}≤160 km/h	3.4	≤600	0.10	0.15	1∶1.75
	普通线路	年通过总质量不小于 8 Mt	3.1	≤800	0.10		1∶1.75
		年通过总质量小于 8 Mt	3.0	≤600	0.10		1∶1.75
站线			2.9				1∶1.50

表 1-5　道床厚度(mm)标准

5年内年计划通过总质量/Mt		$W_年$≥50	50>$W_年$≥25	25>$W_年$≥15	$W_年$<15
无垫层的碎石道床	一般路基	450	450	400	350
	不易风化的岩石、碎石路基	350	350	300	300
有垫层的碎石道床(碎石/垫层)		300/200	300/200	250/200	250/200
有砟桥面上的碎石道床	v_{max}≤120 km/h	250			
	v_{max}>120 km/h	300			

注：允许速度大于 120 km/h 的线路，无垫层的碎石道床厚度不得小于 450 mm，有垫

层的碎石道床厚度不得小于300 mm，垫层厚度不得小于200 mm。

轨底处道床顶面应低于轨枕顶面20～30 mm。Ⅰ型混凝土枕中部道床应掏空，其顶面低于枕底不得小于20 mm，长腰应为200～400 mm；Ⅱ型和Ⅲ型混凝土枕中部道床可不掏空，但应保持疏松。道砟粒径级配标准见表1-6。

表1-6 道砟粒径级配标准

方孔筛孔边长/mm	25	35.5	45	56	63
过筛质量百分率/%	0～5	25～40	55～75	92～97	97～100

随着生产的发展和技术的进步，新型的轨下基础崭露头角。其中之一就是道床整体化。将某些黏合材料（如沥青砂浆、快硬水泥砂浆、某些黏性的聚合物等）和碎石道砟浇灌在一起而形成的整体化道床，可以提高承载能力，使道床的下沉量比普通道床减小约90%，而且可使线路的纵向、横向阻力增加0.7～4倍，排水性能也大大改善，还具有防脏、防冻、不长草的特点，颇受国内外铁路工程界的青睐。另外，近年来轨枕板与整体道床也得以广泛应用。轨枕板与普通轨枕一样长，宽度却大1倍。密铺时，相邻板块之间的缝隙只有约18 mm，把道床顶面绝大部分覆盖住。使用轨枕板可以防脏，轨枕板道床是一种"少维修"的线路结构。整体道床则完全取消了道砟，它直接在路基底上浇筑混凝土，可以保证线路稳定平顺，维修工作量很小，许多地下铁道使用这种线路结构。

三、轨道加强设备

1. 轨道的爬行与防爬设备

列车运行时，纵向的作用使钢轨甚至带动轨枕产生纵向移动的现象叫作线路爬行。爬行力是使钢轨产生爬行的纵向水平力。轨道爬行的一般规律：在双线地段爬行方向与列车运行方向基本相同，列车运行方向在下坡道时爬行量较大；两个方向运量大致相等的单线地段，两个方向都发生爬行，且易向下坡道方向爬行；两个方向的运量显著不等的单线地段，运量大的方向爬行量较大，在运量大的下坡道方向爬行量更大；双线或单线的制动地段，均易向制动方向爬行。

线路爬行的危害：一端接头挤成连续瞎缝，可能诱发胀轨跑道；另一端则拉大轨缝，造成轨道不平顺，增加维修工作量。在明桥上、道岔前后会影响线路质量，降低轨道各组成部件的使用寿命，甚至产生胀轨跑道、列车颠覆的严重后果。

预防措施如下：

(1)提高扣件阻力。采用弹性扣件，加大螺栓扭矩，防止扣件松动，保持扣压力。

(2)提高道床纵向阻力。加强道床捣固、夯实。

(3)增设足够的防爬设备，以加大轨道抵抗纵向移动的阻力。

防爬设备是由穿销式防爬器（轨卡、挡板、穿销）、防爬撑（连续3～5根轨枕安装）连成的整体，如图1-48所示。

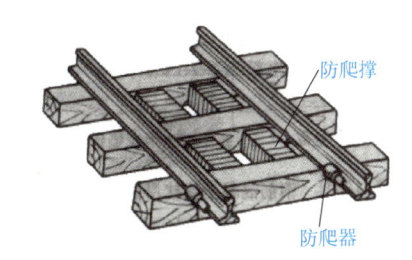

图 1-48 防爬设备

2. 曲线加强

曲线加强原因：列车通过曲线地段尤其是小半径曲线地段时，横向水平力作用会导致轨距扩大，轨道框架横移，平面位置歪曲，轨枕挡肩损坏，养护维修工作量增加。

曲线加强措施如下：

(1) 增加轨枕配置数量，提高轨道框架横向稳定性；

(2) 安装轨撑及轨距杆，如图 1-49 所示，提高钢轨水平方向稳定性，防止轨距扩大。

轨撑安装在钢轨外侧以顶住轨下颚和轨腰，防止钢轨外倾。轨距杆一端扣在外轨轨底，另一端扣住里轨轨底的拉杆，防止钢轨位移，保持轨距。

(3) 堆高曲线外侧砟肩，以增加道床横向阻力，保持线路稳定。

图 1-49 曲线加强设备

任务四　无砟轨道结构

一、无砟轨道概述

1. 优点

无砟轨道是以混凝土或沥青混合料等取代散粒道砟道床而组成的轨道结构形式。与有砟轨道相比，无砟轨道具有以下优点：

(1)轨道稳定性好，平顺性高，舒适性好。无砟轨道结构的几何形位能持久保持，横向阻力较高，轨道稳定性好，增加了运营的安全性；无砟轨道长波不平顺小，平顺性高；可通过轨道刚度的合理匹配，提高乘坐舒适性，尤其是通过不同结构物过渡段和道岔区的舒适性。

(2)养护维修工作量小，使用寿命长。随着列车运行速度的不断提高，有砟轨道道砟粉化及道床累积变形的速度加快，为了满足高速铁路对线路的高平顺性、稳定性的要求，必须通过轨道结构的强化及频繁的养护维修来保持轨道的几何状态。与有砟轨道相比，无砟轨道养护维修工作量小，结构耐久性好，轨道使用寿命长。

(3)初期土建工程投资相对较小，节省工程总造价。无砟轨道在圆曲线地段可实现超出有砟轨道高达25%的超高，这就有可能在保持规定速度的情况下选择较小的曲线半径。同时，无砟轨道可以采用较大的线路纵坡，提高线路平纵断面对地形、地物的适应性，减少对景观的破坏，可缩短桥梁、隧道结构物的长度，减少投资；无砟轨道结构高度低，自重轻，可减少桥梁二期恒载，降低隧道净空，从而降低工程总造价。

(4)整洁美观，利于环保。无砟轨道道床整洁美观，解决了有砟轨道在列车高速运行下道砟飞溅带来的一系列问题，利于环保。

2. 缺点

无砟轨道也有其不足之处：

(1)初期建设投资相对较大。

(2)基础变形要求高，必须建于坚实、稳定、不变形或有限变形的基础上，无砟轨道的高低调整能力有限(主要通过扣件系统)，一旦下部基础变形下沉超出其调整范围，或导致上部轨道结构裂损，修复困难。

(3)道床面相对平滑，轮轨产生的辐射噪声较大。

3. 铺设范围和条件

基于无砟轨道的特点，其适于铺设的范围和条件如下：

(1)基础变形相对较小、维修作业困难的长大桥梁、隧道区段。

(2)维修作业频繁、路基基础坚实的道岔区段。

(3)减振降噪与环境要求高的区段。

(4)优质道砟短缺、人工费用高的国家和地区。

我国通过对高铁引进技术进行消化吸收及再创新，形成了我国具有自主知识产权的CRTS(China railway track system)无砟轨道技术系列：CRTS Ⅰ型双块式无砟轨道(CRTS Ⅰ b)、CRTS Ⅱ型双块式无砟轨道(CRTS Ⅱ b)、CRTS Ⅰ型板式无砟轨道(CRTS Ⅰ s)、CRTS Ⅱ型板式无砟轨道(CRTS Ⅱ s)、CRTS Ⅲ型板式无砟轨道(CRTS Ⅲ s)。

二、CRTS Ⅰ型板式无砟轨道

1. 轨道板组成

轨道板由钢轨、弹性扣件、轨道板、水泥乳化沥青砂浆充填层、底座、凸形挡台及其周围填充树脂等组成，如图1-50所示。

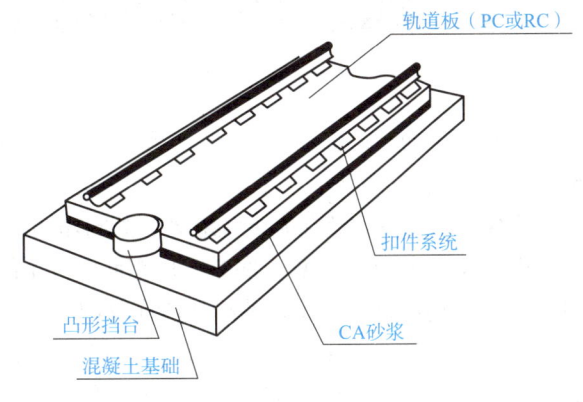

图1-50 轨道板组成

2. 轨道板的结构及形式尺寸

Ⅰ型轨道板结构特点：C60混凝土，宽2 400 mm，长4 962 mm、4 856 mm、3 685 mm等，厚≥190 mm，承轨台厚20 mm，承轨台中心间距≤650 mm。轨道板两端中部设半圆形缺口，$R=300$ mm。

轨道板按结构形式分为普通型和框架型，如图1-51所示。框架型轨道板中混凝土和CA砂浆用量小，成本低，可降噪，减缓翘曲。

图1-51 轨道板形式
(a)普通型单元板式轨道；(b)框架型单元板式轨道

预应力筋分为纵向预应力筋和横向预应力筋。纵向预应力筋采用 $\phi13$ mm 的低松弛预应力钢棒；横向预应力筋采用单端张拉。非预应力筋一般采用HRB400级热轧带肋钢筋、纵横向钢筋或预埋套管周围螺旋筋。纵向或横向钢筋均应采用环氧树脂涂层处理,设置有接地端子以满足客运专线综合接地要求(图 1-52),设置预埋起吊套管、绝缘套管等。

图 1-52　单元轨道板接地端子

(1)水泥乳化沥青砂浆充填层厚度为 50 mm;减振型板式轨道,厚度为 40 mm。水泥乳化沥青砂浆应采用袋装灌注法施工。

(2)底座结构满足列车荷载、温度荷载及混凝土收缩等的共同作用下强度和裂缝宽度验算,同时应满足下部基础变形的影响,结构强度验算。底座采用钢筋混凝土结构,混凝土强度等级为 C40。底座的外形尺寸根据设计荷载计算确定,曲线地段底座内侧厚度不应小于 100 mm。

(3)凸形挡台按固定于混凝土底座上的悬臂构件设计,形状分圆形和半圆形,混凝土强度等级为 C40。凸形挡台和轨道板之间填充树脂材料,设计厚度为 40 mm。填充树脂应采用袋装灌注法施工,其性能应符合相关规定。

(4)曲线超高在底座上设置。超高设置以内轨顶面为基准,采用外轨抬高方式,并在缓和曲线范围内线性过渡。

(5)轨道板外侧的底座顶面设置横向排水坡。

3. 路基地段 CRTS Ⅰ型板式无砟轨道

路基地段 CRTS Ⅰ型板式无砟轨道如图 1-53 所示。

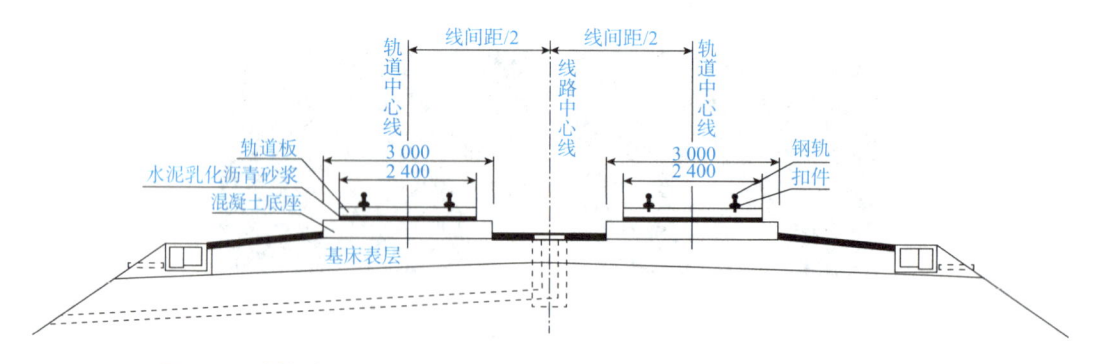

图 1-53　路基地段 CRTS Ⅰ型板式无砟轨道标准横断面示意(尺寸单位:mm)

线间排水应结合线路纵坡、桥涵等线路条件和环境具体设计。采用集水井方式时,集水井设置间隔根据汇水面积和当地气象条件设计确定。严寒地区线间排水设计应考虑防冻措施。线路两侧及线间路基面应进行防水处理。

4. 桥梁地段 CRTS Ⅰ型板式无砟轨道

桥梁地段 CRTS Ⅰ型板式无砟轨道如图 1-54 所示。

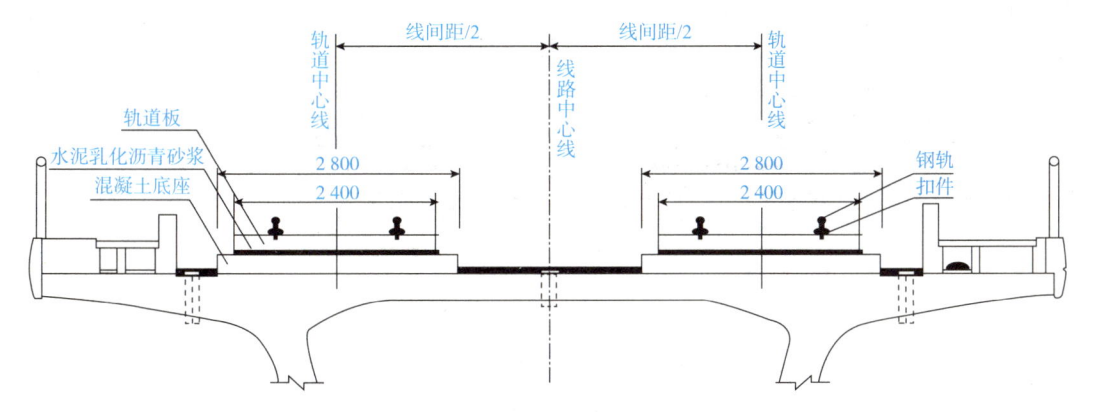

图 1-54 桥梁地段 CRTS Ⅰ型板式无砟轨道标准横断面示意(尺寸单位：mm)

底座板在桥梁上设置，通过梁体预埋套筒植筋或预埋钢筋方式与桥梁连接。轨道中心线 2.6 m 范围内，梁面应进行拉毛处理。底座范围内，梁面不设防水层和保护层。

5. 隧道地段 CRTS Ⅰ型板式无砟轨道

(1)有仰拱隧道内，CRTS Ⅰ型板式无砟轨道底座在仰拱回填层上方构筑。沿线路纵向，底座每隔一定长度，对应凸形挡台中心位置，设置横向伸缩缝。底座在隧道沉降缝位置，设置伸缩缝。底座宽度范围内，仰拱回填层表面进行拉毛处理(图 1-55)。

(2)无仰拱隧道内，底座与隧道底板合并设置并连续铺设。当位于曲线地段时，超高一般在底座面上设置。

距隧道洞口 100 m 范围内，仰拱回填层设置钢筋与底座连接。

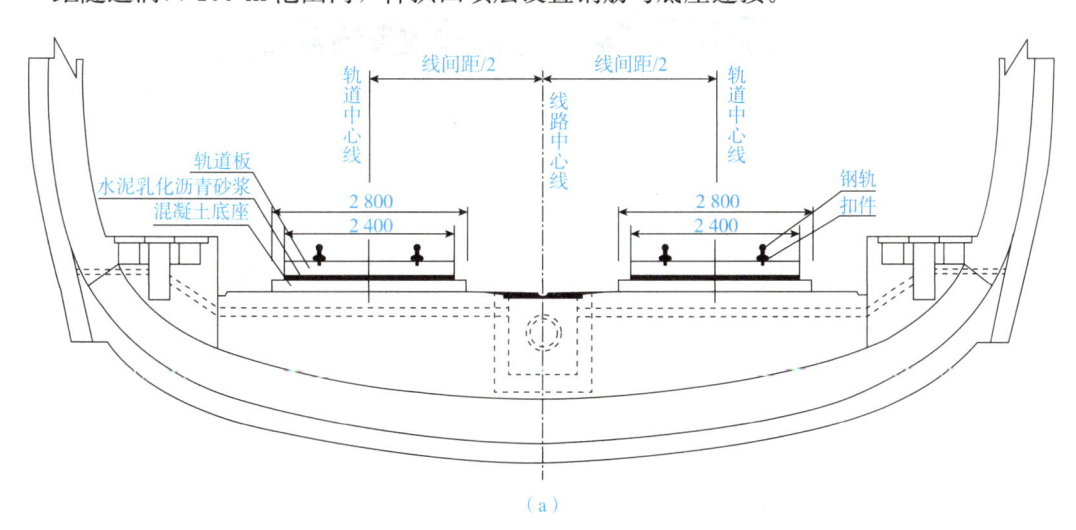

(a)

图 1-55 隧道地段 CRTS Ⅰ型板式无砟轨道标准横断面示意(尺寸单位：mm)
(a)有仰拱隧道；

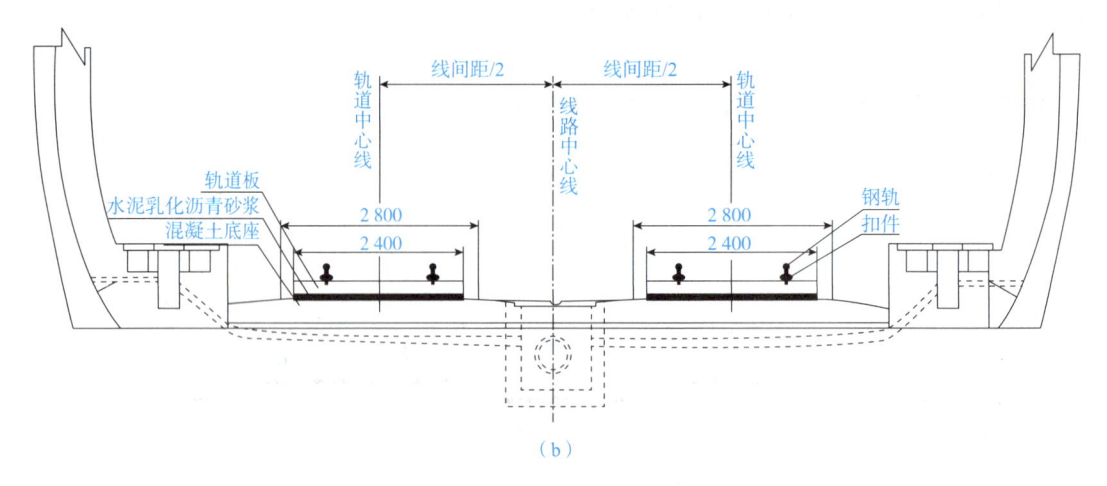

图 1-55 隧道地段 CRTS Ⅰ型板式无砟轨道标准横断面示意(尺寸单位：mm)(续)
(b)无仰拱隧道

三、CRTS Ⅰ型双块式无砟轨道

(1)道床板采用钢筋混凝土结构，现场浇筑成型，混凝土强度等级为 C40。
(2)路基地段 CRTS Ⅰ型双块式无砟轨道如图 1-56 所示。

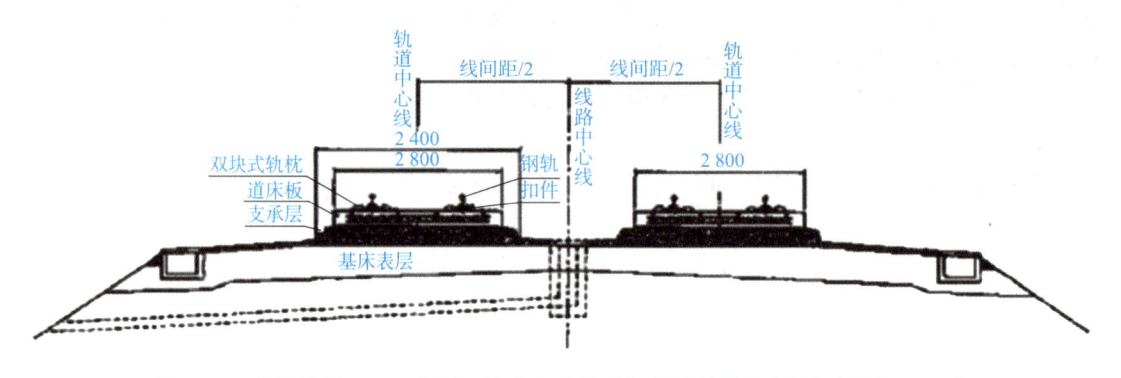

图 1-56 路基地段 CRTS Ⅰ型双块式无砟轨道标准横断面示意(尺寸单位：mm)

1)轨道板由钢轨、弹性扣件、双块式轨枕、道床板、支承层等组成。
2)支承层在路基基床表层上设置，支承层表面宽度为 3 200 mm，底面宽度为 3 400 mm，厚度为 300 mm。沿线路纵向，每隔不大于 5 m 设一横向预裂缝，缝深为厚度的 1/3。道床板宽度范围内的支承层表面进行拉毛处理。
3)道床板为纵向连续的钢筋混凝土结构，在支承层上构筑。道床板宽度为 2 800 mm，厚度为 260 mm。
4)曲线超高在路基基床表层上设置。

5)线间排水应结合线路纵坡、桥涵等线路条件和环境条件确定。当采用集水井方式时,集水井设置间隔根据汇水面积和当地气象条件计算确定。

6)线路两侧及线间路基面进行防水处理。

(3)桥梁地段 CRTS Ⅰ型双块式无砟轨道如图 1-57 所示。

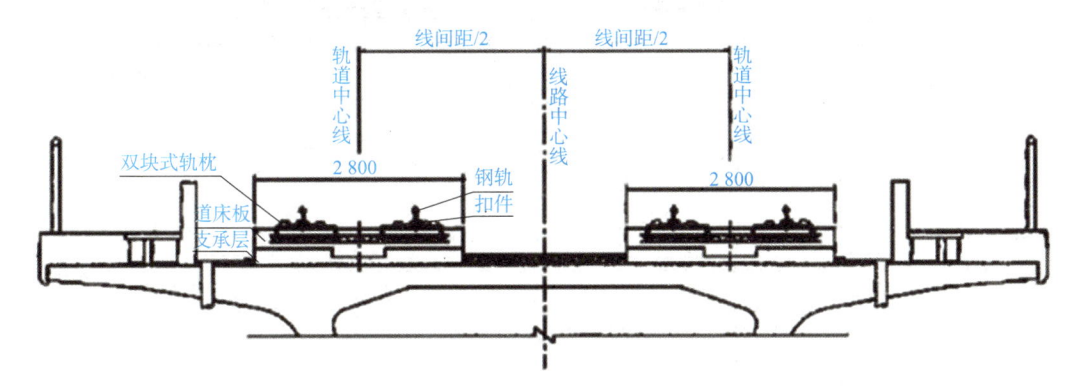

图 1-57　桥梁地段 CRTS Ⅰ型双块式无砟轨道标准横断面示意(尺寸单位：mm)

1)轨道板由钢轨、弹性扣件、双块式轨枕、道床板、隔离层、底座及凹槽周围弹性垫层等组成。

2)道床板、底座沿线路纵向在梁面上分块构筑,分块长度为 5.0～7.0 m,相邻道床板及底座的间隔缝为 100 mm,道床板宽度为 2 800 mm,厚度为 260 mm,底座宽度为 2 800 mm,直线地段底座厚度不宜小于 210 mm,曲线地段底座内侧厚度不应小于 100 mm。

3)底座通过梁体预埋套筒植筋或预埋钢筋与桥梁连接,轨道中心线 2.6 m 范围内,梁面进行拉毛处理。

4)曲线超高在底座上设置。

5)底座顶面设置隔离层。对应每块道床板,底座设置限位凹槽,凹槽的形式尺寸根据设计荷载计算确定,凹槽侧面设弹性垫层。

6)底座范围内,梁面不设防水层和保护层。

7)桥上扣件纵向阻力及梁端扣件结构形式根据计算确定。

(4)隧道地段 CRTS Ⅰ型双块式无砟轨道如图 1-58 所示。

1)轨道板由钢轨、弹性扣件、双块式轨枕、道床板等组成。

2)道床板为纵向连续的钢筋混凝土结构,直接在隧道仰拱回填层(有仰拱隧道)或底板(无仰拱隧道)上构筑。道床板宽度为 2 800 mm,厚度为 260 mm,其宽度范围内,仰拱回填层或底板表面进行拉毛处理。

3)曲线超高在道床板上设置。

4)距洞口 200 mm 隧道内道床板结构与路基地段相同,其余地段的道床板结构根据相应的设计荷载确定。

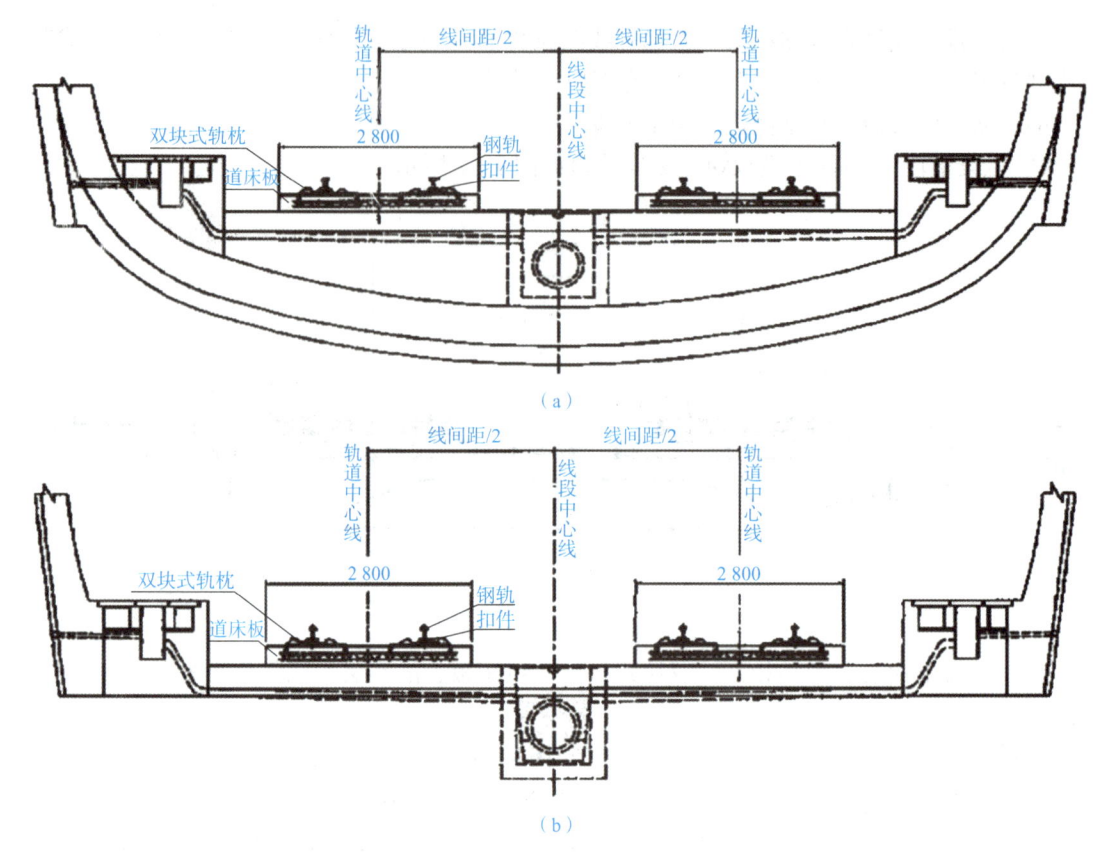

图 1-58　隧道地段 CRTS Ⅰ 型双块式无砟轨道标准横断面示意(尺寸单位：mm)
(a)有仰拱隧道；(b)无仰拱隧道

四、CRTS Ⅱ 型板式无砟轨道

标准轨道板长 6 450 mm，宽 2 550 mm，厚 200 mm，每块板混凝土 3.45 m³，板质量约 8.6 t；轨道板横向配置 60 根 Φ10 mm 预应力钢筋，纵向配置 6 根 Φ20 mm 精轧螺纹钢筋，用于轨道板的纵向连接，预应力钢筋的上层及下层均有一层钢筋网片，钢筋之间的连接均做绝缘处理；轨道板混凝土设计强度等级为 C55。

轨道板布置承轨台 10 对，预裂槽 9 个，间距均为 65 cm；板上设灌浆孔 3 个，分别布置于第 2、第 5、第 8 道预裂槽正中，成孔形状为直径 16 cm(上)、14 cm(下)的圆台；在轨道板两端各设用于铺设时初步定位的凹槽 2 个，凹槽位是一段圆弧，其上口半径 6.9 cm，下口半径 7.4 cm；在轨道板的两端还设有切槽各 2 个，每个切槽伸出用于轨道板纵向连接的 Φ20 mm 螺纹钢 3 根，如图 1-59 所示。

1. 路基地段 CRTS Ⅱ 型板式无砟轨道

(1)轨道由钢轨、弹性扣件、轨道板、水泥乳化沥青砂浆充填层、支承层等组成(图 1-60、图 1-61)。

(2)支承层在路基基床表层上设置，其性能应符合相关规定。支承层顶面宽度为 2 950 mm，底面宽度为 3 250 mm，厚度为 300 mm。沿线路纵向，每隔不大于 5 m 切一横向预裂缝，缝深为厚度的 1/3。轨道板宽度范围内的支承层表面进行拉毛处理。

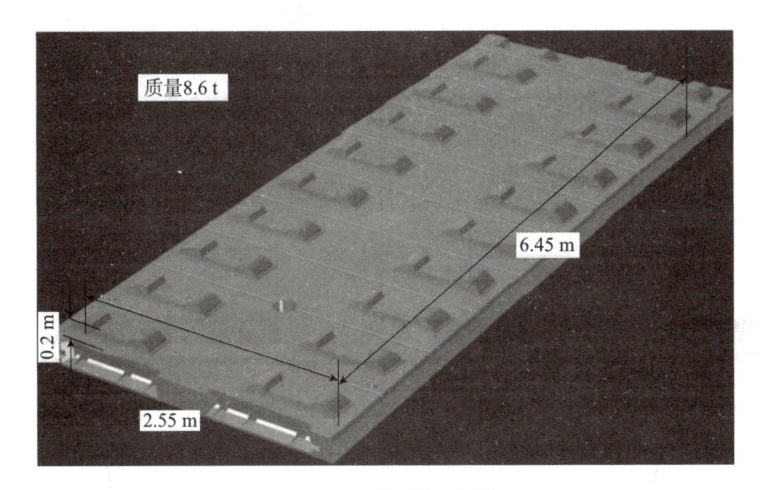

图 1-59　轨道板结构

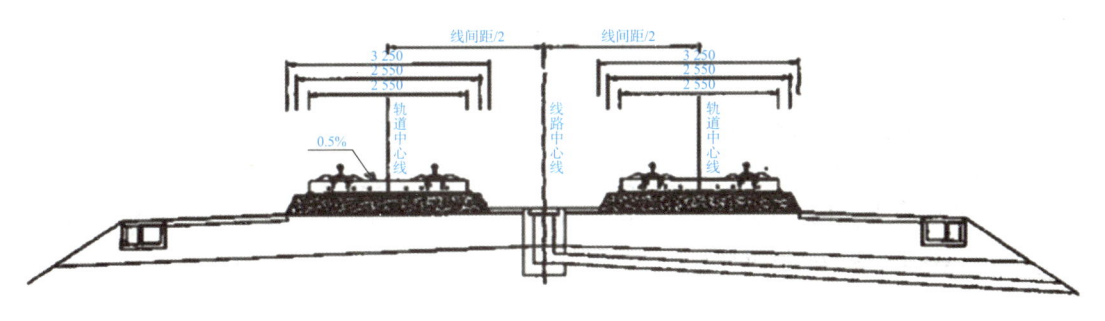

图 1-60　温暖地区路基地段 CRTS Ⅱ 型板式无砟轨道标准横断面示意

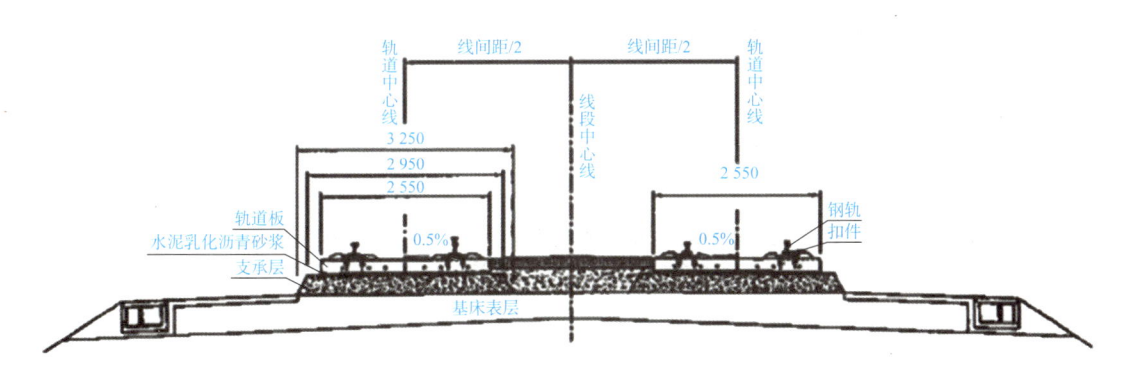

图 1-61　寒冷地区路基地段 CRTS Ⅱ 型板式无砟轨道标准横断面示意

(3)曲线超高在路基基床表层上设置。

(4)线间排水应结合线路纵坡、桥涵等线路条件和环境条件具体设计，当采用集水井方式时，集水井设置间隔根据汇水面积和当地气象条件计算确定。

(5)线路两侧及线间路基面进行防水处理。

2. 桥梁地段 CRTS Ⅱ 型板式无砟轨道

桥梁地段 CRTS Ⅱ 型板式无砟轨道如图 1-62 所示。

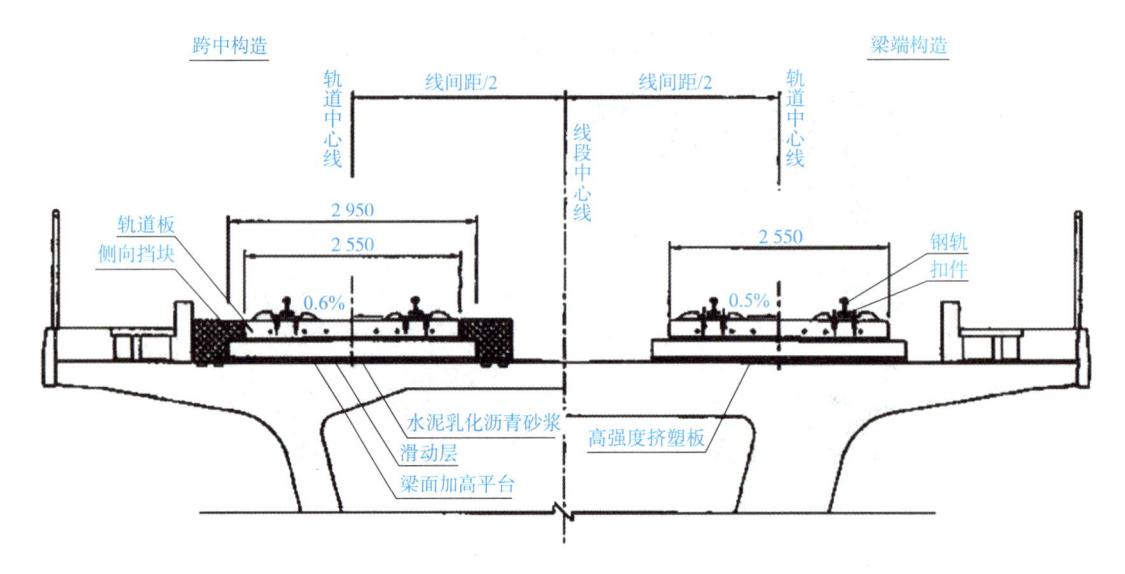

图 1-62 桥梁地段 CRTS Ⅱ 型板式无砟轨道标准横断面示意（尺寸单位：mm）

(1) 轨道板由钢轨、弹性扣件、轨道板、水泥乳化沥青砂浆充填层、底座板、滑动层、高强度挤塑板、侧向挡块、台后锚固结构等组成。

(2) 底座板采用纵向连续的钢筋混凝土结构，混凝土强度等级为 C30。底座板宽度为 2 950 mm；直线曲段的底座板厚度不宜小于 190 mm；曲线超高在底座板上设置，曲线内侧的底座板厚度不应小于 175 mm。

(3) 底座板结构中可根据施工组织安排设置一定数量的混凝土后浇带及钢板连接器。

(4) 底座板宽度范围内，梁面设置滑动层，滑动层结构及性能应符合相关规定。

(5) 在桥梁固定支座上方，梁体设置底座板纵向限位机构，相应位置设置抗剪齿槽及锚固筋连接套筒，形式尺寸及数量应根据计算确定。

(6) 底座板两侧隔一定距离设置侧向挡块，梁体相应位置设置钢筋连接套筒。侧向挡块与底座板间设置弹性限位板。

(7) 距梁端一定范围，梁面设置高强度挤塑板，厚度为 50 mm。

(8) 轨道板外侧的底座板顶面设置横向排水坡。

(9) 台后路基应设置锚固结构及过渡板。

3. 隧道地段 CRTS Ⅱ 型板式无砟轨道

隧道地段 CRTS Ⅱ 型板式无砟轨道如图 1-63 所示。

(1) 轨道由钢轨、弹性扣件、轨道板、水泥乳化沥青砂浆充填层、支承层等组成。

(2) 如果支承层采用低塑性水泥混凝土，曲线超高在支承层上设置。如果支承层采用水硬性混合料，曲线超高在仰拱回填层（有仰拱隧道）或底板（无仰拱隧道）上设置。

(3) 其他规定与路基地段相同。

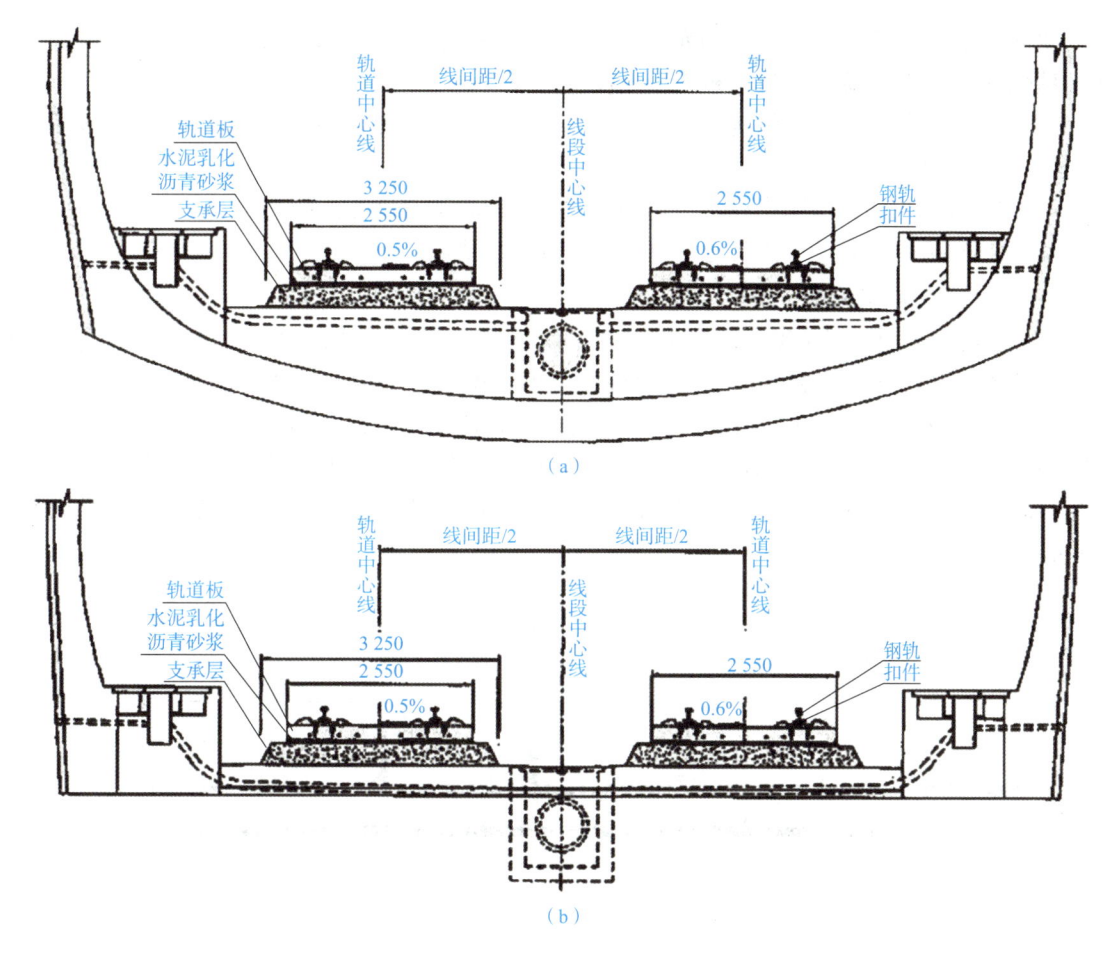

图 1-63　隧道地段 CRTsⅡ型板式无砟轨道标准横断面示意(尺寸单位：mm)
(a)有仰拱隧道；(b)无仰拱隧道

4. 道岔区无砟轨道

(1)道岔区轨枕埋入式无砟轨道。

1)轨道板由道岔钢轨件、弹性扣件、岔枕、道床板及底座等组成。

2)道岔区扣件间距为 600 mm，特殊位置的扣件间距根据道岔结构确定。

3)道床板采用钢筋混凝土结构，混凝土强度等级为 C40。

4)底座采用钢筋混凝土结构，混凝土强度等级为 C30。底座厚度为 300 mm，宽度根据道岔结构尺寸确定，对应转辙器及辙叉区段，底座设置与道床板的连接钢筋。

5)道床板表面设置横向排水坡。

6)道岔区范围内的轨道刚度设计应均匀，并与区间轨道刚度相匹配。

7)无砟轨道结构设计应满足道岔电气设备的安装要求。

(2)道岔区板式无砟轨道。

1)轨道板由道岔钢轨件、弹性扣件、道岔板、底座等组成。

2)道岔区扣件间距宜为 600 mm，特殊位置的扣件间距根据道岔结构设计确定。

3)道岔板采用钢筋混凝土结构面,混凝土强度等级为 C50。道岔板厚度为 240 mm,宽度根据道岔结构尺寸确定。道岔板表面设横向排水坡。

4)底座采用钢筋混凝土结构,混凝土强度等级为 C40,厚度不小于 180 mm。宽度根据道岔结构尺寸确定。

5)道岔范围内的轨道刚度设计应均匀,并与区间轨道刚度相匹配。

6)无砟轨道结构设计应满足道岔电气设备的安装要求。

5. 轨道板的剪切连接

(1)剪切连接的设置范围。轨道板的剪切连接位置为每片箱梁的梁缝(包括简支梁与简支梁缝)区域、梁与台背、端刺与路基过渡段、桩板结构与路基过渡段及道岔前后处,主要结构作用是将轨道板与底座板连接成为一个整体,以适应端部结构变形,结构形式视工程部位的不同而有所区别。其中,每块轨道板在梁缝(包括桥台处梁缝)两端各设 4 根(设于承轨台中间部位)剪力销(图 1-64)。端刺与路基过渡段、桩板与路基过渡段及道岔前后处的轨道板剪切连接。

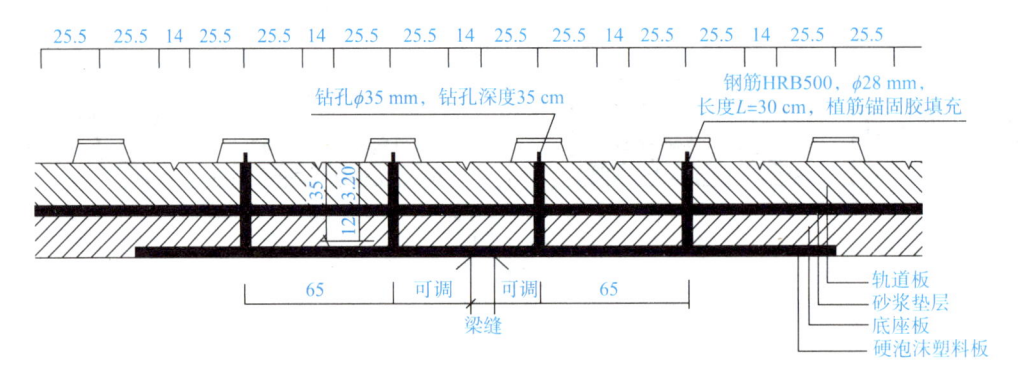

图 1-64 梁缝处轨道板锚固连接布置示意

(2)剪切筋安装孔的钻设。钻孔前应在设计植筋位置使用钢筋探测雷达探明轨道板及底座板内的钢筋布置情况,以此微调并确定钻孔位置。钻孔使用植筋专用钻孔机(一般由锚固胶供应商提供),钻孔完成后,使用高压风枪吹除孔内屑粉,植筋施工应随即进行,否则应用棉纱团或软布团封堵孔口。

(3)剪切连接筋的绝缘处理。为确保剪切筋与板(轨道板及底座板)内钢筋处于隔离绝缘状态,剪切筋表面应事先均匀涂抹一层植筋胶(锚固用胶),并确保表面无遗漏之处。面胶凝固后再进行植入施工。

(4)剪切连接筋的安装。孔内注入适量(试验确定)植筋胶并植入剪力销钉(筋)。剪切筋植入时应轻轻插入,并避免与板内钢筋接触。

6. 侧向挡块

(1)简支梁(32 m)上侧向挡块布置。侧向挡块设计分两种形式。其中,C 型挡块为侧挡块,D 型挡块为扣押型(压住底座板)。一般在在每孔简支梁上设 2 对 D 型挡块,其余为 C 型挡块,C 型挡块与 D 型挡块总体设置如图 1-65 所示。根据梁跨不同,挡块设置间距有所区别,一般地段 32 m 梁上为 5.74 m,24 m 梁上为 5.18 m,20 m 梁上为 5.57 m,连续梁上的挡块布置视结构不同而不同。摩擦板地段挡块间距一般为 8 m(C 型、D 型交替布置)。

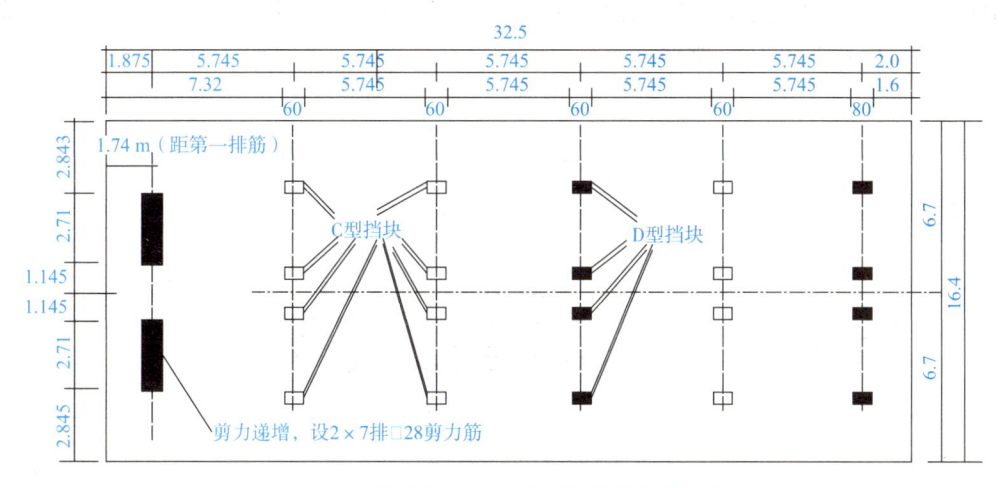

图 1-65 简支梁(32 m)上侧向挡块布置示意

(2)临时端刺范围 D 型过渡挡块布置。根据全线无砟轨道及铺轨施工组特点,常规区地段的侧向挡块可安排在轨道板安装完成后施工。临时端刺范围内的侧向挡块应在早期安排(因与桥面无任何连接,易产生横向移位)。其中,曲线地段的临时端刺挡块应在底座板连接前设置临时(或过渡)侧向挡块。其中,C 型挡块可直接按设计施工(先施工底座侧面部分),D 型挡块需设过渡型(以保证铺轨机械的通行需要)。侧向挡块设置间距要求:400 m 曲线半径段,间距≤3.26 m;1 000 mm 曲线半径段,间距≤8.15 m;1 500 m 曲线半径段,间距≤12.23 m;2 500 mm 曲线半径段,间距≤20.39 m;4 500 m 以上曲线半径段,间距≤32 m。

侧向挡块施工前,应对桥上预埋套筒位置进行检查,要求内侧(靠近底座板一侧)预埋套筒中心(轴线)距底座板边缘距离为 8~12 cm,超过此范围要求的应进行整修。其整修基本原则是,在内侧连接筋(与桥面的)设计位置(距底座板边缘 10 cm)钻孔并清孔(强吹风),其后注入锚固胶并植入钢筋,侧向挡块外侧钢筋可保持现状不动,在此基础上,安装其他钢筋并根据实际情况进行适当连接调整。

侧向挡块应在仿真试验成功的基础上再组织规模施工,以实现外观整洁统一,并保证侧向挡块"纵、横向一条线"。侧向挡块施工推荐使用成批加工制作的组合钢模具,模具应考虑曲线地段外侧与超高变化的适应性,同时应考虑底座板厚度及桥面高程的不一致性需要。施工时,应先安装固定橡胶垫板及硬质泡沫材料。其中,橡胶垫板可通过与挡块钢筋连接并固定在底座板混凝土紧靠,硬质泡沫材料可采用胶合剂与底座板混凝土粘合固定(要求与橡胶垫板紧靠),硬质泡沫材料及橡胶垫板应在混凝土灌注面用塑料薄膜覆盖,其后再安装挡块模具。模具应成批安装并挂线作业,混凝土灌注施工时应按规定进行振捣,振捣作业采用微型振捣棒。灌注完成后的侧向挡应及时养护。

五、CRTSⅢ型板式无砟轨道

CRTSⅢ型板式无砟轨道是我国具有完全自主知识产权的无砟轨道类型，由钢轨、WJ-8B型有挡肩扣件、轨道板、自密实混凝土填充层、限位凹槽、土工布隔离层、钢筋混凝土底座等部分组成，如图1-66所示。

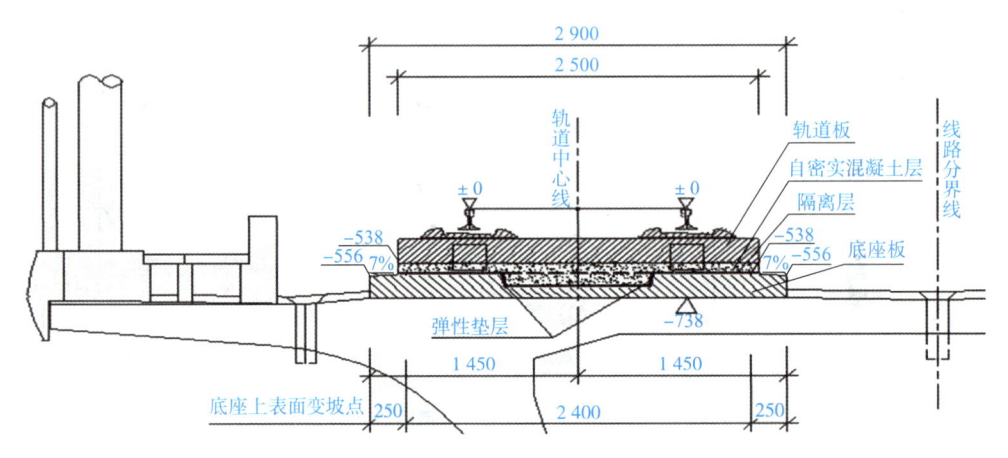

图1-66 CRTSⅢ型板式无砟轨道组成

(1)结构组成：钢轨(60 kg/m)、扣件(WJ-8B)、预制轨道板、配筋的自密实混凝土、限位挡台、中间隔离层(土工布)和钢筋混凝土底座。

(2)无砟轨道采用单元分块式结构，在路基、桥梁和隧道地段，轨道板采用不连接的分块式结构。

(3)底座板在每块轨道板范围内设置两个限位挡台(凹槽结构)，底座板与自密实混凝土层间设置中间隔离层。

(4)轨道板采用分块式结构，混凝土强度等级为C60，标准轨道板长度为5 350 mm(32 m)，4 856 mm(24 m)，厚度为190 mm，宽度为2 500 mm。

(5)底座为混凝土结构，路基地段混凝土强度等级为C25。桥梁和隧道地段混凝土强度等级为C40。底座厚度在路基地段为240 mm，在桥梁和隧道地段为190 mm，个别曲线超高110 mm地段，底座厚度为290 mm。每块轨道板对应的底座板上设置两个凹槽，起纵横向限位作用。

(6)轨道板与底座板间设置自密实混凝土，厚度为90 mm，采用钢筋网配筋设置。

(7)自密实混凝土与底座板间设置中间隔离层。

任务五　轨道几何形位

轨道由直线轨道和曲线轨道组成。直线部分的轨道方向应保持笔直，曲线部分轨道应具有相应的圆顺度。轨道各部分的几何形状、相对位置和基本尺寸要求等，称为轨道几何形位。轨道几何形位的正确与否，对机车车辆的安全运行、乘客的旅行舒适度以及设备的使用寿命和养护费用起着决定性的作用。

一、机车车辆行走部分的认知

车辆的行走部分(转向架)由轮对、侧架、轴箱、弹性悬挂装置、制动装置组成，如图1-67所示。

图1-67 车辆行走部分

1. 轮对

轮对是机车车辆走行部分的重要部件，由一根车轴和两个相同的车轮组成。踏面是车轮和钢轨接触的面(图1-68)。

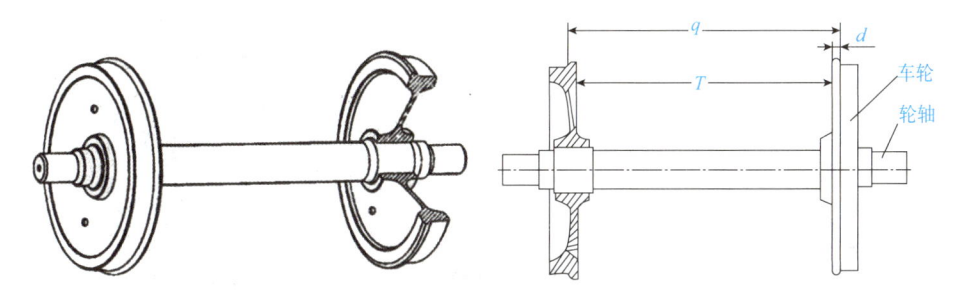

图1-68 轮对

(1)轮缘：指车轮踏面内侧制成的凸缘。作用是保证车轮沿钢轨滚动时不致脱轨。车轮内侧面与外侧面之间的距离是车轮宽度。

(2)踏面测量线：通过路面上距车轮内侧面一定距离的一点的水平线。

(3)轮缘高度：由踏面测量线至轮缘顶点的距离。

(4)轮缘厚度：由测量线向下10 mm处量得的轮缘厚度。

(5)轮对宽度q：轮背内侧距离T加上2个轮缘厚度d。$q=T+2d$。

2. 转向架

转向架(图1-69)是指两个或两个以上的轮对用专门的构架组成的小车，每节车体支承在两个转向架上。其作用：承受车体重量，传递轮轴牵引力，并使各轴重均匀分配；使车辆顺利通过曲线；减振、传递牵引力和制动力，以提高列车牵引效率和保证列车在规定距离内停车。

3. 机车车辆轴距

(1)全轴距(图1-70)：同一车体最前位和最后位的车轴中心间水平距离。

(2)固定轴距(图1-70)：同一车架或转向架上始终保持平行的最前位和最后位车轴中心间的水平距离。它是控制机车车辆能否顺利通过小半径曲线的控制因素。

(3)车辆定距：车辆前后两走行部分上车体支承间的距离。

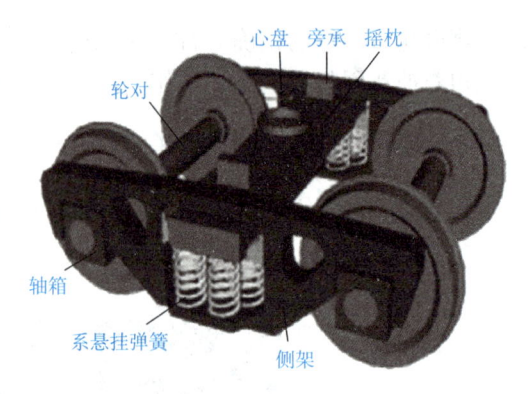

图 1-69 某型货车转向架

4. 轮轨间相互作用

车轮与钢轨间的作用力主要包括竖向力、横向水平力和纵向水平力(图1-71)。轨道越平顺，行车越平稳，车轮作用于轨道的破坏力也越小。

(1)竖向力。竖向力是指车轮的静轮载和动轮载增量，是轨道所受的主要荷载。

(2)横向力。横向水平力是指轨道平面上与轨道方向垂直的水平力。横向水平力的作用会造成钢轨侧面磨耗和列车脱轨事故。

(3)纵向水平力。纵向水平力是指沿轨道方向的水平力。纵向水平力的作用会导致钢轨波形磨耗、轨道爬行等病害。

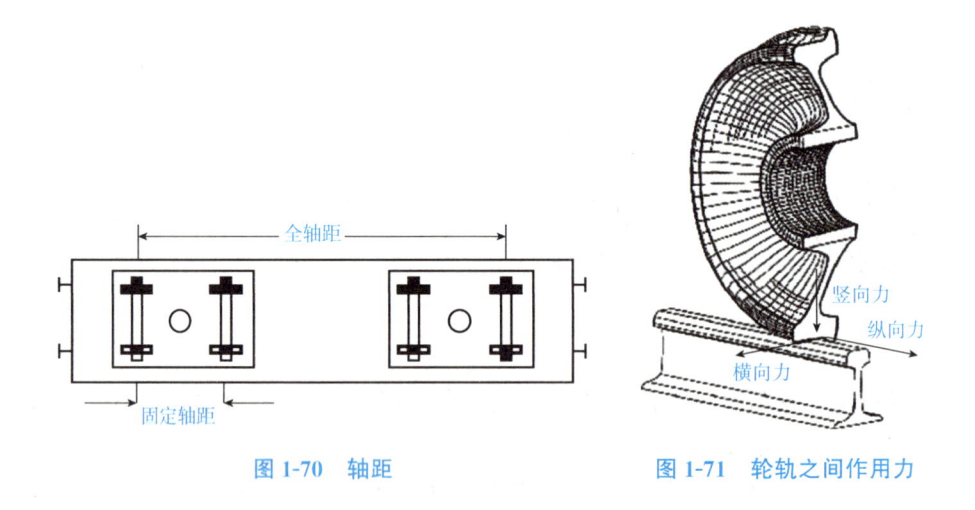

图 1-70 轴距

图 1-71 轮轨之间作用力

二、直线轨道的几何形位

轨道几何形位按照静态和动态两种状况进行管理。静态几何形位是轨道不行车时的状态，采用道尺等工具测量，目前国外也有现代化静态几何形位采集设备。动态几何形位是行车条件下的轨道状态，采用轨道检查车测量。直线地段轨道几何形位要素有轨距、水平、前后高低、方向、轨底坡。

1. 轨距

轨距是指钢轨顶面下 16 mm 范围内两股钢轨作用边之间的最小距离。钢轨头部由不同半径的复合曲线组成，钢轨底面设有轨底坡，钢轨向内倾斜，车轮轮缘与钢轨侧面接触点发生在钢轨顶面下 10～16 mm 处，我国《铁路技术管理规程》规定轨距测量部位在钢轨顶面下 16 mm 处，如图 1-72 所示，在此处，轨距一般不受钢轨磨耗和肥边的影响，便于轨道维修工作的实施。

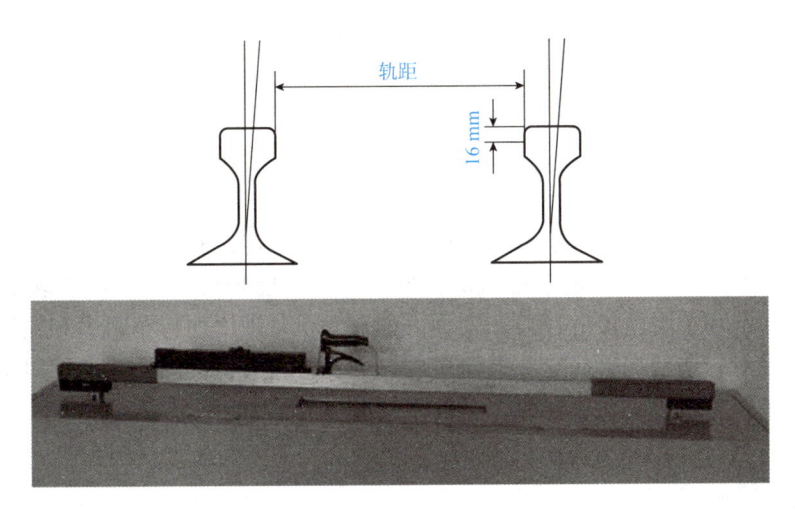

图 1-72 轨距及测量工具

目前，世界上的铁路轨距，分为标准轨距、宽轨距和窄轨距三种。标准轨距尺寸为 1 435 mm。大于标准轨距的轨距称为宽轨距，如 1 524 mm、1 600 mm 等，俄罗斯、印度及澳大利亚、蒙古等国有宽轨距。小于标准轨距的称为窄轨距，如 1 000 mm、1 067 mm、762 mm 等，如日本既有线采用 1 067 mm 轨距，越南采用 1 000 mm 轨距。

我国铁路轨距绝大多数为标准轨距，云南省境内还保留部分 1 000 mm 轨距，台湾省铁路采用 1 067 mm 轨距。

轨距测量方法有静态(道尺、轨检小车)测量、动态[轨道检查车(俗称轨检车)]测量。

轨距用道尺测量，轨距允许偏差值受速度影响，具体数值见表 1-7。轨距变化应缓和平顺，其变化率不允许超过规定要求，因为在短距离内，如轨距有显著变化，即使不超过轨距容许误差，也会使机车车辆发生剧烈摇摆，限制轨距变化率对保证行车平稳是非常重要的。

标准轨距(1 435 mm)的轨距容许偏差见表 1-7。

表 1-7 轨距容许偏差

速度/(km·h^{-1})	轨距的容许偏差值/mm	
	有砟轨道	无砟轨道
$v \leq 120$	+6、-2	+3、-2
$120 < v \leq 160$	+4、-2	±2

为使机车车辆能在线路上两股钢轨间顺利通过，机车车辆的轮对宽度应小于轨距。当轮对的一个车轮轮缘紧贴一股钢轨的作用边时，另一个车轮轮缘与另一股钢轨作用边之间形成的间隙称为游间（图1-73）。

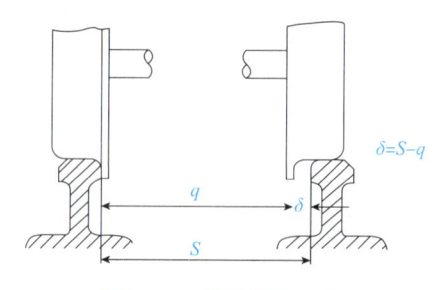

图1-73 轮轨游间示意

轮轨游间δ的大小，对列车运行的平稳性和轨道的稳定性有重要的影响。如δ太大，则列车运行的蛇形幅度就大，作用于钢轨的横向力大，动能损失，会加剧轮轨磨耗和轨道变形，严重时将引起列车脱轨，危及行车安全。如δ太小，则增加行车阻力和轮轨磨耗，严重时还可能楔住轮对、挤翻钢轨或导致爬轨事件，危及行车安全。因此，必须对游间值进行限制。我国机车车辆轮轨游间δ最大值、正常值及最小值见表1-8。

表1-8 轮轨游间值

车轮名称	轮轨游间值/mm		
	最大	正常	最小
机车轮	45	16	11
车辆轮	47	14	9

理论研究与运营实践表明，适当减小轨距，减小δ值，会减轻列车的摇摆，减少轮轨磨耗和动能损失，改善行车条件，提高列车运行的平稳性和线路的稳定性。因此，有些国家把轨距适当减小，如西欧把标准轨距1 435 mm减小到1 433 mm或1 432 mm，苏联也把轨距从1 524 mm减小到1 520 mm。根据我国现场测试和养护维修经验，认为减小直线轨距有利。改道时轨距按1 434 mm或1 433 mm控制，尽管轨头有少量侧磨发生，但达到轨距超限的时间得以延长，有利于提高行车平稳性，延长维修周期。

2. 水平

水平是指线路左右两股钢轨顶面的相对高差。为保持列车平稳运行，并使两股钢轨均匀受力，直线地段上两股钢轨顶面应保持同一水平，曲线上保持一定超高。

水平用道尺或其他工具测量。实践中有两种性质不同的钢轨水平偏差，对行车的危害程度也不相同。一种偏差称为水平差；另一种称为三角坑。水平差是指在一段规定的距离内，一股钢轨的顶面始终比另一股高，且高差值超过容许偏差值。水平差会引起车辆摇晃，两股钢轨不均匀受力，钢轨不均匀磨耗。三角坑（扭曲不平顺）是指左右两股钢轨顶面相对于轨道平面发生的扭曲状态。其危害是引起车辆侧滚和侧摆，轮载变动，车辆倾覆脱轨，危及行车安全，必须立即消除。

3. 前后高低

轨道沿线路方向的纵向平顺情况称为前后高低。新铺或经过大修后的线路，即使其轨面是平顺的，但是列车运行一段时间后，道床的累积变形、路基不均匀下沉、木枕腐朽、三角坑和弹性不均匀等原因，使轨面出现高低不平，这种称为静态不平顺。轨面表面上看平顺，但在钢轨与铁垫板或轨枕之间存在间隙(间隙超过 2 mm 时称为吊板)，或轨枕与道砟之间有空隙(空隙超过 2 mm 时称为空板或暗坑)，或轨道的弹性不均匀，当列车通过时，轨面下沉形成不平顺，这种称为动态不平顺。轨道前后高低不平顺，危害很大。列车通过这些地方时，会引起轮轨间的振动和冲击，产生动力增载，即附加动力。长不平顺使车轮对钢轨产生附加动压力，降低旅客舒适度；短不平顺使车轮对钢轨产生振动冲击力。不平顺会加速道床变形，进而扩大不平顺，并加剧轮轨动力作用，形成恶性循环。用 10 m 弦测量矢度(扣除竖曲线影响)正线及到发线≤4 mm，站线≤5 mm。

4. 方向

轨道的方向又称为轨向，是指轨道中心线在水平面上的平顺性。按照行车的平稳与安全要求，直线应笔直，曲线应圆顺。严格地说，经过运营的直线轨道并非直线，而是由许多波长 10～20 m 的曲线所组成，因其曲度很小，偏离中心线不大，故通常不易觉察。若直线不直则必然引起列车的蛇形运动。在行驶快速列车的线路上，线路方向对行车的平稳性具有特别重要的影响。相对轨距来说，轨道方向往往是行车平稳性的控制性因素。只要方向偏差保持在容许范围以内，轨距变化对车辆振动的影响就处于次要地位。

在无缝线路地段，若轨道方向不良，还可能在高温季节引发胀轨跑道事件(轨道发生非常明显的不规则横向位移)，严重威胁行车安全。《铁路线路修理规则》规定：直线方向必须目视平顺，用 10 m 弦线测量满足正线及到发线≤4 mm，站线≤5 mm 的要求。

5. 轨底坡

由于车轮踏面与钢轨顶面主要接触部分是 1∶20 的斜坡，为了使钢轨轴心受力，钢轨不应竖直布设，而应适当向轨道内侧倾斜，因此钢轨底面与轨枕顶面之间形成横向坡(内倾度)，即轨底坡。

钢轨设置轨底坡，可使车轮压力集中于钢轨中轴线上，减小荷载偏心距，提高钢轨横向稳定性，降低轨腰弯曲应力，减轻轨头不均匀磨耗，避免轨头与轨腰连接处发生纵裂，减轻轨头不均匀磨耗，延长钢轨使用寿命。

从理论上讲，轨底坡的大小应与轮踏面的斜度相同，即 1∶20。我国铁路在 1965 年以前，轨底坡定为 1∶20。但在机车车辆的动力作用下，轨道发生弹性挤开，轨枕产生挠曲和弹性压缩，加上垫板与轨枕不密贴、道钉的扣压力不足等原因，实际轨底坡与原设计轨底坡有较大出入。另外，车轮踏面经过一段时间的磨耗后，原来 1∶20 的斜面也变成接近 1∶40 的坡面。所以 1965 年以后，我国铁路的轨底坡统一改为 1∶40。

轨底坡设置是否合适，可根据轨顶面车轮碾磨形成的光带位置判定。如光带偏离轨顶中心向内，说明轨底坡不足；如光带偏离轨顶中心向外，说明轨底坡过大；如光带居中，说明轨底坡合适。线路养护工作中，可根据光带位置调整轨底坡的大小。

根据行车速度，线路轨道静态几何尺寸容许偏差管理值见表 1-9。

表 1-9　线路轨道静态几何尺寸容许偏差管理值

项目		$v_{max}>160$ km/h 正线			160 km/h≥v_{max}>120 km/h 正线			$v_{max}≤120$ km/h 正线及到发线			其他站线		
		作业验收	经常保养	临时补修	作业验收	经常保养	临时补修	作业验收	经常保养	临时补修	作业验收	经常保养	临时补修
轨距/mm		+2 -2	+4 -2	+6 -4	+4 -2	+6 -4	+8 -4	+6 -2	+7 -4	+9 -4	+6 -2	+9 -4	+10 -4
水平/mm		3	5	8	4	6	8	4	6	10	5	8	11
高低/mm		3	5	8	4	6	8	4	6	10	5	8	11
轨向(直线)/mm		3	4	7	4	6	8	4	6	10	5	8	11
三角坑(扭曲)/mm	缓和曲线	3	4	6	4	6	7	4	6	7	5	7	8
	直线或圆曲线	3	4	6	4	6	8	4	6	9	5	8	10

注：①轨距偏差不含曲线上按规定设置的轨距加宽值，但最大轨距(含加宽值和偏差)不得超过 1 456 mm；
②轨向偏差和高低偏差为 10 m 弦测量的最大矢度值；
③三角坑偏差不含曲线超高顺坡造成的扭曲量，检查三角坑时基长为 6.25 m，但在延长 18 m 的距离内无超过表中列出的三角坑；
④专用线按其他站线处理。

对轨道几何形位(包括直线和曲线)的管理，目前已逐步过渡到用计算机软件和网络来进行管理。在现代化线路检测手段的基础上，依靠先进的数据存储、传输和处理手段，建立详尽的且应用方便的维护管理信息决策系统，实现对线路状态的监测、养护维修的决策、项目执行、验收及信息反馈的一体化，此即工务一体化管理。

目前，我国部分铁路局和站段已实现了计算机联网，在数据传输上实现了自动化，不再依靠各种报表。以信息为基础的线路维护一体化管理是我国工务部门实现管理现代化的重要发展方向之一。

学习拓展

哈尔滨铁路局的嫩林线车辆脱轨事故

2012 年 6 月 16 日 10：02，哈尔滨铁路局嫩林线一货运列车运行至蒙克山—盘古间 K517+364 m 处，因线路轨道框架强度不足，轨距扩大，造成机后第 21～第 25 位车辆和尾部补机脱轨，经救援，17 日 6：29 开通区间，中断正线行车 20 h 33 min，构成铁路交通较大事故。加格达奇工务段负全部责任。

［事故原因］事故发生区段线路，由于轨道框架强度不足，造成轨距扩大，轨道对车轮的约束引导作用丧失，致使机后第 21～第 25 位车辆和尾部补机脱轨。轨道框架强度是由钢轨、轨枕、扣件、道床及轨道加强设备的整体强度决定的，轨道框架强度降低是上述一种或几种部件强度不足所致。

［经验总结］为了提高轨道框架整体强度，必须选择与轨道类型相匹配的钢轨、轨枕、扣

件、道床及轨道加强设备，并且将扣件拧紧，道床捣固密实，上紧加强设备。事故责任单位若严格按上述要求执行，可能会避免这起铁路交通事故。

复习思考题

1. 轨道的作用有哪些？应满足哪些基本要求？
2. 有砟轨道结构的主要组成及其功用是什么？
3. 混凝土枕的优缺点有哪些？
4. 碎石道床断面的三个主要参数是什么？
5. 试比较有砟轨道与无砟轨道的特点。
6. 什么是轨道爬行？防治轨道爬行的措施有哪些？
7. 简述直线轨道几何形位及其特征。

项目二

曲线轨道构造

学习目标

知识目标
1. 了解曲线外轨超高和曲线加宽的概念。
2. 掌握曲线轨道超高设置方法。
3. 掌握缓和曲线的作用及其几何特征。

能力目标
1. 能够进行曲线轨道缩短轨配置计算,并进行现场配置。
2. 能够现场设置外轨超高并对超高进行验算。
3. 能够根据要求现场设置缓和曲线。
4. 能够现场设置轨距加宽。

素质目标
1. 践行社会主义核心价值观,具有深厚的爱国情感和中华民族自豪感。
2. 崇尚宪法,遵法守纪,崇德向善,诚实守信,尊重生命,热爱劳动。
3. 履行道德准则和行为规范,具有社会责任感和社会参与意识。

任务一 曲线外轨超高设置

外轨超高是指曲线外轨顶面与内轨顶面水平高度之差(图 2-1)。机车车辆在曲线上行驶时,由于惯性离心力作用,将机车车辆推向外股钢轨,加大了外股钢轨的压力,使旅客产生不适、使货物产生位移等。因此,需要把曲线外轨适当抬高,使机车车辆的自身重力产生一个向心的水平分力,以抵消惯性离心力,使内外两股钢轨受力均匀,垂直磨耗均匀,满足旅客舒适感,提高线路的横向稳定性,保证行车安全。

一、外轨超高的确定

(1)按基本平衡条件确定外轨超高车体上的离心力 $J = \dfrac{mv^2}{R}$。

γ 很小时有 $\mathrm{tg}\gamma = \sin\gamma = \dfrac{h}{S_1}$

$$J = G\dfrac{h}{S_1} = \dfrac{mgh}{S_1}$$

得 $h = \dfrac{JS_1}{mg} = \dfrac{S_1 v^2}{gR}$，即 $h = 153\dfrac{v^2}{R}$ (mm)

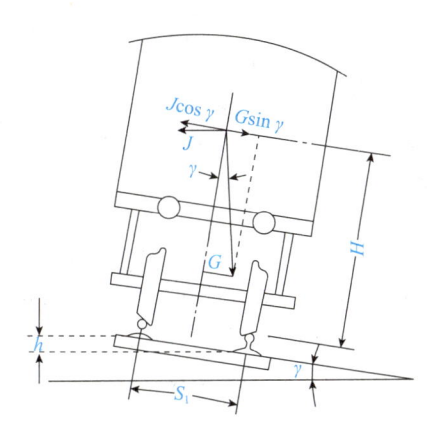

图 2-1 外轨超高计算示意

1)新线设计确定超高。采用平均速度 $v_\mathrm{p} = 0.8 v_\mathrm{max}$ 并取列车速度的单位为 km/h，应设置超高：

$$h = 153 \times \dfrac{(v_\mathrm{p}/3.6)^2}{R} = \dfrac{11.8 \times (0.8 v_\mathrm{max})^2}{R} = 7.6\dfrac{v_\mathrm{max}^2}{R}$$

2)运营线超高确定。考虑速度和质量的加权平均速度 $v_\mathrm{p} = \sqrt{\dfrac{\sum NPv^2}{\sum NP}}$，应设置超高：

$$h = 153\dfrac{(v_\mathrm{p}/3.6)^2}{R} = 11.8\dfrac{v_\mathrm{p}^2}{R}$$

外轨超高按 5 mm 的整倍数进行设置。

(2)未被平衡的超高。列车以速度 v(m/s) 通过曲线时，要求设置的超高为 $h_1 = 153\dfrac{v^2}{R}$，而实际设置的超高为

$$h_0 = 153\dfrac{v_\mathrm{p}^2}{R}$$

未被平衡的超高：

$$\Delta h = h_1 - h_0 = 153\left(\dfrac{v^2}{R} - \dfrac{v_\mathrm{p}^2}{R}\right) = 153a$$

式中，a 为离心加速度与向心加速度之差。当 $a > 0$ 时，$\Delta h > 0$，超高设置不足，称为欠超高；反之，当 $a < 0$ 时，存在多余的向心力，此时 $\Delta h < 0$，超高设置过大，称为过超高或余超高。人体对未被平衡加速度(离心或向心)极为敏感，其容许范围为

一般： $[a_0] = 0.4 \sim 0.5$ m/s²
特殊困难： $[a_0] = 0.6$ m/s²

则未被平衡的超高应满足 $\Delta h \leqslant 153[a_0]$

$[a_0]=0.5$ m/s² 时，$\Delta h=77$ mm，取$[\Delta h]=75$ mm

$[a_0]=0.6$ m/s² 时，$\Delta h=92$ mm，取$[\Delta h]=90$ mm

《铁路轨道设计规范》(TB 10082—2017)规定的曲线欠超高及欠超高与过超高之和的允许值见表 2-1。

表 2-1　曲线欠超高及欠超高与过超高之和的允许值(mm)

列车速度	欠超高允许值		欠超高与过超高之和的允许值	
	一般	困难	一般	困难
160＜v≤200	≤60	≤80	≤110	≤130
120＜v≤160	≤70	≤90	≤120	≤140
v≤120	≤75	≤90	≤125	≤140

(3)按安全条件确定曲线轨道外轨超高最大值。最不利的情况是在曲线上临时停车，此时外轨超高全是过超高，即

$$\Delta h = h_{max}$$

$$h_{max} = \Delta h = \frac{S_1^2}{2nH} = \frac{1\,500^2}{2 \times 3 \times 2\,220} = 169 \text{(mm)}$$

二、曲线轨道超高设置方法

在设置外轨超高时，主要有外轨提高法和线路中心高度不变法两种方法。外轨提高法是保持内轨标高不变而只抬高外轨的方法。线路中心高度不变法是内外轨分别各降低和抬高超高值一半而保证线路中心标高不变的方法。前者使用较普遍，后者尽在建筑限界受到限制时才使用。

《铁路线路修理规则》对曲线超高的顺坡有如下规定：

曲线超高应在整个缓和曲线内顺完，允许速度大于 120 km/h 的线路，顺坡坡度不应大于 $1/(10v_{max})$，其他线路不应大于 $1/(9v_{max})$；如缓和曲线长度不足，顺坡可延伸至直线上；如无缓和曲线，允许速度大于 120 km/h 的线路，在直线上顺坡坡度不应大于 $1/(8v_{max})$，其他线路不应大于 $1/(7v_{max})$；允许速度大于 160 km/h 的线路，超高必须在整个缓和曲线内顺完；允许速度为 120~160 km/h 的线路，在直线上顺坡的超高不应大于 8 mm；其他线路，有缓和曲线时不应大于 15 mm，无缓和曲线时不应大于 25 mm。

在困难条件下，可适当加大顺坡坡度，但允许速度大于 120 km/h 的线路不应大于 $1/(8v_{max})$；其他线路不应大于 $1/(7v_{max})$，且不得大于 2‰。

三、曲线轨道上最高行车速度

曲线是轨道的薄弱环节，通过曲线的列车最高速度受到未被平衡的容许超高度$[\Delta h]$的限制，V 取 km/h。

$$\because h_0 + [\Delta h] = 11.8 \frac{v_{max}^2}{R}$$

$$\therefore v_{max} = \sqrt{\frac{h_0 + [\Delta h]}{11.8R}} \text{(km/h)}$$

当 $h_0=150$ mm 时

$[\Delta h]=75$ mm，$v_{max}=4.3\sqrt{R}$

$[\Delta h]=90$ mm，$v_{max}=4.5\sqrt{R}$

采用未被平衡超高度的容许值来限速，是保证行车安全的一项重要指标。

任务二　轨距加宽设置

机车车辆进入曲线轨道时，仍然存在保持其原有行驶方向的惯性，只是受到外轨的引导作用才沿着曲线轨道行驶。在小半径曲线，为使机车车辆顺利通过曲线而不被楔住或挤开轨道，减小轮轨间横向作用力，减少轮轨磨耗，使转向架顺畅通过，轨距要适当加宽。加宽轨距是将曲线轨道内轨向曲线中心方向移动，曲线外轨的位置则保持与轨道中心半个轨距的距离不变。曲线轨距的加宽值与机车车辆的转向架在曲线上的几何位置有关。

一、转向架的内接形式

由于轮轨游间的存在，机车车辆的车架或转向架通过曲线轨道时，可以占有不同的几何位置，即可以有不同的内接形式。随着轨距大小的不同，机车车辆在曲线上可呈现以下四种内接形式(图 2-2)。

(1)斜接：转向架外侧最前位轮轮缘与外轨作用边接触，最后位内轮轮缘与内轨作用边接触。

(2)自由内接：转向架外侧最前位轮轮缘与外轨作用边接触，其他车轮轮缘与钢轨无接触。

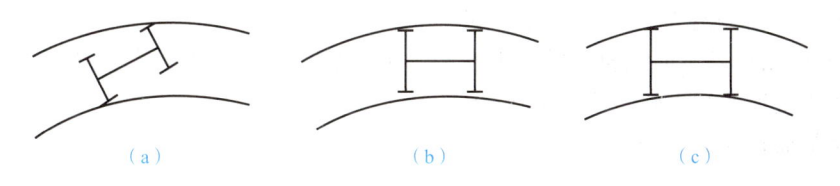

图 2-2　转向架的内接形式
(a)斜接；(b)自由内接；(c)楔形内接

(3)楔形内接：转向架外侧最前位和最后位外侧轮轮缘同时与外轨作用边接触，内侧中间车轮轮缘与内轨作用边接触。

(4)正常强制内接：为避免车辆以楔形内接形式通过曲线，对楔形内接所需轨距增加最小游间的一半，即 $\delta_{min}/2$。

当列车通过曲线时，车辆大部分处于自由内接通过状态。

二、曲线轨道轨距加宽确定

加宽原则：按大多数列车以自由内接的方式通过曲线的条件来确定轨距；按机车最大的固定轴距以正常强制内接顺利通过最小曲线半径的条件验算轨距；车轮踏面在轨头上的覆盖量不小于 300 mm，以保证车轮不掉道；为简化轨道铺设工作，加宽挡数应尽可能小。

(1)根据车辆条件确定轨距加宽。

$$S_f = q_{max} + f_0$$

式中　S_f——车辆自由内接所需的轨距；
　　　q_{max}——最大轮对宽度；
　　　f_0——外矢距，其值为 $f_0 = L^2/(2R)$；
　　　L——转向架固定轴距；
　　　R——曲线半径。

则轨距加宽值

$$e = S_f - S_0$$

式中　S_0——直线轨距 1 435 mm。

(2)根据机车条件验算轨距加宽。在行驶的列车中，机车数量比车辆少得多，因此允许机车按较自由内接所需轨距小的"正常强制内接"状态通过曲线。图 2-3 所示为车辆没有横动量的四轴机车车架，在轨道中处于楔形内接状态。

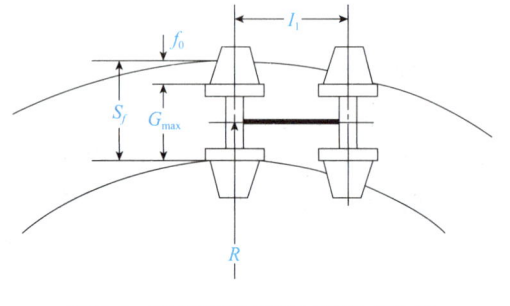

图 2-3　没有横动量的四轴机车车架

车架处于楔形内接状态时的轨距 S_W：

$$S_W = q_{max} + f_W - f_N + \frac{1}{2}\delta_{min}$$

式中　q_{max}——最大轮对宽度；
　　　f_W——前后两端车轴在外轮处所形成的矢距；
　　　f_N——中间两内轮在内轨作用边上形成的矢距；
　　　δ_{min}——直线轨道轮轨间的最小游间。

(3)由安全条件确定曲线轨道的最大轨距。加宽后，必须确保行车安全，不致使机车车辆掉道，曲线轨道的最大轨距为 1 450 mm。

曲线轨距加宽标准见表 2-2。

表 2-2　曲线轨距加宽标准

铁路			城市轨道交通			
曲线半径/m	轨距加宽/mm	递减率	曲线半径/m	轨距加宽/mm		递减率
				B 型车	A 型车	
$R \geq 350$	0	小于 1‰，困难条件下的站线，小于 2‰	$200 \geq R > 150$	5	10	小于 2‰，困难条件下，小于 3‰
$350 > R \geq 300$	5			$150 \geq R > 100$	10	15	
$R < 300$	15					

任务三　缓和曲线设置

一、缓和曲线的作用及其几何特征

行驶于曲线轨道的机车车辆，出现一些与直线运行显著不同的受力特征，如曲线运行的离心力(图 2-4)、外轨超高不连续形成的冲击力等。为使上述诸力不致突然产生和消失,以保持列车曲线运行的平稳性,需要在直线和圆曲线之间设置的一段曲率半径逐渐变化的曲线,称为缓和曲线。当缓和曲线连接设有轨距加宽和外轨超高的圆曲线时,缓和曲线的轨距和超高是呈线性变化的。概括来说,缓和曲线具有以下几何特征:

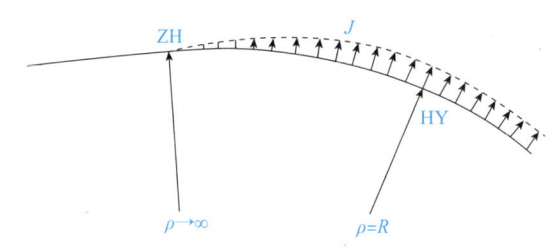

图 2-4 曲线轨道上车辆离心力的变化

(1)缓和曲线连接直线和半径为 R 的圆曲线,其曲率由零至 1/R 逐渐变化。
(2)缓和曲线的外轨超高,由直线上的零值逐渐增至圆曲线的超高度,与圆曲线超高相连接。
(3)缓和曲线连接半径小于 295 m 的圆曲线时,在整个缓和曲线长度内,轨距加宽呈线性递增,由零至圆曲线加宽值。

因此,缓和曲线是一条曲率和超高均逐渐变化的空间曲线。
缓和曲线的作用:使 ZH 点和 HY 点离心惯性力不致突然产生和消失。

二、缓和曲线长度

缓和曲线长度是铁路平面设计的主要参数之一。缓和曲线长度的确定受许多因素影响,其中最主要的是保证行车安全、平稳和旅客舒适性,这就要求缓和曲线具有一定的长度,但是缓和曲线过长将制约平面选线和纵断面变坡点设置的灵活性,且会导致工程投资增大。因此,需要合理确定缓和曲线的长度。缓和曲线计算可按安全条件和舒适条件确定缓和曲线长度。计算结果取 10 m 的整倍数,然后比较不同条件下的计算结果,取大的一个作为缓和曲线的长度。

1. 按安全条件确定缓和曲线长度

(1)直线型超高顺坡(图 2-5)。

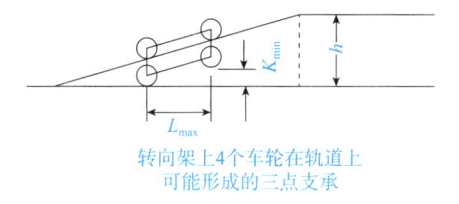

图 2-5 直线型超高顺坡

$$iL_{max} \leqslant K_{min}(轮缘最小高度)$$

$$i \leqslant \frac{K_{min}}{L_{max}}$$

对于直线型超高顺坡的缓和曲线:

$$i=\frac{h}{l_0}$$

式中，l_0 为缓和曲线长度；考虑安全系数 i 一般取不大于 i_0，$i_0=2‰$。

∴$l_0 \geqslant \frac{h_0}{i_0}$，$h_0$ 为圆曲线外轨超高。

(2)曲线型超高顺坡(图2-6)：找坡度最大的点。

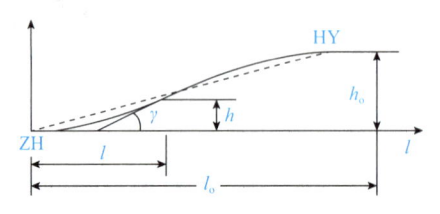

图 2-6　曲线型超高顺坡

$$i=\frac{\mathrm{d}h}{\mathrm{d}l}=E\frac{\mathrm{d}k}{\mathrm{d}l}, \quad E=11.8v_0^2$$

求 i 的最大值，必须使 $\frac{\mathrm{d}i}{\mathrm{d}l}=0$，即 $\frac{\mathrm{d}^2 k}{\mathrm{d}l^2}=0$。

对于曲线型缓和曲线，坡度最大在 $l=l_0/2$ 处：

$$i_{\max}=\left(\frac{\mathrm{d}h}{\mathrm{d}l}\right)_{l=l_0/2}=11.8v_0^2\left(\frac{\mathrm{d}k}{\mathrm{d}l}\right)_{l=l_0/2}\leqslant i_0$$

2. 按舒适条件确定缓和曲线长度

(1)外轨升高或降低速度限制(超高时变率)。

$$\mu=\frac{h_0}{t}=\frac{h_0 v_{\max}}{l_0}$$

∵ $1\text{ km/h}=\frac{1}{3.6}\text{ m/s}$

∴ $\mu=\frac{h_0 v_{\max}}{3.6 l_0}$

即

$$l_0=\frac{h_0 v_{\max}}{3.6\mu}$$

μ 的允许值为：一般 $\mu=32\text{ mm/s}$；困难 $\mu=40\text{ mm/s}$。对应取 $l_0\geqslant 9hv_{\max}$(一般)；$l_0\geqslant 7hv_{\max}$(困难)。

(2)加速度时变率的限制条件(高铁需计算)。

$$l_0\geqslant\frac{\Delta h v_{\max}}{153\times 3.6\gamma_0}$$

γ_0 一般取 0.29 m/s^3，困难时取 0.43 m/s^3。

3. 缓和曲线长度实际选用规定

《铁路线路设计规范》(TB 10098—2017)规定普通铁路缓和曲线长度应根据曲线半径、路段旅客列车设计速度和工程条件确定，应优先采用规范中规定的数值，最小缓和曲线长度不得小于规范规定的数值。缓和曲线长度和最小缓和曲线长度分别见表2-3和表2-4。

表 2-3　缓和曲线长度(单位：m)

路段旅客列车设计速度/(km·h⁻¹)		160	140	120	路段旅客列车设计速度/(km·h⁻¹)		160	140	120
曲线半径/m	12 000	40	40	40	曲线半径/m	2 800	110	90	60
	10 000	50	40	40		2 500	120	90	60
	8 000	60	40	40		2 000	150	100	70
	7 000	70	50	40		1 800	170	120	80
	6 000	70	50	40		1 600	190	130	90
	5 000	70	60	40		1 400	—	150	100
	4 500	70	60	40		1 200	—	190	120
	4 000	80	60	60		1 000	—	—	140
	3 500	90	70	50		800	—	—	180
	3 000	100	80	50					

表 2-4　最小缓和曲线长度(单位：m)

路段旅客列车设计速度/(km·h⁻¹)		160		140		120		100		80	
工程条件		一般	困难	一般	困难	一般	困难	一般	困难	一般	困难
曲线半径/m	12 000	40	40	20	20	20	20	20	20	20	20
	10 000	50	40	30	20	20	20	20	20	20	20
	8 000	60	50	40	20	30	20	20	20	20	20
	7 000	70	50	50	30	30	20	20	20	20	20
	6 000	70	50	50	30	30	20	20	20	20	20
	5 000	70	60	60	40	40	30	20	20	20	20
	4 500	70	60	60	40	40	30	30	20	20	20
	4 000	80	70	60	40	50	30	30	20	20	20
	3 500	90	70	70	50	50	40	40	20	20	20
	3 000	90	80	70	50	50	40	40	20	20	20
	2 800	100	90	80	60	50	40	40	30	20	20
	2 500	110	100	80	70	60	40	40	30	30	20
	2 000	140	120	90	80	70	50	50	40	30	20
	1 800	160	140	100	80	70	60	50	40	40	20
	1 600	170	160	110	100	70	60	50	40	40	20
	1 400	—	—	130	110	80	70	60	40	40	20
	1 200	—	—	150	130	90	80	60	50	40	30
	1 000	—	—	—	—	120	100	70	60	50	30

续表

路段旅客列车设计速度/(km·h⁻¹)		160		140		120		100		80	
工程条件		一般	困难	一般	困难	一般	困难	一般	困难	一般	困难
曲线半径/m	800	—	—	—	—	150	130	80	70	50	40
	700	—	—	—	—	—	—	100	90	60	40
	600	—	—	—	—	—	—	120	100	60	50
	550	—	—	—	—	—	—	130	110	60	50
	500	—	—	—	—	—	—	—	—	60	60

注：当采用表列数字间的曲线半径时，其相应的缓和曲线长度可采用线性内插值，并进整至 10 m

任务四　缩短轨布置

一、选配缩短轨类型

我国的左右两股钢轨接头一般采用对接式，即两股钢轨的接头应尽量左右对齐，但容许一定的相错量。曲线地段外股轨线比内股轨线长，为了使曲线上接头保持相对，需在内股轨线上铺入适量的厂制缩短轨。在正线和到发线上，曲线地段内外两股钢轨接头位置容许相错量，不大于 40 mm 加所采用的缩短轨缩短量的一半；其他站线、次要线路上，应不大于 60 mm 加所采用的缩短轨缩短量的一半。我国厂制缩短轨，12.5 m 标准缩短轨缩短量有 40、80、120(mm)三种，25 m 标准缩短轨缩短量有 40、80、160(mm)三种。

缩短轨长度公式：

$$L_0 = L_y \left(1 - \frac{S}{R}\right)$$

根据计算结果，参照表 2-5 选用缩短量小的缩短轨。

表 2-5　缩短轨缩短量

曲线半径/m	缩短轨缩短量/mm			
	25 m 钢轨		12.5 m 钢轨	
4 000～1 000	40	80	40	—
800～500	80	160	40	80
450～250	160	—	80	120
200	—	—	120	—

二、缩短量计算

缩短量计算公式为

$$\varphi=\varphi_2-\varphi_1$$

外股轨线 AB 长

$$AB=\int_{\varphi_1}^{\varphi_2}\rho_1\mathrm{d}\varphi$$

内轨缩短量 Δl

$$\Delta l=\int_{\varphi_1}^{\varphi_2}(\rho_1-\rho_2)\mathrm{d}\varphi=S_1\int_{\varphi_1}^{\varphi_2}\mathrm{d}\varphi=S_1\varphi$$

内股轨线 $A'B'$ 长

$$A'B'=\int_{\varphi_1}^{\varphi_2}\rho_2\mathrm{d}\varphi$$

对于圆曲线，$\varphi=l_c/R$，l_c 为圆曲线长度。则内轨缩短量为

$$\Delta l=S_1\varphi=\frac{S_1 l_c}{R}$$

对于缓和曲线，$\varphi=\dfrac{l^2}{2Rl_0}$

$$\varphi_1=\frac{l_1^2}{2Rl_0},\ \varphi_2=\frac{l_2^2}{2Rl_0}$$

则内轨缩短量为

$$\Delta l=S_1(\varphi_2-\varphi_1)=\frac{S_1}{2Rl_0}(l_2^2-l_1^2)=\frac{S_1 l_0}{2R}$$

整个曲线（包括圆曲线和两端缓和曲线）的总缩短量：

$$\Delta l=\Delta l_c+2\Delta l_0=\frac{S_1}{R}(l_c+l_0)$$

缩短量计算如图 2-7 所示。

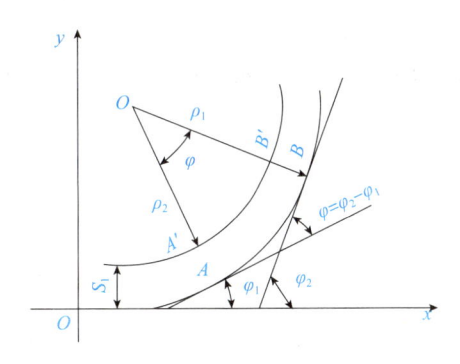

图 2-7 缩短量计算图

三、缩短轨的数量

整个曲线上所需的缩短轨根数：

$$N=\frac{\Delta l_z}{\varepsilon}$$

式中　ε——选用单根缩短轨的缩短量；

Δl_z——计算的曲线内轨总缩短量。

N 应按四舍五入取整,且不能大于外股轨线上铺设的标准轨根数 N_0,否则应改用缩短量更大的缩短轨。

$$N_0 = \frac{2l_0 + l_c + \Delta}{l_{标} + a}$$

式中,$\Delta = \frac{S}{2R}(l_0 + l_c)$;$a$ 为预留轨缝宽度。

四、缩短轨配置

配置缩短轨时,必须逐根计算内外股钢轨接头的错开量,按规定的容许错开量设置缩短轨。

配置原则:凡内外股钢轨错开量达到缩短轨标准缩短量的一半时,即应设置一根缩短轨。由于缓和曲线和圆曲线的缩短量计算不同,故需分段计算如下。

(1)第一缓和曲线(ZH~HY):将坐标原点置于 ZH 点,则任一接头处内轨累计缩短量为

$$\Delta l = \frac{1\,500 l^2}{2R l_0} \text{(mm)} \tag{2-1}$$

式中　l——第一缓和曲线上任一钢轨接头至缓和曲线起点的曲线长度(m);
　　　l_0——缓和曲线长度(m);
　　　R——圆曲线半径(m)。

(2)圆曲线(HY~YH):坐标原点仍置于 ZH 点,则任一接头处内轨累计缩短量为

$$\Delta l = \frac{1\,500 l_0}{2R} + \frac{1\,500 l}{R} \text{(mm)} \tag{2-2}$$

式中　l——圆曲线上任一钢轨接头至圆曲线起点的曲线长度(m)。

(3)第二缓和曲线(YH~HZ):将坐标原点置于缓和曲线终点(HZ),算出每个钢轨接头处的内轨缩短量,再由总缩短量减去该值,得该钢轨接头至缓和曲线起点(ZH)的内轨累计缩短量为

$$\Delta l = \Delta l_z - \frac{1\,500 l^2}{2R l_0} \text{(mm)} \tag{2-3}$$

式中　Δl_z——曲线内轨的总缩短量(m);
　　　l——第二缓和曲线上任一钢轨接头至缓和曲线终点的曲线长度(m)。

五、缩短轨的配置实例

已知某曲线,圆曲线半径 $R=600$ m,缓和曲线长 $l_0=100$ m,圆曲线长 $l_c=119.73$ m,铺设标准钢轨长度 $L=25$ m,曲线起点至第一根钢轨进入曲线的长度为 5.5 m,试进行配轨计算。

解:(1)选配缩短轨类型。

$$L_0 < L\left(1 - \frac{S_1}{R}\right) = 25 \times \left(1 - \frac{1.5}{600}\right) = 24.937\,5 \text{(m)}$$

选用 $L_0 = 24.92$ m(缩短量 $k=80$ mm)。

(2)曲线内股钢轨总缩短量 Δl_z 为

$$\Delta l_z = \frac{1\,500}{R}(l_0+l_c) = \frac{1\,500}{600} \times (119.73+100) = 549(\text{mm})$$

(3)缩短轨的根数 N 为

$$N = \frac{\Delta l_z}{k} = \frac{549}{80} = 6.8(\text{根})$$

采用 7 根。

外股标准轨的根数 N_0(预留轨缝按 8 mm 计)为

$$N_0 = \frac{2l_0+l_c}{L+\delta} = \frac{2 \times 100+119.73}{25.008} = 12.79(\text{根}) > N$$

说明选配的缩短类型合适。

(4)缩短轨的布置。缩短轨的布置一般列表计算见表2-6。表中"○"为标准轨,"×"为缩短轨,"+"表示内轨接头超前量,"-"表示内轨接头落后量。

缩短轨布置示意如图2-8所示。

表 2-6 曲线缩短轨配轨计算表

位置	序号	轨长含一个轨缝/m	曲线终点至计算点距离/m	应有缩短量计算/mm	标准轨○缩短轨×	实际缩短量/mm	接头错开量/mm
1	2	3	4	5	6	7	8
第一缓和曲线	1	5.500	5.500	$\frac{1\,500}{2 \times 600 \times 100} \times 5.5^2$ $= 0.012\,5 \times 5.5^2 = 0.38$	○	0	+0.38
	2	25.008	30.508	$0.012\,5 \times 30.508^2 = 11$	○	0	+11
	3	25.008	55.516	$0.012\,5 \times 55.516^2 = 38$	○	0	+38
	4	25.008	80.524	$0.012\,5 \times 80.524^2 = 80$	×	80	0
	5₁	19.476	100.000	$0.012\,5 \times 100^2 = 125$	×	160	−22
	5₂	5.532	105.532	$125 + \frac{1\,500 \times 5.532}{600}$ $= 125 + 2.5 \times 5.532 = 138$			
圆曲线	6	25.008	130.540	$138 + 2.5 \times 25.008 = 201$	×	240	−39
	7	25.008	155.548	$210 + 2.5 \times 25.008 = 264$	○	240	+24
	8	25.008	180.556	$264 + 2.5 \times 25.008 = 326$	×	320	+6
	9	25.008	205.564	$326 + 2.5 \times 25.008 = 389$	×	400	−11
	10₁	14.166	219.730	$389 + 2.5 \times 14.166 = 424$	×	480	−30
第二缓和曲线	10₂	10.842	230.572 (89.158)	$549 − 0.012\,5 \times 89.158^2 = 450$			
	11	25.008	255.580 (64.150)	$549 − 0.012\,5 \times 64.150^2 = 498$	○	480	+18
	12	25.008	280.588 (39.142)	$549 − 0.012\,5 \times 39.142^2 = 530$	×	560	−30
	13	25.008	305.596 (14.134)	$549 − 0.012\,5 \times 14.134^2 = 547$	○	560	−13

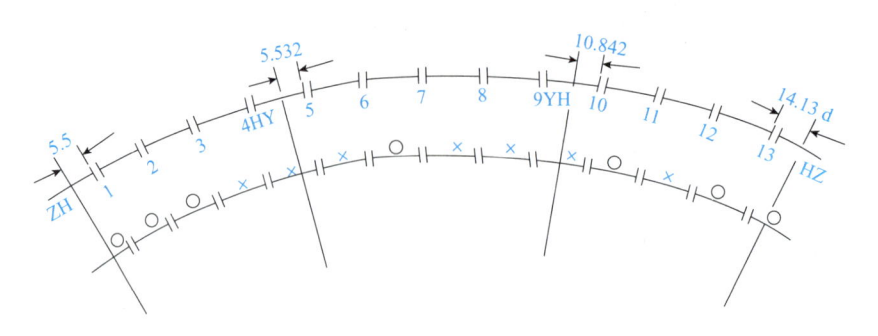

图 2-8 缩短轨布置示意(尺寸单位：mm)

> 学习拓展

北京地铁 10 号线苏州街车站塌方事件

一、北京地铁 10 号线一期工程概况

北京地铁 10 号线一期工程是一条先东西走向、后南北走向的半环线。线路全长 24.684 km，全部为地下线，共设 22 座车站，平均站间距 1 116 m，是一条穿越北京的半环线。车站主体为双层暗挖(局部单层暗挖)，单柱双跨结构，侧式车站台，总长 193.1 m，其中双层暗挖段长 164.1 m，宽 22.5 m，单层暗挖段长 29 m，宽 16.4 m。双层暗挖段埋深 6~7 m，单层暗挖段埋深 12~13 m，结构底板埋深约 23.0 m。双层结构断面为中柱双连拱直墙，单层结构断面为中隔墙双连拱曲墙。

二、事故经过

2007 年 3 月 28 日 9 时 30 分，北京市海淀区苏州街与海淀南路交界十字路口附近地下发生坍塌事故。短短 1 分钟内，隧道顶部土层倾泻而下，塌方面积约 20 m²，深度约 11 m，6 名工人被埋。坍塌处是地铁 10 号线苏州街站出口工程。事发后，工地施工方组织工人自救，直到 17 时，警方才接到报警。由于土质比较松软，给救援工作带来了很大困难，为了防止再次坍塌，先垂直挖掘再横向挖掘，一台机器从直径 5 m 左右的大坑上将营救人员送到井下。在抢险过程中，为防止再次坍塌，产生次生灾害，抢险工作在专家指导下，采取有效措施，对临近居民楼、周边管线、电力电缆等采取不间断监测防护措施，采取在周边开挖的同时进行喷锚支护的办法，确保了居民楼及其他设施处于安全可控状态。

三、解决方案

(1)信息畅通，响应迅速。北京市公安局接到信息后即封锁事故现场，进行交通疏导。市应急指挥中心接到事故信息后，迅速通知各相关单位，各相关部门及时启动应急预案，救援人员与物资在短时间内赶赴事故现场，开展抢险救援工作。

(2)尊重科学，依靠专家。现场指挥部，确定了三条抢险救援原则，其中一条就是"依靠专家，科学制定抢险方案"。塌方区域周围及地下环境条件十分复杂，专家组制定的科学抢险救援方案，有效解决了抢险过程中出现的各类技术问题，从技术上保证了工作的顺利进行。

(3)严防次生、衍生事故，广泛开展社会动员。如技术人员对塌坑临近的居民住宅楼进行不间断监测，确保安全。同时，市政府动员临近宾馆准备充足房间，一旦发生险情，可以随时安置居民。客观报道抢险救援进展情况，定时对外发布信息，以主渠道信息打压"小道"消息，避免了社会公众因不了解事实真相而产生的误解与恐慌，取得了他们的理解和支持。

复习思考题

1. 简述曲线外轨超高的目的及其设置方法。为什么要限制最大外轨超高？
2. 简述曲线轨距加宽的基本原则及其设置方法。
3. 曲线轨道加强的措施有哪些？
4. 如何确定缓和曲线的长度？
5. 某客货共线铁路单线区间曲线半径为 $R=2\ 000$ m，路段最高速度为 $v_{max}=160$ km/h，一昼夜各类列车通过次数、列车重量及平均速度见表2-7，试确定该曲线的实设超高，并计算未被平衡的超高是否满足规范要求。

表2-7　5题表

序号	列车种类	列车重量/kN	列数	平均速度/(km·h^{-1})
1	特快旅客列车	8 000	2	128
2	直快旅客列车	9 000	2	105
3	普通旅客列车	7 000		58
4	直达货物	33 000	5	80

6. 已知某曲线，圆曲线半径 $R=800$ m，缓和曲线长 $l_0=70$ m，圆曲线长 $l_e=125.53$ m，铺设标准钢轨长度 $L=25$ m，曲线起点至第一根钢轨进入曲线的长度为 8.5 m，试确定缩短轨类型、数量，并布置缩短轨。

项目三　有砟轨道施工

学习目标

知识目标

1. 熟悉有砟轨道铺设作业的准备工作。
2. 掌握轨排组装的常见方法及作业要点。
3. 掌握铺砟整道作业方法及要点。

能力目标

1. 能够进行混凝土枕的预制。
2. 能够用轨排铺设法进行有砟轨道铺设施工。
3. 能够根据轨道类型选择合适的道床类型。

素质目标

1. 树立劳动光荣、劳动伟大、劳动平等的观念，树立正确的择业就业观念、依法维护劳动权益的观念。
2. 培养创新精神和创业意识。
3. 增强诚实守信、科学管理的观念。
4. 增强进取心和正当竞争的意识。

任务一　轨枕预制

轨枕预制动画

一、混凝土轨枕发展概况

有砟轨道由钢轨、轨枕、道床、连接零件、道岔和防爬设备组成。

回顾我国混凝土轨枕发展的历史，大体可分为三个阶段。第一个阶段为1958—1980年，是预应力混凝土轨枕研制成功并开始推广应用的阶段。第二阶段为1981—1995年，是推广应用Ⅱ型枕的阶段。第三阶段是1995年至今，是应用推广Ⅲ型枕并改进Ⅱ型枕的阶段。

二、混凝土轨枕的生产工艺

预应力混凝土轨枕的生产工艺就其施加预应力而言均为先张法，就其模型是否移动而言可分为流水机组—传送法（模型移动）和台座法（模型不动）。我国混凝土轨枕工厂普遍采用流水机组—传送法生产线，有少数工厂采用先张法台座工艺。图 3-1 所示就是我国援建的采用先张法台座工艺的坦桑尼亚坦赞铁路轨枕厂。

图 3-1　采用先张法台座工艺的坦桑尼亚坦赞铁路轨枕厂

下面重点介绍混凝土轨枕的流水机组—传送法工艺。

1. 混凝土轨枕流水机组—传送法工艺及其特点

中国现行的轨枕流水机组—传送法的工艺特点如下：

(1) 采用 2×5 联或 2×4 联组合钢模型，一次可成型 10 根或 8 根轨枕。它可以减少预应力钢筋的工艺损耗，又能提高轨枕的生产效率。

(2) 为与 2×5 联组合钢模型相适应，采用 1×5 联组合式振动台，相当于每一对并列轨枕布置一个单元台面。台面之间可以安装升降辊道，以便轨枕模型在流水线上传送。

(3) 轨枕成型采用二次振动工艺。第一次振动为普通振动，第二次振动采用加荷振动，即振动时振动台上有加荷盖板，加荷压力不小于 5 kPa。由于采用了加荷振动，因此可采用干硬性或低流动性混凝土拌合物，不但节约了水泥，提高了混凝土密实性，还满足了振动成型时模型内分隔轨枕的挡浆板处不漏浆的工艺要求。

(4) 生产流水线由于主要采用了辊道传送，形成闭环工艺流程，实现了轨枕生产工艺的连续性和节奏性，减少了车间的非生产性运输。

(5) 现行的轨枕生产线，除生产混凝土轨枕外，只要改变模型，还可生产宽枕、岔枕及其他窄长形的预应力混凝土制品。轨枕按流水机组—传送法进行生产时，每个工序的作业时间是控制轨枕生产效率的主要指标。根据生产水平的不同，目前我国轨枕生产线采用的工序节拍时间一般为 3～5 min。

2. 混凝土轨枕生产工艺流程

近年来，铁路混凝土梁、混凝土轨道板以及混凝土轨枕大多发展为现场预制，即在铁路建设临时用地上建设预制工厂，生产所需的预应力混凝土梁、混凝土轨道板或混凝土轨枕等。虽然是现场工厂，但管理、环境、产品质量等各方面要求都很高。生产任务结束后，设备拆走，场地他用。这种现场预制的方式可大大节约运输费用，成为混凝土制品在现场预制生产运作的一种新的模式。

混凝土轨枕流水机组—传送法工艺流程如图 3-2 所示。

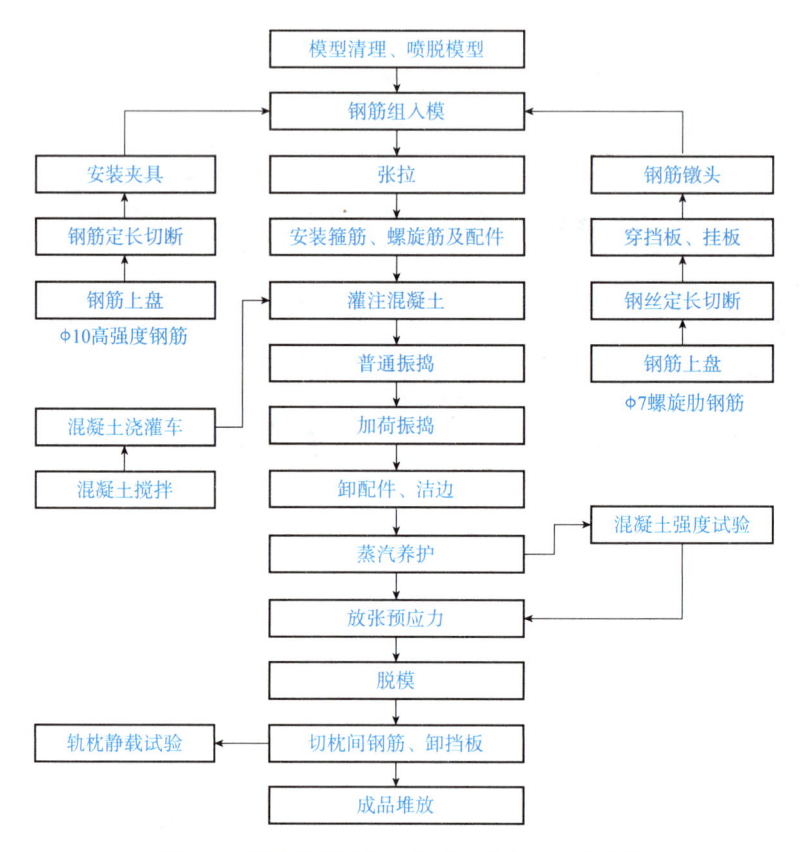

图 3-2 混凝土轨枕流水机组—传送法工艺流程

任务二　轨排制作

一、铺轨准备工作

收集施工技术资料（由施工单位提供给铺架单位）。轨道施工前，应核对经批准的施工设计文件，收集与轨道有关的工程竣工资料及变更设计文件。对施工设计文件和施工资料进行会审，复核路基工程竣工资料，如路基整修表、曲线表、坡度表、断链表、平交道口表、桥涵表、控制桩表以及水准点表等，并据此对其路基面、中线桩和所铺底砟等进行现场复查。确定道砟供应的砟场。

根据核准的施工文件及资料，编制轨排铺设计划表，提出人工铺轨轨料计划，并按施工组织设计要求下达施工计划，下达人工铺轨作业指导书并进行技术交底。

落实人工铺轨施工所需的人员、工具、机械设备，并调迁到位。做好配合人工铺轨施工的其他工作。

二、轨排组装

1. 轨排计算

以设计、规范及线路资料为依据，考虑轨缝、道岔、桥隧及曲线短轨配制。下列位置不应有钢轨接头，如不可避免时，应将其焊接或冻结。

(1)明桥面小桥的全桥范围内；

(2)钢梁端部、拱桥温度伸缩缝和拱顶等处前后各 2 m 范围内；

(3)设有温度调节器的钢梁的温度跨度范围内；

(4)钢梁的横梁上；

(5)平交道口范围内。

2. 硫黄锚固

配合比：硫黄∶砂子(小于 2 mm)∶水泥∶石蜡＝1∶(1～1.5)∶(0.3～0.6)∶(0.01～0.03)。

熔制：按一次熔制量称好各种材料→倒入砂子，加热到 100～120 ℃→倒水泥→加热到 130 ℃→加入硫黄和石蜡→搅拌，加热到 160 ℃，熔浆由稀变稠成液胶状时即可锚固。锚固分正锚和反锚，方法是，安装锚固架→插入道钉→灌注锚固浆。

要求：道钉方正(歪斜不得大于 2°)，浆液平饱，抗拔力≥60 kN。

3. 组装顺序

轨排组装顺序如图 3-3 所示。

吊运轨枕
↓
硫黄锚固
↓
散枕
↓
散轨
↓
上扣件
↓
质量检查
↓
轨排装车

图 3-3　轨排组装顺序

三、轨排运输

轨排平车是在平板车底板上安装两行可供拖拉轨排的滚轮，每两辆车为一组，可装 25 m 长的轨排六层。

轨排必须按铺设顺序装车,编上号码或写上千米数。

组装基地离铺轨工作区越远,则轨排列车的需要量也会越多。为了经济合理地供应轨排,一般在靠近铺轨工地的一个车站上设置轨排换装站,换装站至铺轨前方的最远距离一般认为以 80 km 为最经济。

1. 轨枕装车

(1)长轨装车完毕后,把轨枕运输车开到基地轨枕存放区处准备吊装轨枕。

(2)轨枕的吊装采用 10 t 龙门式起重机 2 台,按每组 28 根轨枕吊装到双层支架上方。

(3)轨枕在平板车上布置共分五层。每装完一层后,须在轨枕承轨槽的正中央位置上放置两根 10 cm×8 cm 的通长木条,之后装上层的轨枕。

轨排装车如图 3-4 所示。

图 3-4　轨排装车

2. 轨枕转运

轨枕转运如图 3-5 所示。

(1)妥当连接每列运输车之间龙门式起重机走行轨桥。

(2)由两人协助吊起轨枕(每组 28 根),并取走通长木条。在起吊时动作应缓慢,以保证起吊可靠。

图 3-5　轨枕转运

(3)轨枕应起吊到位,自锁后龙门吊开始运输。
(4)运输到轨枕转运平台后,龙门吊开始下降。落放时,位置应准确,并要小心轻放。
(5)龙门吊开回,开始下一次运输。

任务三　轨排铺设

线路轨道铺设主要采用两种方法,即散枕铺设法和长轨排铺设法,散枕铺设法又可分为单枕铺设法和群枕铺设法。

(1)散枕铺设法就是先将长钢轨运输并布放到待铺线路的两侧,然后将轨枕单根或成组铺放在已铺底砟的线路上,最后将布放在线路两侧的长钢轨收到轨枕的承轨槽内与轨枕连接。

(2)长枕铺设法是将长钢轨和轨枕组装成长轨排,用专用的运输机械将长轨排运送到工地,再用多台龙门式起重机将长轨排吊放在底层道床上,构成浮放在道床上的长钢轨轨道。

一、人工铺轨

1. 铺轨方法

(1)散轨连接法:用汽车拉运轨枕和拖车拉运钢轨上路基后进行铺轨的方法。该方法效率较高,工作面较大,可多用劳动力。

(2)顶推拖拉法:无汽车运送轨料条件时,采用轨道车或机车顶着装钢轨的平车到铺轨起点,用人工拉下一对钢轨,拨正就位铺好后再向前顶推一节轨,然后用人工拉下一对轨,拨正铺好,再顶推前进,如此循环作业。

(3)连接顶推结合法:以上两种方法的综合。该法用汽车拉运轨枕,轨道车或机车顶推法散布钢轨。

2. 铺轨步骤

(1)散布轨枕。钢轨所用混凝土枕及轨料卸车后,轨枕进行硫黄锚固,平板车倒运,人工摆枕,按设计数量散布均匀。采取人工撬拉的办法使轨枕中心位置对准线路中线,并使轨枕与线路中线垂直,在定位枕端拉上麻绳,其余轨枕用撬棍按轨枕间距大致拨正摆齐(图3-6)。

图 3-6　散布轨枕

(2)硫黄锚固(图 3-7)。硫黄锚固是组装轨节最重要工序之一,常用材料为硫黄、水泥、砂子、石蜡。硫黄锚固配合比为硫黄∶砂子∶水泥∶石蜡=1∶(1~1.5)∶(0.3~0.6)∶(0.01~0.03)。

图 3-7　硫黄锚固

(3)铺轨。根据配轨计算表,开始铺设钢轨,根据设计要求确定非标轨长度,铺轨时要预留轨缝。一般新铺的轨道高低不平,方向不顺,经整道顺直后,轨缝将缩小,所以铺轨时预留轨缝要大于设计轨缝,一般加大值为 2 mm 左右(图 3-8)。铺轨流程如图 3-9 所示。

图 3-8　人工铺轨

(4)整道。整道作业内容有放起道桩、方正轨枕、串入道砟、起拨轨道、全面捣固、调匀轨缝、填满轨枕盒道砟、清除散落的道砟、修整道床边坡等。

1)起道:采用人工起道时,以直线左股、曲线里股为标准股,按要求的高度起好,并在轨下串实道砟。

2）拨道：拨道一般使用 6～8 个拨道器，均匀分布在两根钢轨的同侧，每台拨道器相距 3 个枕木空。

3）捣固：为保持道床的稳定和轨枕水平，必须捣实轨枕下的道砟，使其紧密。

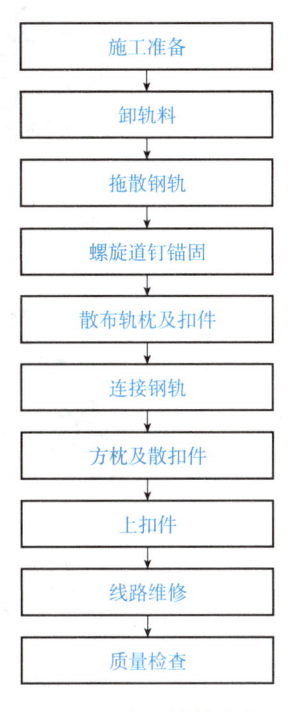

图 3-9　人工铺轨流程

二、人工铺轨机具设备

人工铺轨机具设备有撬棍、道镐、起道机、液压捣固机、道砟叉、耙镐、轨缝调整器、道尺、拨道器及扳手（图 3-10）。

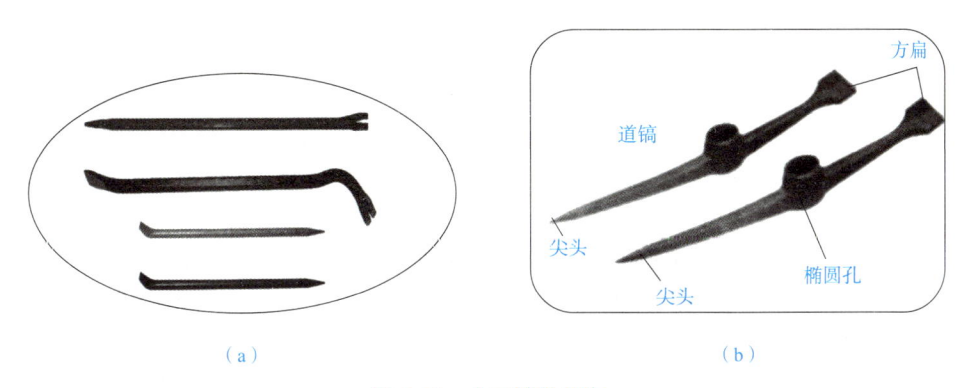

图 3-10　人工铺轨设备
（a）撬棍；（b）道镐

(c) (d)

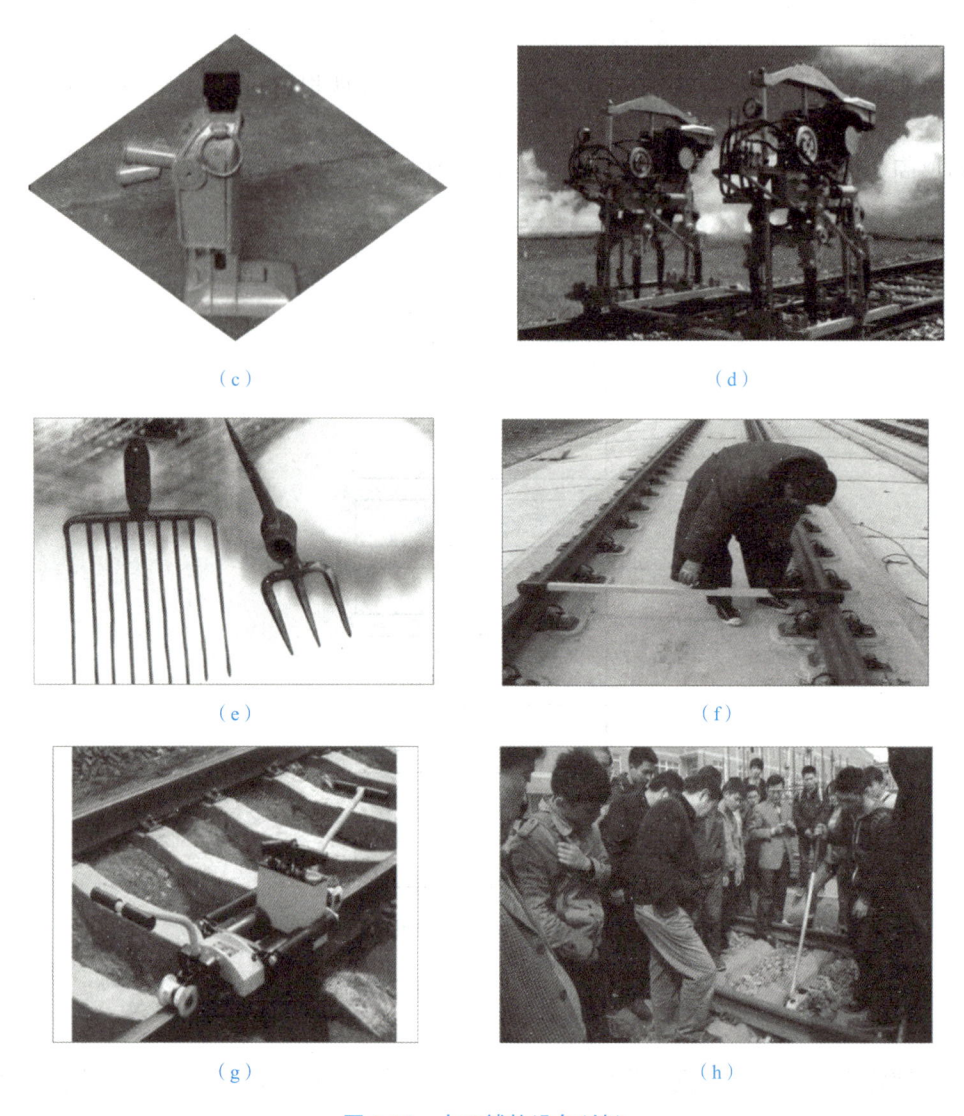

(e) (f)

(g) (h)

图 3-10 人工铺轨设备(续)

(c)起道机；(d)液压捣固机；(e)道砟叉；(f)道尺；(g)轨缝调整器；(h)拨道器

三、机械铺轨

(1)松开长轨的锁紧装置，启动龙门吊，走行至第 1 列枕轨运输车，分别操作左右夹轨臂夹住待牵引钢轨。

(2)在钢轨端部穿上导向靴，龙门式起重机将钢轨牵引至伸展车。

(3)龙门式起重机后退，夹住钢轨，调整牵引臂高度及左右位置，使轨头依次准确进入铺轨机两侧各导向滚轮。

(4)重复上述第(3)步，直到拖拉机能开始拖拉钢轨，钢轨与拖拉机连接前先取下导向靴。

(5)在底砟上每隔 10 m 左右设置一支撑滚轮，支撑滚轮设置应准确、平稳。

(6)拖拉机牵引长轨按约 3 m 的轨距布设,应使钢轨支撑在支撑滚轮上。

(7)左右两根长轨同时铺设,接头位置应相对,且根据施工图规定,左右两股钢轨相错量不得大于 40 mm。

机械铺轨流程如图 3-11 所示。

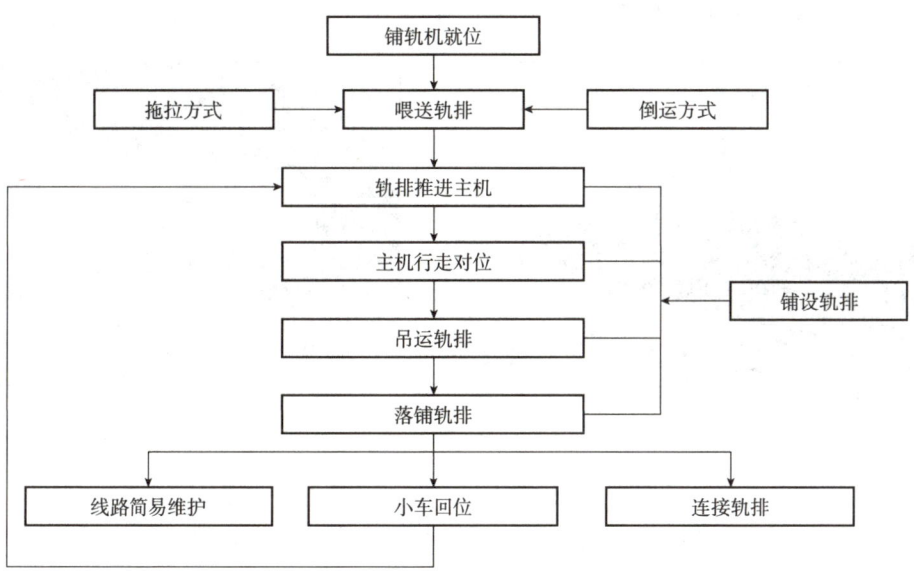

图 3-11 机械铺轨流程图

四、机械铺轨机具设备

(1)铺轨主机:主要包括走行导向履带、布枕装置、收轨装置、主车体、发动机组、液压机械装置等(图 3-12)。

(2)轨枕输送起重机:龙门式起重机走行在枕轨运输车、伸展车及主机车体两侧的走行轨道上,主要由柴油发动机(动力为 130 kW)、液压泵、液压电动机、传动机构、钢轨抽拉吊臂、操作控制室及钢结构组成(图 3-13)。

(3)枕轨运输车:整车由 18 个 N17 铁路平车组成,上部轨枕支架梁上搁置轨枕,下部存入铺设的长钢轨。上部安装支架及轨枕运输起重机走行轨道(图 3-14)。

(4)钢轨伸展车：配备有两辆钢轨伸展车(SUWⅠ和SUWⅡ)，纵向可固定12根钢轨，将钢轨从中间向两边伸展，保证钢轨在需要的条件下平稳弯曲，使得内部应力最小(图3-15)。

图3-12　铺轨主机

图3-13　轨枕输送起重机

图3-14　枕轨运输车

图3-15　钢轨伸展车

(5)钢轨导向牵引车：采用TY220推土机，主要用来拖拉长钢轨。

(6)附属装置：包括连接钢轨的夹板、钢轨滚轮、线路导向拉线和导向线装置等。钢轨滚轮放置在路基上，每10~15 m放置一个；导向拉线为钢线，在轨道两边拉伸以便引导铺轨机准确布枕。

任务四　铺砟整道

一、概述

1. 线路整道主要机具设备

施工机具设备包括风动卸砟车、配砟整形车、自动起拨道捣固车、动力稳定车及小型捣固机具。

2. 线路上砟整道的程序

线路上砟整道分四至五次完成(图 3-16)。

第一次人工整道：在铺设轨排之后立即进行，风动卸砟车卸砟，上砟量为剩余上砟总量的 40%，人工配合小型捣固机具整道，起道量为 80～100 mm，目标是消除反超高、空吊板、三角坑等影响行车安全的隐患，保障工程列车的行车安全，同时保证枕底有一定厚度的道砟，为大型养路机械施工提供条件。

第二次上砟整道：上砟量为剩余上砟总量的 40%，起道量为 60～80 mm，目标是使线路初步平顺，初步稳定线路。

第三次上砟整道：上砟量为剩余上砟总量的 10%，起道量为 60～80 mm，大型养路机械整道，目标是使轨道进一步抬高，曲线地段外股超高基本成形，线路基本平顺，道床基本稳定。

第四次上砟整道：上砟量为剩余上砟总量的 10%，起道量为 30～50 mm，大型养路机械整道，目标是使轨面达到设计标高，线路平顺，道床稳定，使轨道几何尺寸和道床参数满足线路锁定的要求。

第五次精细整道：上砟整道在线路锁定之后进行，这是线路的最后一次上砟整道，属精细整道，起道量 20 mm 左右，目标是消除线路局部的小量不平顺，使线路完全达到设计文件和验收规范的要求：直线平直、曲线圆顺。

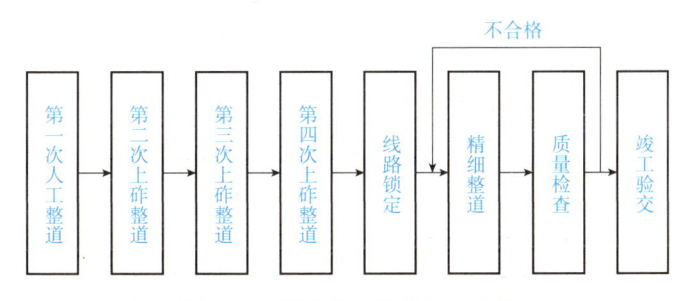

图 3-16 线路上砟整道施工流程

二、底层道砟铺设

1. 质量标准及检验方法

(1)中特级碎石道砟的材质的检验方法：查验道砟厂建厂检验证书、生产检验证书和产品合格证。

(2)道砟进厂时的粒径级配、颗粒形状及清洁度应符合铁路碎石道砟技术条件的规定。检验方法一般采用筛分、专用量规检测或特定检验。每 5 000 m³ 为一批，不足 5 000 m³ 时也按一批计。每批抽检一次。

(3)底层道砟应采用压强不小于 160 kPa 的机械碾压，道床密度不应低于 1.6 g/cm³。检验方法是检算碾压机械压强，用道床密度仪或灌水法检测。每 5 km 抽检 5 处。

(4)底层道砟厚度宜为 150 mm，单线宽度一般为 4.5 m。砟面应平整，其平整度为

10 mm/(3 m)，砟面中间不应凸起。检验方法是目视观察、钢尺、3 m 靠尺量。每千米各抽检 4 处。

2. 施工准备

(1) 上砟前由铺轨单位与路基施工单位共同对路基按设计要求进行检查验收，符合要求后，方可进行铺砟作业。

(2) 对路基中线、水平进行复测。

(3) 配置摊铺、碾压机械，各种检测设备，对机械进行安装调试，对检测设备进行检定。

3. 施工机械及工艺装备

(1) 摊铺设备主要包括自卸汽车、洒水车、摊铺机、装载车、压路机。

(2) 配套设备主要包括激光发射器、激光接收器、定位标杆。

(3) 检测设备主要包括密度仪、方孔筛、全站仪、水准仪、3 m 靠尺及直尺。

4. 工艺及质量控制流程

底层道砟铺设施工工艺及质量控制流程如图 3-17 所示。

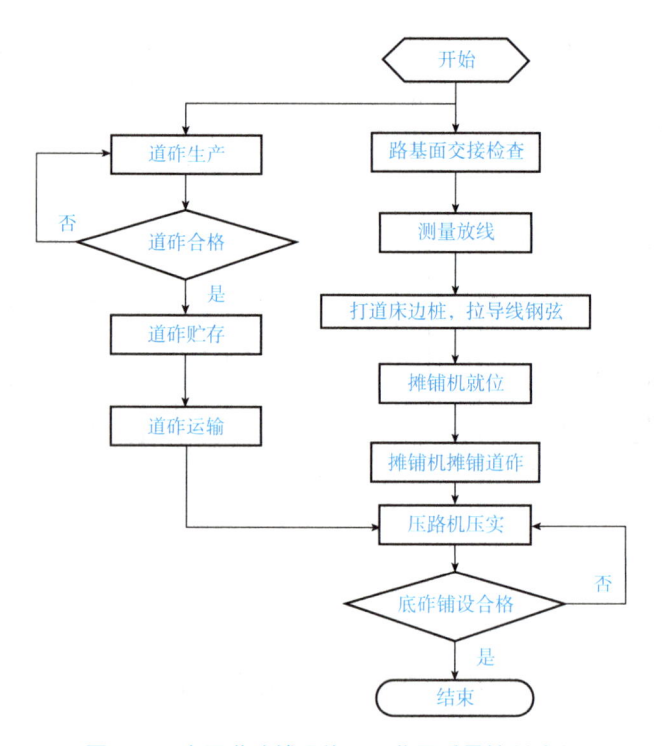

图 3-17 底层道砟铺设施工工艺及质量控制流程

三、上砟整道施工工艺

1. 质量标准及检验方法

(1) 道砟的材质检验方法：查验道砟厂建厂检验证书、生产检验证书和产品合格证。

(2) 道砟进厂时的粒径级配、颗粒形状及清洁度应符合铁路碎石道砟技术条件的规定。

检验方法是采用筛分、专用量规检测或特定检验。每 5 000 m³ 为一批，不足 5 000 m³ 时也按一批计。每批抽检一次。

(3)道床经分层铺设、起道、捣固、稳定作业后，达到初期稳定阶段时，道床状态参数应达到表3-1要求。

表 3-1　初期稳定阶段道床状态参数指标及检验

阶段	枕下道床刚度 /(kN·mm⁻¹)	道床横向阻力 /(kN·枕⁻¹)	检验方法	检验数量
初期稳定阶段	≥70	≥7.5	用道床刚度仪检测	每5 km作为一个检验批，每千米检测2根轨枕，求平均值

(4)整道后的道床断面应满足设计要求，曲线外轨超高应按设计要求设置，并应在缓和曲线全长范围内均匀递减。检验方法：观察检查、尺量。检验数量：全部检查。

(5)轨道达到初期稳定阶段状态时，轨道静态几何尺寸允许偏差和检验方法应符合表3-2的规定。

表 3-2　道床初期稳定阶段轨道静态几何尺寸允许偏差和检验

项目	允许偏差/mm	检验方法	检验数量
高低	4	10 m 弦量	每5 km抽检2处，每处抽检10个测点
轨向	4	直线10 m弦量，曲线20 m弦量	
扭曲(基长6.25 m)	4	轨距尺量	
轨距	2	轨距尺量	
水平	4	轨距尺量	

(6)道床到达稳定状态时，道床状态参数指标应符合表3-3的规定。

表 3-3　稳定道床状态参数指标及检验

列车设计行车速度 v/(km·h⁻¹)	枕下道床密度/(g·cm⁻³)	枕下道床刚度/(kN·mm⁻¹)	道床横向阻力/(kN·枕⁻¹)	道床纵向阻力/(kN·枕⁻¹)	检验方法	检验数量
200	≥1.70	≥100	≥10	≥12	用道床刚度仪及密度仪检验	以5 km作为一个检验批，每千米检测2根轨枕，求平均值。要求每一实测值与批平均值之差不超过平均值的20%，有桥梁和隧道的区间应在桥隧范围内至少抽检10根轨枕
200<v≤250	≥1.75	≥110	≥10	≥12		
300≤v≤350	≥1.75	≥120	≥12	≥14		

(7)有砟轨道静态平顺度铺设精度标准及检验方法应符合表3-4的规定。

表 3-4 有砟轨道平顺度铺设精度标准(mm)及检验

序号	项目	列车设计行车速度 $v/(km \cdot h^{-1})$ 200	>200	检验方法	检验数量
1	轨距	±2	±2	轨检小车检测	每 5 km 抽检 2 处，每处各抽检 10 个测点
2	高低	3	2		
3	水平	3	2		
4	扭曲(基长 6.25 m)	3	2		
5	轨向	3	2		

(8) 道床厚度、砟肩宽度及堆高允许偏差应符合表 3-5 的规定。

表 3-5 道床厚度、砟肩宽度及堆高检验

项次	项目	允许偏差/mm	检验方法	检验数量
1	道床厚度	—20	尺量	每千米抽检 5 处
2	砟肩宽度	±20		
3	砟肩堆高	不得有负偏差		

(9) 轨面高程、轨道中线、线间距允许偏差及检验方法应符合表 3-6 的规定。

表 3-6 道床稳定阶段轨道几何尺寸静态检验

序号	项目		允许偏差/mm	检验方法	检验数量
1	轨面高程与设计比较	一般路基上	±20	水准仪测量	每 5 km 抽检 2 处，每处各抽检 10 个测点
		在建筑物上	±10		
		紧靠站台	+20，不得有负偏差		
2	轨道中线偏差		30	尺量	
3	线间距差		0，+20		

2. 施工准备

(1) 铺轨后应及时按 3 m 间距测量各点的总起道量，每次将确定的各点起道量输入计算机。

(2) 平直地段用激光准直，根据中线桩在 200～600 m 范围内安装激光发射仪。

(3) 曲线上把曲线资料输入计算机。

(4) 按照套道方式和起道量确定需要补充道砟的数量。

3. 施工机械及工艺装备

(1) 施工机械包括内燃机车、K13 风动卸砟车、配砟整形车、起拨捣固车、动力稳定车、装载机。

(2) 工艺装备包括全站仪、水准仪、直靠尺、钢尺、测绳、轨检仪、道床刚度仪。

4. 工艺及质量控制流程

上砟整道施工工艺及质量控制流程如图 3-18 所示。

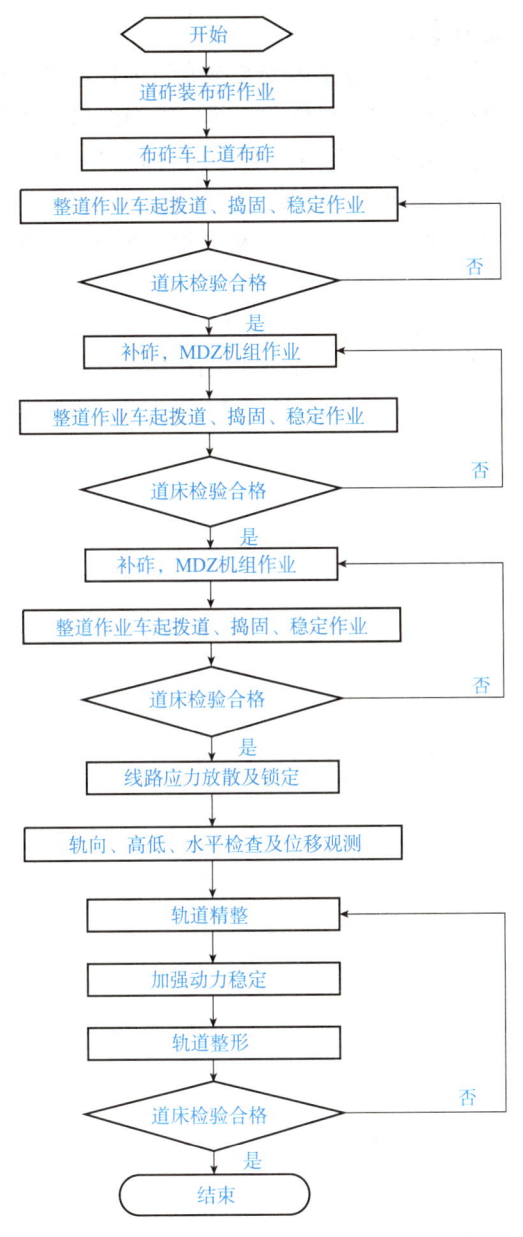

```
                    ┌─────────┐
                    │  开始   │
                    └────┬────┘
                         ↓
                ┌──────────────────┐
                │  道砟装布砟作业  │
                └────────┬─────────┘
                         ↓
                ┌──────────────────┐
                │  布砟车上道布砟  │
                └────────┬─────────┘
                         ↓
            ┌────────────────────────────┐
            │整道作业车起拨道、捣固、稳定作业│←────┐
            └──────────────┬─────────────┘      │
                           ↓                     │
                    ◇道床检验合格◇──否───────────┘
                           ↓是
                ┌──────────────────┐
                │ 补砟,MDZ机组作业 │←────────────┐
                └────────┬─────────┘             │
                         ↓                       │
            ┌────────────────────────────┐       │
            │整道作业车起拨道、捣固、稳定作业│      │
            └──────────────┬─────────────┘       │
                           ↓                     │
                    ◇道床检验合格◇──否───────────┘
                           ↓是
                ┌──────────────────┐
                │ 补砟,MDZ机组作业 │←────────────┐
                └────────┬─────────┘             │
                         ↓                       │
            ┌────────────────────────────┐       │
            │整道作业车起拨道、捣固、稳定作业│      │
            └──────────────┬─────────────┘       │
                           ↓                     │
                    ◇道床检验合格◇──否───────────┘
                           ↓是
                ┌──────────────────┐
                │ 线路应力放散及锁定│
                └────────┬─────────┘
                         ↓
            ┌────────────────────────────┐
            │轨向、高低、水平检查及位移观测│
            └──────────────┬─────────────┘
                           ↓
                ┌──────────────────┐
                │    轨道精整      │←─────────────┐
                └────────┬─────────┘              │
                         ↓                        │
                ┌──────────────────┐              │
                │   加强动力稳定   │              │
                └────────┬─────────┘              │
                         ↓                        │
                ┌──────────────────┐              │
                │    轨道整形      │              │
                └────────┬─────────┘              │
                         ↓                        │
                    ◇道床检验合格◇──否────────────┘
                           ↓是
                    ┌─────────┐
                    │  结束   │
                    └─────────┘
```

图 3-18 上砟整道施工工艺及质量控制流程

5. 工艺布序说明

(1)风动卸砟车内燃机车牵引布砟,牵引速度不得大于 10 km/h。补砟分 3 次进行,前 2 次各完成需要砟量的 1/2～2/3,第 3 次补足全部道砟。布砟时应使枕盒饱满,道肩丰厚。

(2)每次布砟后,由轨道作业车进行起道和稳定作业。前 2 次各完成总起道量的 1/2～2/3,第 3 次按设计轨面高程起道。

(3)配砟整形车将道砟收拢,通过侧犁收拢道砟向线路中心补砟,使道砟充满枕盒。道砟配置高度低于钢轨头部但高于轨枕面不大于 10 cm,并清除钢轨及轨枕面上道砟。按设计断面对道床进行整形,做道肩堆高。

(4)捣固车作业前在200～600 m范围内安装激光发射仪,捣固车根据输入的资料进行光电转换,自动控制对线路进行起、拨、捣作业。每次捣固两根轨枕并夯实道肩道砟。起道量为60～80 mm时,捣固两次;起道量60 mm以下时,捣固一次。

(5)动力稳定车在首次捣固作业后对道床进行两次动力稳定,动力稳定车的行进速度为1.5 km/h。以后每捣固一次,动力稳定一次,动力稳定车的行进速度为0.6 km/h。

(6)质量要求。

1)起拨道、捣固作业,在长钢轨锁定轨温－20～+15 ℃范围内进行。

2)每次整道作业完毕,根据轨检仪对线路状况的检测结果,对捣固车和动力稳定车给定的作业参数进行调整,以便有针对性地安排精整作业。捣固作业参数及作业标准参见表3-7、表3-8。

表3-7 捣固作业参数及作业标准

序号	捣固作业参数及作业后标准	第一遍作业	第二遍作业	第三遍作业	精细整道 第四遍作业	精细整道 第五遍作业
1	捣固深度/mm	插入枕底以下100	插入枕底以下100	插入枕底以下100	插入枕底以下80	插入枕底以下80
2	夹持时间/s	0.6	0.6	0.8	0.8	0.8
3	捣固次数	双捣	单捣	双捣	单捣	单捣
4	捣固速度/(m·m^{-1})	20	20	20	18	18
5	捣镐振动频率/Hz	35	35	35	35	35
6	中线差/mm	≤50	≤30	≤30	≤30	≤30
7	轨向/mm	—	—	≤3	≤2	
8	水平/mm	≤5	≤4	≤3	≤2	
9	高低/mm	—	≤4	≤3	≤2	
10	扭曲度/°	≤1.1	≤1	≤1	≤1	≤1
11	道床刚度/(kN·mm^{-1})	—	—	≥70	≥120	
12	纵向阻力/(kN·枕$^{-1}$)	—	—	—	≥14	
13	横向阻力/(kN·枕$^{-1}$)	—	—	≥7.5	≥10	
	备注	依中桩拨道	绳正法拨道	绳正法拨道	绳正法拨道	找小坑作业

表3-8 稳定作业参数

序号	稳定作业参数	第一遍稳定	第二遍稳定	第三遍稳定	第四遍稳定
1	动力稳定频率/Hz	35	35	35	35
2	下沉量/mm	20左右	20左右	10左右	10左右
3	稳定走行速度/(km·h^{-1})	0.9	0.8	0.7	0.6
4	稳定荷载/kN	19.8	19.8	19.8	19.8
	备注	捣固第五、第六遍作业不进行动力稳定。稳定车在桥上作业时,荷载采用9.8 kN,频率采用30 Hz。桥上稳定作业不得进行停机、重新起振作业和终止作业			

学习拓展

兰新铁路主要技术介绍

一、工程概况

兰新铁路是新疆通往我国东部地区的铁路运输干线,是构成我国西北地区铁路网络的重要组成部分。兰新铁路建成后,乌鲁木齐铁路局对线路进行了大规模的更新改造,逐步实现了电力贯通,采用了电气集中联锁、半自动闭塞、无线列车调度等先进技术设备,从根本上改变了技术和设备的落后状况,使线路通过能力提高到 200 万吨,达到国内先进水平,并于 1986 年第一个在我国实现牵引动力内燃化。

二、技术难点

据设计单位中铁第一勘察设计院集团有限公司(以下简称铁一院)的专家介绍,兰新铁路第二双线西宁至张掖段先后穿越大坂山、祁连山,这些地区最冷月平均气温为 $-13.1\ ℃$,极端最低气温为 $-34.5\ ℃$,隧道建成后冻害问题将十分突出。

另外,线路在甘肃、新疆境内大部分穿行于戈壁荒漠地区,解决戈壁荒漠地区路基沉降控制、边坡防护、轨道结构、综合接地等一系列技术难题,对于项目的顺利实施以及建成后铁路的运输安全有着重要意义。

而这条线路面临的更大挑战是它要经过安西风区、烟墩风区、百里风区、三十里风区和达坂城风区等几个主要的大风区。这些风区最高风速超过每秒 60 m,局部地段每年有 200 天风力在 8 级以上。为确保列车安全、高速地通过这些风区,线路设计人员必须建立完善的大风预警系统。

为攻克一系列技术难题,铁一院吸取青藏铁路设计、建设中的成功经验,集中精锐力量,重点开展了"大风、戈壁、严寒地区高标准铁路关键技术及配套技术"的研究。

复习思考题

1. 道砟材料的技术条件有哪些?
2. 预应力混凝土轨枕的施工工艺有哪些特点?
3. 如何进行硫黄水泥砂浆锚固?其技术要点有哪些?
4. 铺轨机铺设轨排有哪些注意事项?
5. 上砟整道有哪些基本作业?简述其作业要点。

项目四

无砟轨道施工

学习目标

知识目标

1. 了解高速铁路板式无砟轨道的特点。
2. 了解高速铁路双块式无砟轨道的特点。
3. 掌握 CRTS Ⅰ 型轨道、CRTS Ⅱ 型轨道、CRTS Ⅲ 型轨道的施工流程。
4. 掌握长枕埋入式轨道、弹性支承块式轨道的施工流程。

能力目标

1. 能够完成 CRTS Ⅰ 型轨道、CRTS Ⅱ 型轨道、CRTS Ⅲ 型轨道施工。
2. 能够完成双块式无砟轨道结构的施工。
3. 能够制定长枕埋入式轨道、弹性支承块式轨道施工方案。

素质目标

1. 树立劳动光荣、劳动伟大、劳动平等的观念和热爱劳动人民的情感。
2. 树立正确的就业与择业观念。
3. 培养诚实守信的品质。
4. 树立生态文明观念,养成勤俭节约的习惯。

无砟轨道

任务一 CRTS Ⅰ 型板式无砟轨道施工

一、CRTS Ⅰ 型轨道板预制

CTRS Ⅰ 型轨道板制造工艺流程如图 4-1 所示。

1. 模板工程

轨道板模型均采用精加工钢模板制作,由底模、端侧模、锁紧系统、脱模系统、定位系统和振动系统组成。

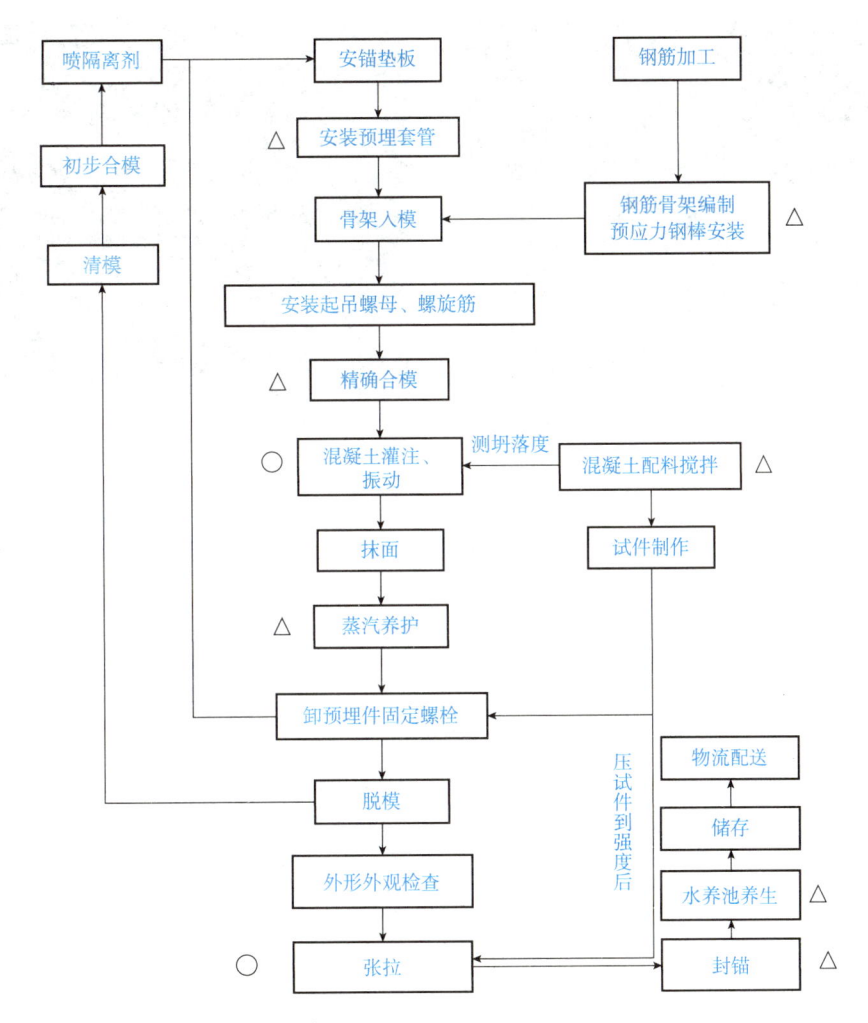

图 4-1 CTRS I 型轨道板制造工艺流程

注:"○"表示特殊工序,"△"表示关键工序。

(1)模板、模板基础设计。

1)模板设计。模板结构设计要有足够的强度、刚度和稳定性,保证模板在设计规定周转期内不变形;模板设计方案要从材料选择、加工方式、变形处理等多方面综合考虑,以保证模板尺寸精度满足要求,同时也考虑便于模板的安装拆卸(包括预埋件),且在混凝土的灌注过程中既要能控制轨道板形状和尺寸的准确性又要保证在强烈的振动下混凝土不漏浆(图 4-2、图 4-3)。

2)模板基础设计。模板基础采用换填土夯实、板式混凝土扩展基础,其上部由混凝土立柱组成。

(2)模板验收。

1)进场验收。模板组装验收应符合表 4-1 规定。

图 4-2　模具底座和台座焊接

图 4-3　模具进场平整度检测

表 4-1　模板检查项目

序号	检查项目		允许偏差/mm
1	长度		±1.5
2	宽度		±1.5
3	厚度		0，+1.5
4	预埋套管	中心位置距板中心线	±0.5
		保持轨距的两套管中心距	±0.75
		保持同一铁垫板位置的两相邻套管中心距	±0.5
		歪斜（距顶面 120 mm 处偏离中心线距离）	±1
		凸起高度	0，−0.25
5	标记线（板中心线）位置		±0.5
6	板顶面平整度	轨道板四角承轨面水平	±0.5
		单侧承轨面中央翘曲量	≤1.0
7	其他预埋件位置及垂直歪斜		±1.5
8	半圆形缺口直径		±1.5
9	底模错缝、错台		不允许有
10	侧模、端模错缝错台		≤1.0
11	端模、侧模旁弯		≤1.5
12	底模对角线误差		≤1.5
13	预应力锚穴		≤0.5

表 4-1 中所列检验项均为全检同时对模板的退模、顶升、密封性能等装置进行验收。

2）模板日常检查和定期检查。模板日常检查（图 4-4）应在每次循环作业前进行。检查模板平整度、外观、倒角成型槽口、标识牌、定位销松紧、模板各定位连接件完好情况、振动器支架完好情况、退模装置和起板装置完好情况。模板的外观质量主要检查模板表面清渣、脱模剂涂刷质量，扣件预埋绝缘套管预留孔处是否有杂物、变形，承轨台位置定位装置凹槽内混凝土是否清理干净，模板四壁是否清渣彻底，各个配件表面是否存在裂纹和破损现象。

模板日常的平整度检查有两种方式：一种是在轨道板脱模后立即对其正面（承轨面）进行平整度检查；另一种是每日抽 1/7 的模板，利用精密电子水准仪对模板进行全面检查，保证每周对模板循环检查一遍。检查项目及控制指标见表 4-2。

图 4-4　模板日常检测

表 4-2　模板的控制指标

序号	检查项目	允许偏差/mm
1	长度	±1.5
2	宽度	±1.5
3	厚度	0，+1.5
7	单侧承轨面中央翘曲量	≤1.5
	轨道板四角的承轨面水平	±0.5
8	定位销垂直度	≤1
9	外观质量（稳固牢靠，接缝严密，不漏浆。模板表面清理干净并均匀满涂隔离剂。锚穴处全面清理灰浆，不得漏涂隔离剂。）	质量检查情况描述

（3）模板安装与拆除。

1）安装流程。模板清理→涂刷脱模剂→安装绝缘套管及标识牌→安装锚垫板→脱模、顶板装置回位→两侧模同步滑移就位、侧模锁紧→端模同步就位→端模锁紧→预紧 PC 钢棒→模型安装完成。

注意事项如下：

①模板清理时要将残留在端模、侧模表面的杂质清除干净。特别注意锚穴的下部和根部的残留杂质的清理。

②绝缘套管安装前必须将定位销表面清理干净，将套管与定位销拧紧。安装过程中不得采用榔头或其他硬质物体直接敲击绝缘套管，必须加软质垫层或橡胶锤头慢慢拍入。绝缘套管安装必须保证垂直度，其与模型面板的缝隙不得超过 0.2 mm。

③检查模板紧固件、模板定位销槽是否齐全、完好，脱模、顶升装置是否就位。

④检查标识牌表面是否完整无缺，内容是否准确无误。

2)脱模流程。接到脱模通知后，松开钢棒预紧螺栓并拆除→松开预埋件预紧螺栓（松开定位销锁紧装置）→松开模型锁紧装置→转动退模装置至侧模与板体表面脱离→安装起吊装置→转动顶升装置顶升板体→脱模完成。

脱模注意事项如下：

①脱模时，禁止生拉硬撬，以免造成模型局部变形或损坏板体混凝土。

②同一侧模板脱模速度必须同步，以免划伤、带出 PC 钢棒。若将 PC 钢棒带出必须及时将钢棒复位。板体起吊过程中必须平稳、缓慢，不得有倾斜现象发生。

③脱模后应及时清点收集紧固件，并在清理干净后涂抹机油以备再用，如有损坏丢失应及时检修、配齐。

④拆卸完模板后，将板面灰浆清除干净，涂刷脱模剂。

⑤脱模后定位销必须及时进行清理维护。脱模过程中如发现脱模或板体顶升困难必须立即停止作业，重新检查模型、预埋件锁紧装置拆除情况并及时通知相关部门或现场值班人员进行处理，不得擅自操作。

⑥轨道板侧模脱出后应及时在顺板长度方向的侧面中部加盖轨道板流水编号及生产日期。编号加盖应清晰可见。

⑦轨道板脱模翻转后应立即清理扣件绝缘套管内杂物，杂物清理完毕后加盖封堵，保证绝缘套管内无杂质，否则会妨碍扣件旋入。

3)拆模条件。轨道板拆模时的混凝土强度必须达到 40 MPa，根据随板养护试件强度确定拆模时间。拆模时轨道板表层与环境温差不大于 15 ℃，以防板体表面混凝土产生早期裂缝（图 4-5）。

图 4-5 拆模作业

2. 钢筋工程

轨道板钢筋加工胎卡具按照施工工艺分为钢筋焊接胎卡具和钢筋绑扎胎卡具，依据施工图纸结合预埋件的具体位置进行准确定位。

为保证综合接地钢筋焊接质量和钢筋骨架的尺寸准确，要设置综合接地钢筋焊接胎卡具。焊接胎卡具在设置时先定位接地端子的位置，采用定位钢板螺栓的方式进行定位。在接地端子设置好后再进行纵横向钢筋的布设及焊接。

钢筋的绑扎胎卡具主要作用是控制钢筋的位置和间距符合图纸要求。绑扎胎卡具采用钢木结合方式，按照设计图纸尺寸在木胎具上切割槽口，保证环氧树脂涂层钢筋在绑扎过程中不受损伤。

钢筋胎卡具制作完成应经安质部检验合格后方可投入使用。日常使用过程中胎卡具一个月检查一次。主要检查胎卡具的完好程度，钢筋定位槽口磨损变形是否符合要求，各部分尺寸是否符合要求。

(1) 钢筋加工。

1) 普通钢筋加工。工艺流程：限位（固定挡板）→切断（图4-6）→限位→弯制（图4-7）→码放。

图4-6 钢筋自动切断工艺

图4-7 钢筋自动弯制工艺

钢筋加工允许误差和检验方法见表4-3。

表4-3 钢筋加工允许误差和检验方法

序号	项目	允许偏差/mm
1	受力钢筋全长	−10，0
2	箍筋内净尺寸	±3

2) 环氧涂层钢筋加工要求。环氧树脂涂层钢筋的加工应符合相关技术标准的要求，除满足普通钢筋的弯制要求外还将钢筋弯曲机弯折部位用塑料套筒包裹，确保表面涂层不被损坏，钢筋端部弯折一次成型，不得进行回复操作。涂层钢筋进行弯制时，直径不大于20 mm的钢筋，其弯曲直径不应小于$4d$（d为钢筋直径）。纵向环氧涂层钢筋加工后的堆码应分层存放，小型号的钢筋采用悬挂存放措施，以防表面涂层破损。环氧涂层钢筋现场存放时间不宜超过6个月。

3) 安全注意事项。机械运转切料时，手离刀口距离要大于150 mm；严禁用手直接清除刀口附近的杂物。钢筋切断时在钢筋的摆动范围内非操作人员不准停留。

(2)钢筋绑扎。

1)在交点位置应采用绝缘型扎丝逐点绑扎。绑扣形式以不易松脱为准,绑点如有松脱,应紧扣或重绑,其尾部应扭向骨架内,如图4-8、图4-9所示。轨道板钢筋绑扎轨道板内钢筋位置允许偏差见表4-4。

图4-8　钢筋骨架绑扎　　　　　　图4-9　骨架绑扎及存放

表4-4　钢筋位置允许偏差

序号	项目	要求/mm	检查方法
1	普通钢筋	±5	钢尺测量
2	螺旋筋	±5	钢尺测量
3	钢筋保护层	+5	量垫块
4	预应力筋	±1	尺量
5	箍筋间距	±10	钢尺测量

2)为保证钢筋骨架绝缘性能检测合格,在普通钢筋和环氧涂层钢筋交点位置逐点加垫绝缘垫片。混凝土浇筑前,应用500 V兆欧表测量确认钢筋骨架的绝缘性能,电阻应不小于2 MΩ(图4-10)。

图4-10　钢筋骨架绝缘检测

3)混凝土垫块设置位置为侧面和底部,保证净保护层厚度不小于 35 mm。垫块布置如图 4-11 所示。

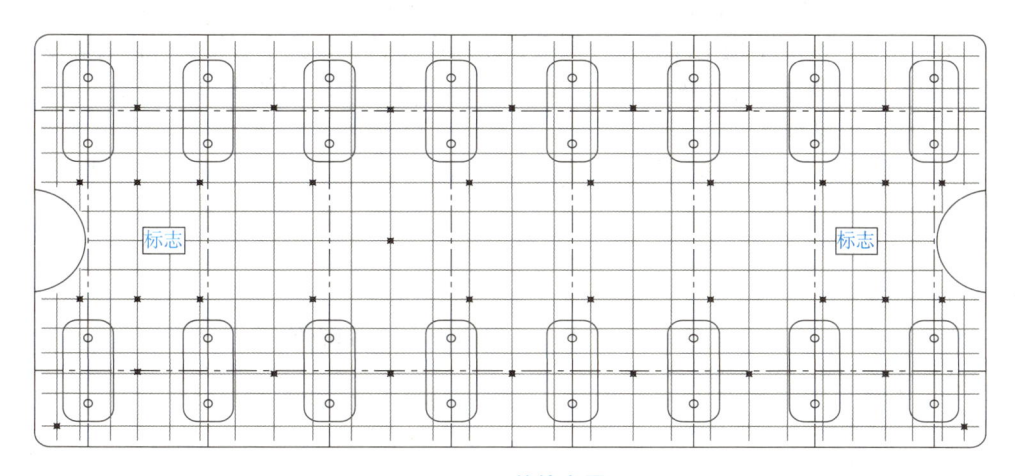

图 4-11 垫块布置

4)绑扎完毕的钢筋骨架存放时,每层之间应用方木条隔开,并应轻起轻放,防止环氧涂层钢筋的涂层被损坏,应采取措施防止倾覆。木条的位置和数量以保证钢筋骨架不变形为准。钢筋骨架运输应采取相应的隔离、限位保护措施。

5)钢筋骨架吊装过程中不得直接吊装环氧涂层钢筋,应采用方木条、塑料等柔性物质作为起吊介质多点起吊;起吊要平稳,缓慢就位。

钢筋骨架入模后,不得在其上行走,以免损伤环氧涂层钢筋。仔细检查环氧涂层钢筋的涂层,尤其是剪切端头处,如有损伤及时进行修补,严禁钢筋骨架入模时与预埋件相碰(图 4-12)。

图 4-12 钢筋骨架入模

3. 混凝土工程

(1)混凝土理论配合比选定。

1)轨道板板体混凝土强度等级为 C60,静力抗压弹性模量 36.5 GPa。胶凝材料用量:

混凝土胶凝材料总量不宜超过 500 kg/m³，混凝土水胶比不应大于 0.35。碱含量：混凝土总碱含量不应超过 3.5 kg/m³。当集料具有潜在碱活性时，总碱含量不应超过 3.0 kg/m³。氯离子含量：由水泥、掺合料、砂、石、外加剂和水带入混凝土的氯离子总量应不超过胶凝材料总量的 0.06%。混凝土理论配合比经国家铁路局产品质量检验中心检验合格后确定。

2)混凝土拌合物的坍落度按 80～120 mm 进行控制。混凝土的入模含气量不大于 3%。混凝土入模后不得泌水。

(2)耐久性混凝土技术指标。混凝土的耐久性能：其电通量应小于 1 000 C。抗冻性满足 D300 的要求。

(3)混凝土的拌制。

1)原材料进场。

①原材料进场后，经复检合格，报监理工程师审查后方可使用。

②材料分类堆放，标识清楚。

③碎石入仓前要进行水洗。

④料仓不得混料，严禁混料进行施工。

2)混凝土配料和计量。

①混凝土配料必须严格按试验室通知单进行，并应有试验人员在现场进行施工控制。

②混凝土原材料配料采用自动计量装置，计量设备每年由当地技术监督局校验一次，粉状和液体电子秤每 7 天用砝码自校一次，集料电子秤每 14 天用砝码自校一次，每班施工前搅拌站操作人员要校核电子秤及其他计量器具的精准度并由试验人员复查，如施工中发现异常情况应及时校核。秤料误差(均以质量计)规定：水、外加剂、水泥、掺合料的称量误差≤±1%；砂、石的称量误差≤±2%。

③每次开盘前应进行集料含水率测定，遇有雨雪天气增加测定次数，并按测定的结果及时调整混凝土施工配合比。用水量的调整应由试验人员决定，其他任何人均不得擅自调整用水量，混凝土拌合物出机后严禁加水。

3)混凝土搅拌。混凝土施工配合比按试验室当日出具的配料单执行。搅拌混凝土的下料顺序：依次先下细集料、水泥、掺合料和减水剂，搅拌均匀后，再加入所需用水量，待砂浆充分搅拌后再投入粗集料，并继续搅拌至均匀为止。总搅拌时间为 2～3 min，且混凝土必须搅拌均匀，颜色一致。

混凝土拌制速度和灌注速度要密切配合，拌制服从灌注，以免灌注工作因故障停顿而使机内储存混凝土。如因故障灌注中断，常温下混凝土滞留在搅拌机内的时间不宜超过 30 min，最长不应超过混凝土的初凝时间(初凝时间应根据水泥性能、环境温度、水胶比和外加剂类型、运输距离等条件通过试验确定)。否则，应将搅拌筒彻底清洗后才能重新拌和混凝土。混凝土在拌和过程中每 50 m³ 混凝土取样检验一次并做好记录。

(4)混凝土运输和浇筑。

1)混凝土运输。混凝土运输采用运输车、桁式起重机、配合料斗运输方式，装料前应仔细检查料斗有无润湿、积水、料斗内壁黏附的混凝土是否清除干净。每天工作后或浇筑中断 45 min 及以上时间再行搅拌混凝土时，必须再次清洗漏斗。板场配置二辆混凝土运输车、4 个料斗满足运输能力、混凝土凝结速度和浇筑速度的需要，保证浇筑过程连续进行。运输途中确保混凝土不得发生离析、漏浆、严重泌水及坍落度损失过多现象。

2)混凝土浇筑。混凝土拌合物入模温度应为5～30 ℃,当昼夜平均气温低于5 ℃或最低气温低于−3 ℃时,应采取保温措施,并按冬期施工处理;混凝土入模含气量不大于3%;混凝土坍落度控制在80～120 mm。

混凝土灌注一次成型,不得增补或接长,采取混凝土从模型一端向另一端延伸的办法布料。混凝土采用附着式振捣器进行振捣(图4-13)。第一层布料完成后,充分振捣后再放入另一层混凝土。第二次振捣过程中注意将局部多余混凝土铲掉,混凝土不够的地方及时补料、振平。每层布料厚度约10 cm,振捣时间根据混凝土密实情况进行适当调整。

图 4-13 振捣设备
(a)变频柜;(b)高频振动器

振动器控制箱操作人员必须仔细观察混凝土表面,防止漏振、欠振和过振,以混凝土无明显下沉、无明显气泡、表面泛浆为标准。

振动后用抹子抹平混凝土表面,注意填边填角。表面抹平但不进行压光处理,终凝前严禁踩踏。收完面后,将侧模、端模边上等处的混凝土清理干净(图4-14、图4-15)。

图 4-14 混凝土布料　　　　图 4-15 人工收面

每次浇筑混凝土振动过程中,必须检查端侧模紧固件是否松动、脱落。如发现问题必须及时处理。混凝土抹面后,及时覆盖棚布,静停保温,及时填写混凝土施工记录。

(5)混凝土试件制作及养护。轨道板在浇筑混凝土过程中,按规定取样制作混凝土强度试件、弹性模量试件,同条件试件随轨道板养护,28 d 标准试件按规定制作和按标准养护办理;同条件养护试件作为拆模和张拉依据,每 12 块板的最后一块板为一批次做 2 组试件,试件尺寸为 150 mm×150 mm×150 mm(图 4-16、图 4-17)。每浇筑 36 块板为一批次作为 28 d 弹性模量试件及 28 d 的强度试件。在批量生产中,预制轨道板每 5 000 m³ 混凝土抽取耐久性试件。

图 4-16 人工找平　　图 4-17 同条件养护试件

(6)轨道板养护。轨道板在混凝土灌注完毕表面收浆后,立即用篷布将轨道板覆盖,保证棚内蒸汽流动畅通的前提下开始进行蒸汽养护。每 4 块板和 2 块板为一个养护单元。蒸汽养护采用电磁阀自动控制装置。混凝土蒸汽养护分为静停、升温、恒温、降温四个阶段。

1)静停阶段是指混凝土灌注完毕后在 5～30 ℃的环境静置 3 h 后开始升温。

2)升温阶段是混凝土的定型阶段。升温阶段由自动温控设备以每小时升高不大于 15 ℃的速度进行升温,棚内温度最高不能超过 42 ℃;升温阶段每 15 min 测温一次。

3)恒温阶段是混凝土强度的主要增长阶段,为保证恒温时轨道板芯部温度不超过 55 ℃,通过前期资料分析,确定蒸养的恒定温度不得超过 42 ℃,恒温时间为 6 h。恒温阶段每 15 min 测温一次。

4)降温阶段是蒸养的关键阶段,施工时要严格控制。降温速度控制在不大于 15 ℃/h,每 15 min 测温一次。停汽后待轨道板混凝土表层与环境温差不超过 15 ℃时,方可拆模。

(7)预应力施工。按横向钢棒依次张拉按钮,横向钢棒依次分别张拉工作,结束后,进入纵向钢棒张拉模式,纵向钢棒两端同时张拉(图 4-18)。

具体张拉顺序如图 4-19 所示。

张拉工作分为预张拉和张拉两个阶段。

按下张拉按钮,系统进入预张拉阶段,当预张拉压力或行程到达设定值时,保压 5 s 后预张拉结束。预张拉结束后,自动进入张拉阶段,当张拉压力达到张拉控制力时,保压 60 s 后张拉结束。

张拉过程中,在锚穴边会自动生成压痕,并在每一个锚穴边盖"张拉完成"章。如张拉完一块轨道板,需经现场监控人员检查确认张拉完成合格后,在轨道板纵向侧面中部加盖"张拉完成"章(图 4-20)。

图 4-18　张拉作业

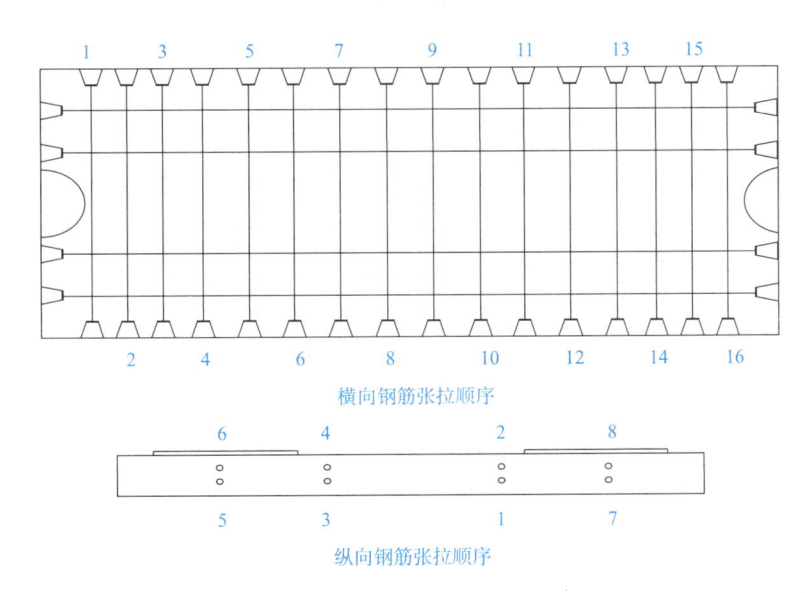

横向钢筋张拉顺序

纵向钢筋张拉顺序

图 4-19　钢筋张拉顺序

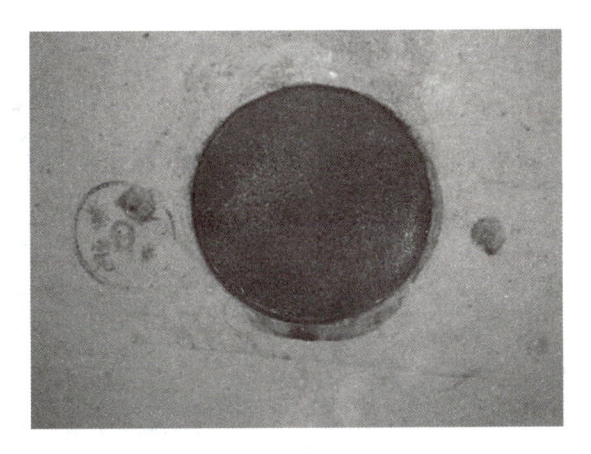

图 4-20　张拉完成自动压痕标记

(8)封锚。

1)封锚工艺。封锚工艺流程如图 4-21 所示。

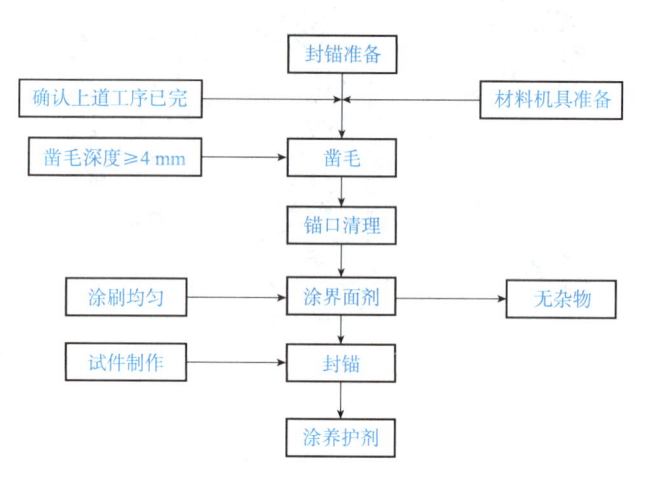

图 4-21　封锚工艺流程

2)封锚质量要求。

①封锚砂浆采用 52.5 级水泥、筛除 5 mm 以上颗粒的细集料以及能提高砂浆韧性的聚醋酸乙烯类聚合物乳液等配制，拌制时水胶比不宜大于 0.18，聚合物用量(按折固量计)应不小于胶凝材料的 2%。粗细胶料称量精度 2%，矿物掺合料、胶凝材料和水称量精度 1%。理论配合比：1(水泥)：0.12(水)。封锚砂浆采用强制式搅拌机拌制，搅拌机转速不宜小于 180 r/min(图 4-22)。

②封锚砂浆填压前，应对锚穴内部进行凿毛处理，且尽可能增加凿毛点的密度(横向圆锚穴至少凿 12 道，纵向椭圆锚穴至少凿 16 道)，保证锚穴内壁四周均有一定深度凿毛，凿毛深度≥4 mm；并采用高压气清孔，应保证锚穴内无油污、浮浆、杂物和积水等，以免影响锚块与锚穴的黏结；清理完毕后在锚穴内壁均匀喷涂能够提高黏结强度的界面剂(图 4-23)。

图 4-22　封锚搅拌机　　　　图 4-23　锚穴凿毛

③封锚砂浆填压前,应采用所选用水泥、集料、掺合料、聚合物等原材料制作砂浆抗渗性能、收缩性能试件各一组进行性能检测,并确保由不同原材料带入砂浆内的氯离子含量符合相关技术条件的要求。

④封锚砂浆应分三层填压。采用空气锤对砂浆进行振捣,频率不小于 1 000 Hz,振捣力不小于 3 kg,振捣次数不得少于 3 次,每次不少于 20 s。

⑤封锚砂浆填压过程中,可对砂浆进行二次搅拌,但严禁二次加水。

⑥封锚砂浆填压时的环境温度宜为 5~35 ℃。当昼夜平均气温低于 5 ℃或最低气温低于 −3 ℃时,应采取保温措施,保温时间不少于 24 h。避免在阳光直射、雨、雪和大风环境下进行封锚作业。

⑦封锚砂浆拌制完成后须在砂浆初凝前使用完成,如果超过允许时间,砂浆不得继续使用。封锚完成的轨道板应立即用干净抹布、灰刀将锚穴周围擦拭干净,然后均匀涂刷养护剂(图 4-24)。

⑧封锚填压过程中,应随机取样制作 1 d、7 d 和 28 d 的抗压强度试件,试件制作应按每工班一次,试件应采用与封锚砂浆相同的成型条件,试件脱模后应进行标准养护。

⑨封锚砂浆填压完毕后应立即在砂浆表面喷涂养护剂,静置时间在 2 h 以上时(图 4-25),方可进行入池水养。入池养护时间为 7 d。

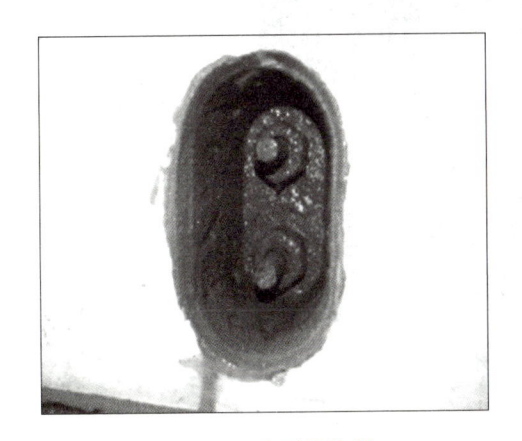

图 4-24　涂刷养护剂　　　　　图 4-25　封锚后静置状态

封锚砂浆质量要求见表 4-5。

表 4-5　封锚砂浆质量要求

序号	项目名称		性能要求
1	抗压强度/MPa	1 d	≥40
		7 d	≥50
		28 d	≥60
2	抗折强度/MPa	1 d	≥5
		7 d	≥7
		28 d	≥9

续表

序号	项目名称	性能要求
3	抗渗性能	≥P20
4	收缩率/%	≤0.02
5	氯离子总含量	不应超过胶凝材料总量的0.06%

(9)水养。

1)在轨道板脱模后环境温度应大于 5 ℃，用湿润无纺布覆盖保持轨道板处于湿润状态，在保证张拉后封锚完毕静置大于 2 h 的条件下，脱模至入水时间不宜大于 8 h，特殊条件下不大于 10 h，吊入车间内的水养池进行湿润养护。轨道板在水养池内湿润养护时间为 7 d。

2)放入水养池中的轨道板用连接卡两两相扣，防止存放时产生倾覆现象(图 4-26)。

3)冬期施工期间，轨道板水养时间满 7 d 以后，出水后，在车间内立放存放 2 d，等到轨道板表面干燥后，在吊装至存板区进行存放。

图 4-26　轨道板水养池

(10)运输与存放。

1)起吊前准备工作。轨道板起吊前，作业人员应检查起重机及吊具(吊绳、起吊螺栓等)是否完好。作业人员应检查模板是否完全脱离混凝土表面，与轨道板相连的紧固件是否松开等。作业人员应检查轨道板绝缘套管、起吊套管等是否清洁，轨道板面板上的杂物是否清除干净(图 4-27)。

2)轨道板吊装。轨道板起吊时，起吊吊具与轨道板间加设橡胶垫，并拧紧起吊螺栓，利用轨道板上的起吊装置水平起吊，使起吊螺栓均匀受力(图 4-28)。吊运的重量不得超过起重设备的最大起重重量，混凝土轨道板吊运时产品不得多于 1 块。起重作业时，应由专人指挥，严禁多人指挥。整个起吊作业过程中必须贯彻轻起轻放原则，防止碰伤轨道板。轨道板脱模后，必须进行翻板作业，翻板过程中应对轨道板进行有效的保护，并在翻板后对轨道板外观及预埋件质量进行检验。翻板作业时不能损坏轨道板，严禁碰、撞、摔。

图 4-27 轨道板吊装准备　　　　　　　　图 4-28 轨道板吊装作业

3)轨道板运输。轨道板的场内运输可采用平板车运输方式。

①装车时,轨道板应纵向水平分层放置于平板车内,每两层间用两根垫木分开,垫木应上、下支点对齐。支点设置于起吊套管处。

②混凝土轨道板运输过程中严禁碰、撞、摔,保证轨道板的安全、质量。

③装车的重量不得超过设备的最大载重重量。

④运输时应采取防止轨道板倾倒和三点支承的相应措施,并保证轨道板不受过大的冲击。

4)轨道板存放。

①轨道板成品应按型号和批次分区储存,并做出明确标识。严禁不同型号和批次的产品混装混存。不合格的轨道板要单独存放,并做出明确的标识。

②存放轨道板的基础要求坚固、平整,无沉陷。应隔段采取防倾覆措施。

③长期储存时,轨道板采用立放(长度方向着地)方式进行存放(图 4-29)。

④轨道板立放时用限位卡将相邻两块轨道板连接,使轨道板存放成一个整体,轨道板存放端头应有良好的防倾倒支撑架,第一块轨道板连接在支撑架上(图 4-30)。

图 4-29 轨道板存放　　　　　　　　图 4-30 轨道板分区存放

轨道板贮存时，用塑料盖对预埋件孔眼进行封堵，防止雨水或杂物进入。

4. 质量验收标准

工程部、安质部、试验室、物设部应对原材料、混凝土性能和轨道板质量负责检验，未经检验的轨道板不得出厂。轨道板应按批检验，同样，原材料和生产工艺制成的500块轨道板为一批，批量不足500块按500块计。

检验项目包括原材料及预埋件检验报告，轨道板外形尺寸和外观质量，混凝土碱含量，混凝土氯离子含量，混凝土抗压强度，混凝土弹性模量，混凝土抗冻性，混凝土电通量，封锚砂浆的抗压强度、抗折强度、抗渗性、收缩率及氯离子总含量；预埋套管抗拔力；预应力筋、预应力筋—锚固螺母组装件性能，环氧树脂涂层钢筋性能，轨道板绝缘及综合接地性能等。

预应力筋应进行抗拉强度、屈服强度、伸长率、松弛率和疲劳性能试验；预应力筋—锚固螺母组装件进行静力、疲劳和周期荷载性能试验；锚固螺母应进行外观尺寸检验。

环氧树脂涂层钢筋应进行涂层材料、涂层厚度、连续性、可弯性以及与混凝土的黏结强度和锚固长度试验。

轨道板成品外形尺寸和外观质量的抽检数量为每批10块。检验项目见表4-6，如图4-31所示。

表4-6 轨道板成品外形尺寸和外观质量检验项目

类别	序号	检查项目		允许偏差/mm	每批检查数量（出厂检验）	检查项别
外形尺寸	1	长度		±3.0	10块	C
	2	宽度		±3.0	10块	C
	3	厚度		+3.0	全检	B2
	4	预埋套管	中心位置距板中心线	±1.0	全检	B1
			保持轨距的两套管中心距	±1.5	全检	B1
			保持同一铁垫板位置的两相邻套管中心距	±1.0	全检	B1
			歪斜（距顶面120 mm处偏离中心线距离）	2.0	全检	B2
			凸起高度	0，−0.5	全检	B2
	5	标记线（板中心线）位置		±1.0	10块	B2
	6	板顶面平整度	轨道板四角的承轨面水平	±1.0	全检	B1
			单侧承轨面中央翘曲量	≤3.0	全检	B1
	7	板底面平整度	普通型轨道板	5.0/m	10块	B2
	8	其他预埋件位置及垂直歪斜		±3.0	全检	C
	9	半圆形缺口直径		±3.0	10块	C
外观质量	1	肉眼可见裂纹（预应力轨道板）		不允许	全检	A
	2	承轨部位表面缺陷（气孔、粘皮、麻面等）		长度≤20 深度≤5	2 全检	B2

续表

类别	序号	检查项目	允许偏差/mm	每批检查数量(出厂检验)	检查项别
外观质量	3	锚穴部位表面缺陷(裂纹、脱层、起壳等)	不允许	全检	C
	4	其他部位表面缺陷(气孔、粘皮、麻面等)	长度≤80 深度≤8	全检	C
	5	轨道板四周棱角破损和掉角	长度≤50	全检	C
	6	预埋套管内混凝土淤块	不允许	全检	A
	7	减振型轨道板板底垫层的翘起	不允许	全检	A
	8	轨道板侧面漏筋	不允许	全检	A
		预埋套管抗拔力(不小于100 kN)	无裂纹	1块3个套管	A
		轨道板绝缘性能	符合要求	3块	A

图 4-31 轨道板质量检查

(a)预埋套管垂直度检测；(b)套管间距检测；(c)轨道板中心线偏移检测；(d)预埋套管下沉量检测

(1) A类项别单项项点数不允许超偏；
(2) B1类项别单项项点数的超偏率不大于5%；
(3) B2类项别单项项点数的超偏率不大于10%；
(4) C类项别各单项超偏项点数之和不大于C类总项点数的10%。

预埋套管抗拔力从外形外观质量抽检的轨道板中抽取 1 块，每块中抽取 3 个套管进行试验(图 4-32、图 4-33)。

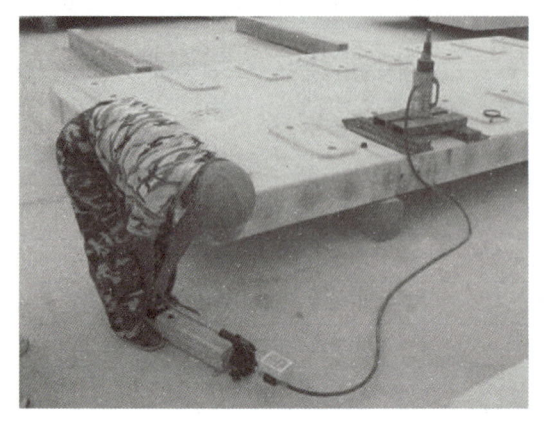

图 4-32　预埋套管抗拔力检测　　　　　　图 4-33　轨道板绝缘性能测试

二、CRTS Ⅰ 型轨道施工

1. 底座及凸形挡台

底座板是 CRTS Ⅰ 型板式无砟轨道板的支承基础，通过底座板可以做出轨道超高设置。在桥上，底座板与梁体通过预埋在桥梁固定支座上方设置的剪力齿槽和预埋螺纹钢筋实现连接。

施工前应根据线路平、纵断面资料，板式轨道铺设范围，确定凸形挡台位置、底座标高，应注意消除和调整线路纵坡及平面曲线引起的误差，必要时可通过微调板缝宽度进行调整。

凸形挡台上安装调板基准器作为调板的基准，与三角规配合使用，进行轨道板的调整。

基准器采用微调式装置，通过固定装置定位螺栓固定在凸形挡台凹槽内。基准器精调时，根据测量数据由横向及竖向两个方向调整基准器芯棒，达到基准器点位连线与轨道板中心线重合且点位与钢轨顶面高差一致的要求(图 4-34)。

2. 精确定位关键设备

CRTS Ⅰ 型轨道板精确定位关键设备为基准器、三角规。此设备在日本"新干线"单元板无砟轨道施工过程中大量应用，具有结构简单、使用方便等特点。我国在武广综合试验段 CRTS Ⅰ 板的铺设也普遍采用进口的日本三角规。联合南方测绘在对其结构及功能研究的基础上进行改进，在保证原有三角规功能的基础上，研制成更适应我国 CRTS Ⅰ 型轨道板精调的三角规。此设备增加倾斜传感器，取代原有的水准气泡，使轨道板在曲线地段的调整更为精确与便捷。

但目前三角规技术落后，调板为定性调整，且与 CP3 不相配。推荐 CRTS Ⅰ 型轨道板使用速调标架调板(图 4-35)。

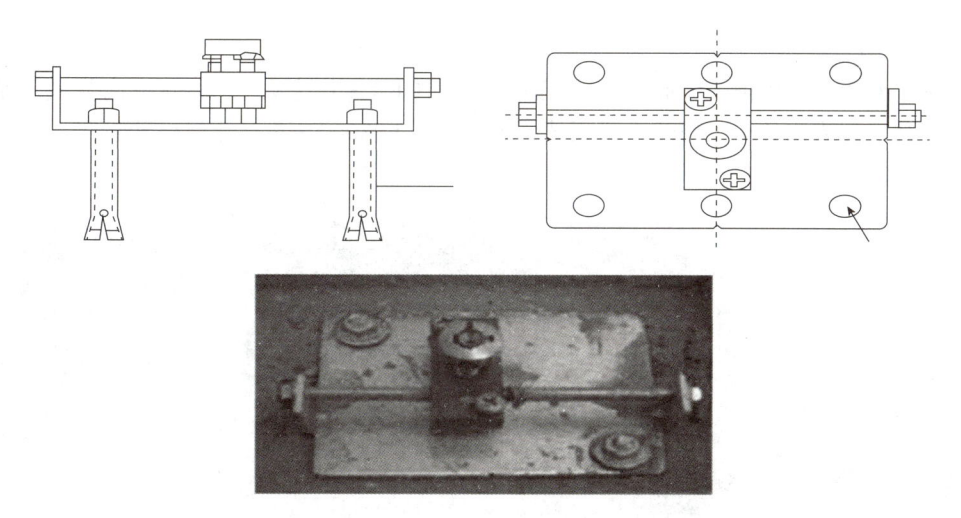

图 4-34　基准器

图 4-35　CRTSⅠ型轨道速调标架

沪昆高铁云南段轨道精调全面铺开

轨道板精调应以基准器精调数据为基准，并使用三角规控制轨道板扣件安装中心线，采用专用油压千斤顶、支撑螺栓、螺纹丝杆顶托等，调整轨道板的高低、方向，实现轨道板横向及竖向的调整。精调示意如图 4-36 所示：

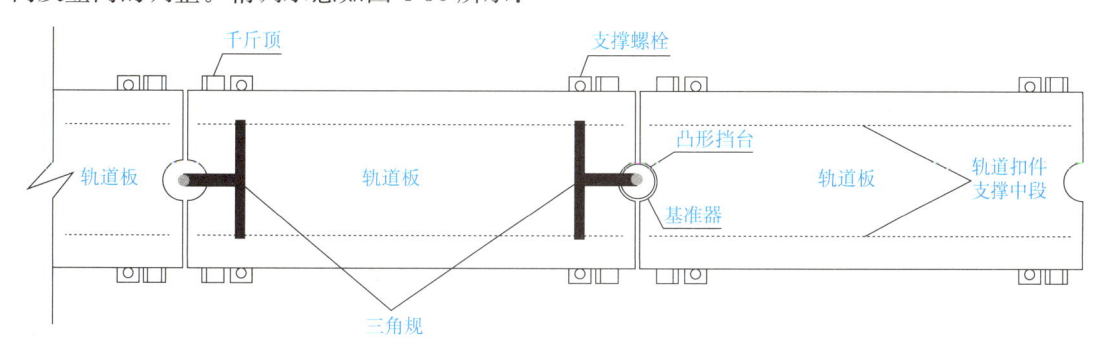

图 4-36　精调示意

103

3. 水泥沥青砂浆搅拌设备

为满足CRTS Ⅰ型板式无砟轨道施工工艺，在CRTS Ⅱ型板式无砟轨道高弹模砂浆车的基础上，联合研发出符合CRTS Ⅰ型板式无砟轨道SY9300TSJ500低弹模砂浆车，如图4-37所示。

图4-37 低弹模砂浆车

砂浆车要求达到以下技术要求：满足中国新型低弹模水泥沥青砂浆搅拌和高弹模水泥沥青砂浆搅拌，能够适应现场施工的恶劣环境，机动灵活，满足公路运输条件，适应多工点同时施工的工况。

（1）关键设备。所用设备主要有运板车及铺板龙门式起重机、轨道板调板用三角规及基准器（或速调标架）、低弹模水泥沥青砂浆车及灌注装置、铺轨机、轨检小车等。

（2）工艺原理。轨道板铺设毫米级的精度要求如何保证，CPⅢ建网、测设精度均可满足精度要求，因此精度要求的保证关键在于轨道板精调过程、CA砂浆灌注前后的精度保持，CA砂浆的生产和灌注质量。本工法轨道板的纵向精度在初铺时来完成，轨道板精调采用高精度双向千斤顶，直线段采用专用防上浮工装，曲线段内侧采用防侧滑防上浮集成的专用工装和外侧采用防上浮工装保证砂浆灌注前后的精度，防止CA砂浆灌注施工过程中产生位移和上浮。CA砂浆拌制采用专用砂浆车，转运斗运输砂浆，灌注采用特制灌注斗施工。

（3）工艺流程及操作要点。

1）工艺流程图。CRTS Ⅰ型轨道施工流程如图4-38所示。

2）具体操作过程及要点。

①底座混凝土验收。

a. 当路基和桥上底座板混凝土施工完成，且达到交验条件时，由相关单位组织底座板施工单位与铺板单位进行底座板验收交接工作，对底座板外观尺寸及相应资料进行复核。

b. 底座混凝土结构应表面平整，颜色均匀，没有露筋、蜂窝、孔洞、疏松、麻面和缺棱掉角等缺陷。

c. 底座外形尺寸允许偏差见表4-7。

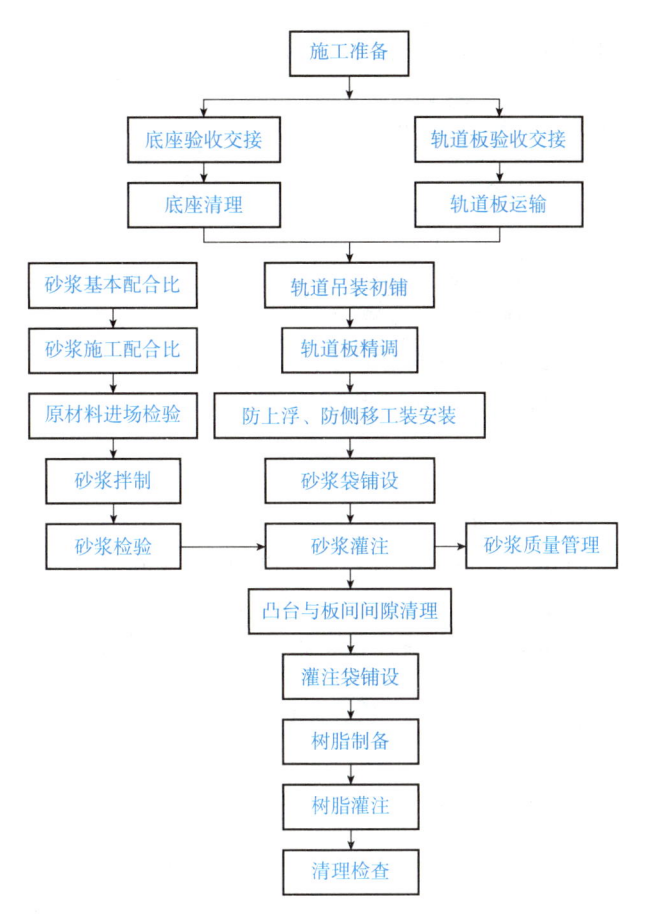

图 4-38 CRTSⅠ型轨道施工流程

表 4-7 底座外形尺寸允许偏差

序号	项目	允许偏差/mm
1	顶面高程	+3，−10
2	宽度	±10
3	中线位置	3
4	平整度	10 mm/(3 m)

②凸形挡台外形尺寸允许偏差(表 4-8)。

表 4-8 凸形挡台外形尺寸允许偏差

序号	项目	允许偏差/mm
1	圆形挡台的直径	±3
2	半圆形挡台的直径	±2
3	中线位置	3

③轨道板外观质量要求(表 4-9)。

表 4-9　轨道板外观质量要求

序号	项目	质量要求/mm
1	肉眼可见裂纹(预应力轨道板)	不允许
2	承轨部位表面缺陷(气孔、粘皮、麻面等)	长度≤20，深度≤5
3	锚穴部位表面缺陷(裂纹、脱层、起壳等)	不允许
4	其他部位表面缺陷(气孔、粘皮、麻面等)	长度≤80，深度≤8
5	轨道板四周棱角破损和掉角	长度≤50
6	预埋套管内混凝土淤块	不允许
7	轨道板侧面露筋	不允许

④轨道板交接质量检验及存放。

a. 轨道板制造厂应对每块轨道板编号，并提供《轨道板制造技术证明书》，进场时应对照设计图纸复核轨道板型号。

b. 轨道板交接时应检查轨道板外观质量、外形尺寸，其外形尺寸偏差见表 4-10。

表 4-10　轨道板外形尺寸偏差

序号	项目		允许偏差/mm
1	长度		±3
2	宽度		±3
3	厚度		+3、0
4	两侧螺栓孔的中心间距		±1
5	单侧螺栓孔的中心间距		±1
6	半圆缺口部位的直径		±3
7	平整度	四角承轨台水平	±1
		中央翘曲量	≤3
8	预埋套筒	位置	±1
		垂直度	≤1°

⑤轨道板吊装及运输。

a. 轨道运输，施工前应对行驶路线进行调查，确保最不利的限界可以满足运输需要，并尽量选择较平顺的道路。

b. 起重机吊装轨道板之前应检查吊具和吊绳是否有损伤，装载要对称。每层板之间采用方木在起吊螺母处支垫，装载高度不得超过 4 层，板间支垫木方规格为 50 mm×100 mm×2 400 mm，每层间支垫方木不得少于两根。轨道板应适当固定，防止运输过程中错位。

c. 运输前应确认装车平稳，捆绑牢固，严禁三点支撑。

d. 轨道板装卸时应利用轨道板上的起吊装置水平吊起，使四角的起吊螺母均匀受力，严禁碰、撞、摔。

⑥底座清理。轨道板铺设前应人工清理底座混凝土表面，清除灰尘、杂物、积水以及松散的石子等，防止尖锐物品刺破注入袋。

⑦轨道板的粗铺。

a. 轨道板铺设前，应复测底座、凸形挡台标高，并将底座表面清理干净，保证无残渣、积水等。符合要求后方可进行铺设。

b. 轨道板吊装铺设宜采用跨双线龙门式起重机及专用式起重机具进行，也可选择汽车式起重机进行。

c. 吊装前应仔细检查轨道板及起吊设备的状态，合格后方可进行吊装。

d. 轨道板起吊并移至铺板位置后，施工人员扶稳轨道板缓慢将轨道板落在预先放置的支撑垫木上（支撑垫木规格 50 mm×100 mm×300 mm）。

e. 落板时应防止轨道板撞击凸形挡台，并保证轨道板中心线与两凸台中心连线基本吻合且与两个凸形挡台的间距为 30～50 mm，并使轨道板距两端凸型挡台的距离差小于 5 mm。

f. 轨道板粗铺时，应使接地端子的方向与综合接地的设计方向一致，桥梁两端桥台上的轨道板必须按设计的大小头来铺设，不得颠倒位置。

⑧轨道板精调方案。

a. 全站仪架设在线路中线附近，后视前后 6 个 CPⅢ点，进行自由设站。在换站过程，保证有 4 个 CPⅢ网点与上一测站重合，自由设站精度 1 mm，保证站与站的平顺过渡。

b. 在设站完毕之后，通过数据传输电台控制全站仪的操作，可对轨道板上相应的棱镜进行测量，通过实测测量结果与理论数据的比较，计算偏差值。

c. 每次设站测量 6 块板，调整 5 块板，搭接一块板以消除错台误差。调板机具上的操作人员可以通过显示器可以看到待调的轨道板的偏差，进而进行调整。调整完成之后，全站仪进行复测，直到轨道板达到以下要求：板内相对误差高程 1 mm，横向 2 mm 的精度；板间误差高程 1 mm，横向 1 mm。

d. 轨道板精调完成后应在轨道板四角安装防上浮和防侧滑装置，装置距板端应在 600 mm 之内。

e. 已完成精调定位的轨道板，应采用防护措施，严禁踩踏和撞击，并尽早灌注水泥沥青砂浆。

⑨防上浮、防侧移工装安装如图 4-39 所示。

⑩CA 砂浆灌注袋的铺设。

a. 灌注袋应进行材料进场检验，按照规定质量检验批次、取样数量进行强度试验，并检查产品质量证明文件。目视检查注入袋是否完好无损伤，检查合格后方可进行正式铺设，防止运输过程中产生的不合格品用于施工。

b. CA 砂浆灌注袋使用前，应按照单元板式无砟轨道结构设计文件和配板图确定铺板类型、CA 砂浆灌注厚度，选择对应尺寸灌注袋，并尺量检查。

c. 将灌注袋展开，灌注口朝向轨道板外侧，牵引拉伸灌注袋，使其进入轨道板和底座混凝土之间。将灌注袋拉伸平展，四边、对角应对称，距离轨道板最外侧距离相同，定位后不允许移动。采用木楔法进行固定，灌注。

（a）　　　　　　　　　　　　（b）

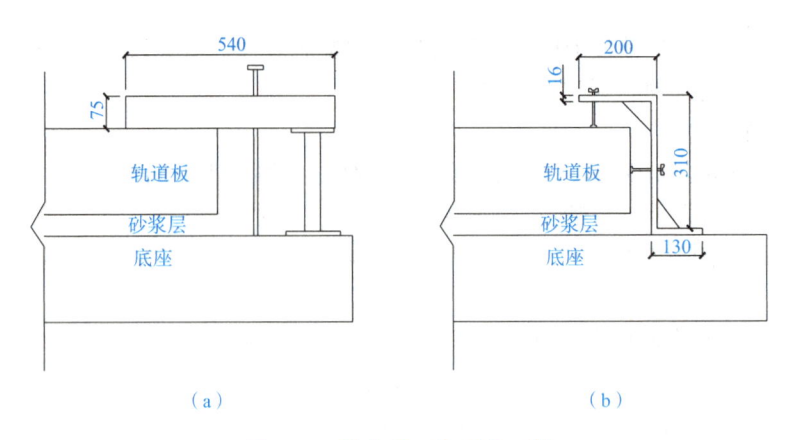

图 4-39　防上浮、防侧移工装

(a)防上浮侧面图；(b)防侧滑侧面图

⑪CA 砂浆拌制。

a. 砂浆原材料进场应按相关规定检验，合格后方可使用。

b. 无砟轨道施工前，应建立具有相应资质的试验室，在试验室根据水泥乳化沥青砂浆原材料特性、气候条件、施工组织及工艺要求等影响因素，反复进行配合比试验，直至砂浆性能指标满足技术条件要求，确定砂浆基本配合比。

c. 在进行水泥乳化沥青砂浆灌注前，还应在基本配合比的基础上，根据砂浆拌制设备性能、现场施工气温条件、原材料含水率等指标，进行配合比放大试验，对基本配合比进行修正，确定施工配合比。加入材料的顺序为乳化沥青→P 乳液→水→消泡剂→干料（水泥→砂→铝粉→膨胀剂）→引气剂。搅拌完毕后应及时转入中转仓。CA 砂浆现场配制时，应根据原材料及环境温度进行现场试验，确定适宜的搅拌速度与时间。CA 砂浆配制与施工的环境温度范围为 5～35 ℃，施工自身温度为 5～40 ℃。

⑫砂浆质量管理。

a. 充填层厚度：40～100 mm，最佳值为 40～60 mm。

b. 充填饱满度：灌注袋 U 形边切线与轨道板平齐，误差不超过±10 mm。

c. 轨道板边缘与填充层间隙最大深度不超出 50 mm。

d. 尽量避免在雨天灌注，施工过程中若遇降雨，应采取遮雨措施。

e. 每块轨道板下面的砂浆应一次灌注完成，曲线地段，砂浆由低向高的方向进行灌注。

f. 施工环境温度应为 5～35 ℃，砂浆自身温度应为 5～40 ℃。当天最低气温低于−5 ℃时，全天不得进行砂浆灌注。

g. CA 砂浆的养生。一般环境温度下 CA 砂浆采用自然养生，当日最低气温低于 0 ℃时，应采取相应保温措施覆盖养护。当 CA 砂浆强度达到 0.1 MPa(约 24 h)时，会发生收缩现象，为适应这种情形和防止轨道板与砂浆填充层之间产生间隙，必须拆除支撑螺栓，使轨道板与砂浆充分受力接触。CA 砂浆抗压强度至少达到 0.7 MPa(约 7 天)后，方可在轨道板上承重。轨道板支撑螺栓使用前必须涂润滑油，以便其在 CA 砂浆硬化后取出。轨道板支撑螺栓必须逆时针方向拧出，严禁顺时针方向操作，防止轨道板顶起。

h. 灌注口的密封。待砂浆凝固后，用刀具切断灌注口，并用小型燃烧器将保护薄膜（封补灌注袋的苫布)及金属刮刀全面加温后粘贴。粘贴封补灌注袋的苫布时，为了避免产生空隙，要对其进行加热，并用金属刮刀涂抹，使灌注袋和砂浆融为一体。

⑬凸台与板间间隙清理。

a. 清理凸台的灌注部位，露出混凝土底座，将灌注部位的垃圾、尘土、浮浆、水等异物清扫干净。

b. 灌注前测量凸形挡台与轨道板之间的间隔缝，不得小于 30 mm，否则进行处理。

c. 选择相应型号的灌注袋，将泡沫聚乙烯塞入灌注袋底部衬孔，将灌注袋塞入凸台填充部位，并将灌注袋底部的泡沫压实。

d. 在轨道板半圆形缺口侧面和凸形挡台侧面满涂胶粘剂。

e. 用手拉紧灌注袋两边的侧面，使其完全展开铺平至结合部位，将袋子的两侧面分别与轨道板和凸形挡台的混凝土黏结、压实，避免灌注袋出现褶皱。

f. 擦去灌注区内的水分、油类物质，保证施工面干燥、清洁，并对轨道板端采取防污染防护。

3)树脂制备。采用开罐器将 A 组分的桶盖去掉，上下、左右充分搅拌，将桶底的沉淀物全部搅起，尤其注意桶底边角的沉淀。将 A 组分和 B 组分按照配比要求倒入搅拌桶，采用专用搅拌设备上下、左右充分搅拌。搅拌过程中要尽量避免空气混入液体。搅拌好的混合液分装到灌注容器内，由灌注容器进行灌注施工。

4)树脂灌注。

①安装模板，铺设轨道板前，在凸台周围与轨道板下面之间设置树脂防泄漏的发泡聚乙烯、海绵材料、发泡聚乙烯(侧面用)凸形挡台树脂填充层。在侧面用的发泡聚乙烯模板上粘贴脱模纸带，使树脂固化后不至粘贴在模板上。

②灌注应符合表 4-11 要求。

表 4-11　灌注要求

序号	检查项目	质量要求
1	灌注高度	低于轨道板顶面 5～10 mm
2	轨道板与凸形挡台间距	不小于 30 mm，且不大于 50 mm

③搅拌后的树脂材料必须在混合后 20 min 内注入。一个凸形挡台周围填充树脂必须一次性灌注完成。

④采用人工或平板车的形式将灌注容器移至灌注地点，向灌注袋内灌注树脂。

⑤树脂材料注入过程中，为使凸台及周围轨道板不受树脂污染，应采用塑料毡布覆盖。灌注过程中严禁掉入杂物及带入水分。

⑥灌注过程中随时检查模型情况，防止泄漏。凸形挡台周围树脂灌注自轨道板底开始，灌注至轨道板倒角下端位置时停止灌注。

⑦施工作业中断时，应及时对搅拌器、灌注容器等用稀释剂清洗，废罐及废液应作为工业废弃物进行处理，以免污染环境。

⑧曲线超高地段，树脂宜一次灌注到位。特殊情况下需进行二次灌注或多次灌注时，最好在上次树脂未固化前进行。已固化的树脂可采用插入螺钉(长度 40 mm，以 10 mm 间隔插

入 25 mm 以上为宜)或打磨的方式(用研磨机等对表面进行全面打磨)增加粘结力。

5)清理检查。凸台树脂施工完毕后,若遇到恶劣天气,应对树脂部分采取封盖等防护措施,防止雨水或杂物落入树脂。室外温度在 20 ℃ 以上时,6~7 h 后可拆模,脱模后,被树脂脏污的处所要用稀释剂擦净,固化部分用刀具割掉,并清扫干净。灌注完成的 6 h 后拆除模板。检查灌注情况及灌注质量。

6)质量要求。

①底座外形尺寸应符合《客运专线无砟轨道铁路工程施工质量验收暂行标准》(铁建设〔2007〕85 号)第 8.2.18 条。

②凸台外形尺寸允许偏差应符合《客运专线无砟轨道铁路工程施工质量验收暂行标准》第 8.2.19 条。

③轨道板外观质量应符合《客运专线铁路 CRTS Ⅰ 型板式无砟轨道混凝土轨道板暂行技术条件》第 3.5.1 条。

④轨道板交接时应检查轨道板外观质量、外形尺寸,其外形尺寸偏差及外观质量应符合《客运专线铁路 CRTS Ⅰ 型板式无砟轨道混凝土轨道板暂行技术条件》(科技基〔2008〕74 号)的有关规定。

⑤水泥乳化沥青砂浆原材料、技术性能应符合《客运专线铁路 CRTS Ⅰ 型板式无砟轨道水泥乳化沥青砂浆暂行技术条件》(科技基〔2008〕74 号)规定。

⑥CA 砂浆每罐拌制完成后,抽取一定量的砂浆,参照《客运专线铁路 CRTS Ⅰ 型板无砟轨道水泥乳化沥青砂浆暂行技术条件》(科技基〔2008〕74 号),检测拌合的温度、流动度和含气量。检测合格后再进行灌注。灌注时,应制作试件检查砂浆泛浆率、膨胀率、离度、抗压强度,其性能指标及检验方法应符合《客运专线铁路 CRTS Ⅰ 型板无砟轨道水泥乳化沥青砂浆暂行技术条件》(科技基〔2008〕74 号)的要求。

⑦CA 砂浆灌注是无砟轨道施工的重要环节,需要保证在合适的空间内将 CA 砂浆灌满轨道板下部,要严格控制 CA 砂浆的配合比和灌注速度,以及搅拌和输送的技术要求。防止灌浆的速度和压力等原因使经过精调后的轨道板发生位移。

任务二　CRTS Ⅱ 型板式无砟轨道施工

一、CRTS Ⅱ 型轨道板预制

轨道板制造工艺流程,详见轨道板制造工艺流程(图 4-40)。

1. 模具的检测与调整

详见 CRTS Ⅰ 型轨道板预制。

2. 预应力钢丝及钢筋网片制作、安装

(1)钢筋及绝缘组成。轨道板内钢筋由 φ10 mm、φ5 mm 预应力钢丝及上下两层钢筋网片组成。钢筋间纵横节点处通过环氧树脂涂层材料和热缩套管进行隔离,实现钢筋间绝缘。

图 4-40 轨道板制作工艺流程

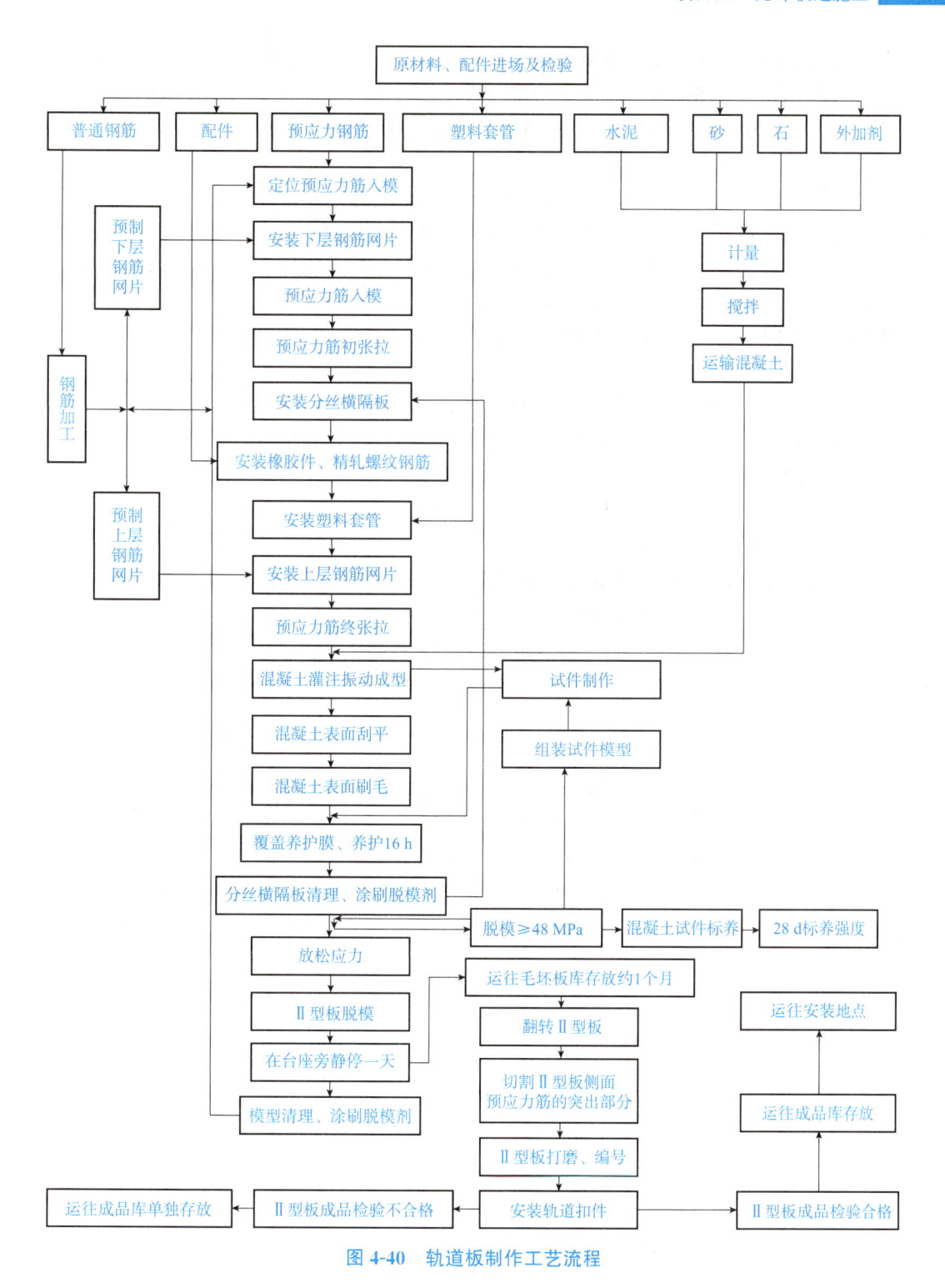

(2)预应力钢丝加工。每块轨道板共 60 根 φ10 mm 预应力钢丝、6 根 φ5 mm 预应力钢丝、φ5 mm 预应力钢丝用于定位下层钢筋网片高度。切断预应力钢丝时，先用 16 t 天车将整

盘钢丝吊放到特制绞车里,去掉捆扎铁片,桥式起重机配合人工将钢丝头从绞车中抽出(长度应稍大于绞车至预应力钢丝推送器之间的距离),装入推送器的推送槽,开启电源,推送装置及切割机将按既定长度自动下料,并将成品置于推送装置的一侧。钢丝切割长度误差控制在±14 mm。

在预应力钢丝运送到安装工位以前,检查所有预应力钢丝,确认无外观缺陷(如锈蚀、裂痕、机械损害等)后,人工配合2台16 t桥式起重机,将预应力钢丝吊送到安装台座。

(3)钢筋网片加工。钢筋加工车间内安装有6个热缩管安装台,负责热缩管的定位安装;安装有4个下层钢筋网片加工胎具,用于下层钢筋网片安装和接地装置焊接;安装有6个上层钢筋网片加工胎具,用于上层钢筋网片及纵向连接精轧螺纹钢安装。

1)热缩管安装。

热缩管安装在专用胎具上进行。将定长的Φ20 mm钢筋抬放到加工胎具上,然后将热缩套管套在螺纹钢筋上,并调整到设计位置,用喷火枪开始热缩加工。

燃气喷火枪点火后,沿套管上下反复、快速移动,此时热缩管将收缩套紧,当热缩管处能看到钢筋螺纹时,停止喷火。喷火时,枪口与热缩管保持10~15 cm距离,防止热力过于集中,使绝缘性能降低或消失。

2)接地装置加工。接地装置在加工下层钢筋网片的胎具上进行,其中接地端子由指定厂家定型加工,接地扁钢在车间下料成型。

(4)钢筋入模安装。钢筋网片入模安装按照预应力钢丝入槽→下层钢筋网片安放→预应力钢丝入模→初张拉(20%)→纵向隔模安装→终张拉(100%)→上层钢筋网片安装的顺序进行。

3. 预应力钢丝张拉及放张

预应力张拉与放张操作采用PC控制装置控制,实现同步张拉放张。每套张拉装置由4个液压油缸、1台有两个控制箱的PC控制装置驱动、2个张拉横梁组成。各油缸里均内置1个PC控制装置反馈活塞位置的位移测量系统和传输实际张拉力的压力传感器。

(1)预应力张拉控制工艺。张拉时,安装在台座两端各两个千斤顶同时将两个锚固有预应力钢丝的张拉横梁向外推开,在张拉过程中,PC控制装置上将显示每个千斤顶的活塞位移量、张拉力值。

1)初张拉。启动自动张拉系统,将预应力钢丝张拉至设计值的约20%,用环形螺母锁紧。安装中间隔模后进行终张拉。

2)终张拉。将预应力钢丝从设计值的20%张拉至100%,用环形螺母锁紧锚固,自动张拉系统回油、卸载。张拉过程中,千斤顶活塞伸长值的偏差允许值:同端千斤顶的不大于2 mm,异端千斤顶的不大于4 mm。

在张拉过程中,台座上4个千斤顶的活塞位移量、张拉力值自动存储在PC控制装置内,PC控制装置将对这些数值进行计算处理,得出预应力钢丝总张拉力、伸长值及伸长值与设计值的偏差,允许偏差不大于5%。

(2)预应力钢丝放张、切割。当轨道板混凝土经过养护,同温水池试块经试验室检测强度达48 MPa以上时,开始放张预应力。放张时先接通设备,将钢丝"过度"张拉(该过程为自动控制)到可以松开环形螺母的时候为止,然后取出支撑板,油缸回缩,回缩的过程要慢

(全过程控制在 40~60 s)，以便逐渐减低张力，防止卸力太快对轨道板和模具造成损伤。当端头预应力钢丝切断后，手动回油使张拉油缸回到初始位置。

预应力钢丝采用特制的切割小车进行切割，为避免粉尘散入空气影响人体健康，切割小车配有专用工业吸尘器。切割顺序如下：第一个切口安排在张拉台座的中间；第二个切口在张拉台座的 3/4 处；第三个切口在台座的 1/4 处。之后，根据出板顺序逐个切割轨道板间预应力钢丝。

4. 轨道板混凝土浇筑及养护

混凝土使用布料机布料入模，布料机可均匀布料。混凝土采用附着式振捣器捣固，附着式振捣器安装在模具下方。混凝土浇筑前模板温度控制在 10~30 ℃。混凝土入模温度控制在 5~30 ℃。

(1)混凝土拌合。

配置混凝土的各种原材料、混凝土配合比设计均须符合《客运专线铁路 CRTS Ⅱ 型板式无砟轨道混凝土轨道板(有挡肩)暂行技术条件》(科技基〔2008〕173 号)主要工程材料技术要求部分的有关规定，否则禁止使用。

混凝土拌合站必须进行计量标定，否则不能用于混凝土拌合。除计量标定外，正常情况下，混凝土配料的计量设备应每月用标准砝码自行校正一次。

搅拌机计算机能根据砂石料含水率自动将混凝土理论配合比换算成施工配合比，并计算每盘材料用量。

砂石料含水率由试验室检测并书面通知混凝土拌合班组。

搅拌机启动后先空转 3 min，运转正常后再下料搅拌，不能带负荷启动或超量搅拌。

下料顺序：砂→碎石→水泥→掺合料→水→外加剂，搅拌时间不少于 90 s。

冬期生产时，采取搭棚保温、给水加热等措施，保证混凝土的入模温度不低于 5 ℃。

材料计量误差(按质量记)：水泥、掺合料水及减水剂的计量误差不超过±1%；碎石及砂子的计量误差不超过±2%。

灌注混凝土时，试验人员应在模具旁边检测混凝土的坍落度，发现异常，及时查找原因并纠正，每台班坍落度检测不少于 2 次。

(2)混凝土运输。混凝土运输采取电瓶车和桥式起重机联合作业方式，其工作流程如下：

1)混凝土电瓶车行驶到拌合站，并使承接混凝土的吊斗处于出料口下方。

2)打开搅拌机出料闸门，使混凝土通过溜槽泻落到吊斗，直到装满(需要两罐料)。

3)开动电瓶车，将混凝土运送到车间内起重机作业范围以内。

4)将桥式起重机开到到混凝土电瓶车上方，将空吊斗放到电瓶车上，并将吊钩挂到装满混凝土的吊斗上。

5)将挂着混凝土运输罐的起重机运行到布料机上方，打开运输罐闸门，将混凝土倾卸到布料机的临时储料斗中，混凝土运输作业完成。

混凝土运输过程中，要注意各环节的衔接，使混凝土在基本稳定的时间内运送到灌注工位，确保注入模具内的混凝土坍落度基本一致。一般情况下，混凝土运输到灌注地点的时间不要大于 15 min。

(3)灌注混凝土。混凝土使用布料机摊铺、附着式振捣器振捣，具体如下：

1)机械准备。将布料机运行到灌注混凝土的模具上方;双梁桥式起重机、拌合站、电瓶车、料斗等开始运行并检查。

2)拌合好的混凝土卸入储料罐,再由桥式起重机吊运至布料机,卸入布料斗,桥式起重机离开后,操作人员开启排料阀门,同时横向走行布料斗,将混凝土均匀倒入模具。注意根据实际情况选择混凝土输出速度。

3)混凝土分两次布料。第一次从一端布料到另一端,均匀注入75%~80%的混凝土;布料机返回进行第二次布料,将全部混凝土均匀注入模中。如经过捣实后发现混凝土太少,再进行补料。

4)第一次布料完成时,启动模具下的附着式振动器,将混凝土振捣密实。是否密实以混凝土表面泛浆、无气泡或少量气泡冒出为准。在第二次布料后,对于布料过程中不均匀的地方,通过人工作业辅助完成混凝土的均匀布料。

5)整块轨道板布料并振捣密实后,放下整平板并启动整平板振动器,同时向前运行布料机,将混凝土表面刮平,并把多余混凝土刮到相邻模具内。

6)拉毛结束后,及时将调高钢板压入混凝土,其位置和深度符合设计要求。

7)重复以上作业,直至整个台座的27块板混凝土灌注完毕。

(4)灌注混凝土的质量标准。脱模后,混凝土表面水泡、气泡、破损深度≤5 mm,水泡、气泡、破损面≤50 cm^2,无蜂窝现象。生产线混凝土的灌注顺序为由北向南。灌注混凝土过程应形成记录。

(5)拉毛。用自行式拉毛机作业,拉毛机用门架式走形机构驱动,其行驶速度为15~30 m/min。在混凝土刮平后,间隔20~30 min进行拉毛作业,拉毛作业程序为:将拉毛机移动到模具的纵向挡板上;降下拉毛机,使毛刷与混凝土面接触;移动门架式走行机构对混凝土表面进行拉毛;作业完成后,升起拉毛机,应在板面上沿横向形成1 mm深的纹路。

(6)混凝土养护。

1)轨道板浇筑完毕混凝土初凝后起出侧模,及时在混凝土表面覆盖帆布养护。帆布放在专用托盘上,用多功能车运送到现场。

2)浇筑最后一块轨道板时,制作两组同条件养护试件。一组标准养护试件,同条件养护试件放到水箱中,水箱中的水温在温控装置控制下与轨道板芯部温度保持一致。在混凝土灌注完成后约16 h,同条件试件强度达到48 MPa以上时,方可撤掉帆布,进行预应力放张,切割预应力钢丝,进行轨道板脱模作业。

3)轨道板脱模后放置到模板池一侧的临时存板台上,每垛3块,静放24 h,降温后用电瓶车运至存板场。堆放到存板场后,进行自然养护。

5. 轨道板脱模、存放、运输作业

(1)毛坯板脱模。毛坯板脱模采取桥式起重机配合真空吊具,压缩空气辅助的方法进行。脱模时,运行双梁桥式起重机至真空吊具放置地点,将吊钩与真空吊具挂好后,运行起重机至脱模地点,用桥式起重机将真空吊具横梁轻放到出模毛坯板上,其4个吸盘自然落在毛坯板上,4条支腿落在模具边沿的支杆处;开启液压油缸,将油缸以低压力伸出,使真空吊具横梁自行校平;控制油缸到较高压力,以制造真空,使吸盘牢固地吸在毛坯板上,待4块吸盘的指示灯变为绿灯时,方可开始脱模作业。

1)脱模作业。脱模作业需要设置在模具下面的压缩空气装置配合。打开压缩空气阀门,同时启动油缸提升功能,待将毛坯板提出模具约 30 cm 距离后,脱模作业完成。

2)移板作业。桥式起重机将毛坯板提升至一定高度后,人工辅助将毛坯板沿水平面旋转 90°,再运行桥式起重机到临时存板台上方,调整毛坯板位置,在人工辅助下,将毛坯板放到存板台上,经检查位置无误后,方可解除真空,移走吊具,开始下一循环作业。毛坯板在临时存板台上放 3 层,层间用 4 块方木支撑,支撑的位置在毛坯板的第 2 和第 8 个预裂缝处。

(2)毛坯板在存板场的存放。毛坯板在车间存放 24 h 后,即可运到车间外堆放。毛坯板运输采用电瓶车,电瓶车载重量为 30 t,一次可顶起 3 块毛坯板并运到车间外。

1)电瓶车就位。开动电瓶车到临时存板台位,通过前进后退装置,使 4 个液压油缸与存板台柱对齐。

2)顶板作业。开启液压装置到终端位置,将毛坯板顶起到高出存板台支柱约 6 cm。液压系统的起升力可达 300 kN,油缸行程 120 mm。

3)中间堆放。将毛坯板运输到车间外中间堆放台座处,油缸回油,将毛坯板落在中间堆放台上,并进行局部钢筋的切割,保证抓钩式吊梁能够顺利放在毛坯板上。

4)吊梁准备。用龙门式起重机吊起抓钩式吊梁,移动到中间存板台后,落下并将吊梁放到毛坯板上。放到毛坯板上的吊梁,其 4 个卡钩距轨道板边缘的距离应相同。

5)锁紧吊钩。人工拉动吊梁上的链锁,使吊钩处于锁紧状态。

6)摆放垫木。人工将 4 块垫木设计位置精确摆放在存板台上。垫木外形尺寸为 150 mm×150 mm×120 mm,高度误差为±2 mm。

7)存放毛坯板。用龙门式起重机吊起毛坯板,运输到摆好的垫木处,慢慢落下轨道板。落好轨道板后,松开吊梁的锁紧装置,继续下一个工作循环。

(3)成品板在存板场的存放。安装好扣件的成品板,通过横移小车从托架线转送到出板线。横移小车在正常情况下以自动工作方式运行,但也可以人工操作运行。两者之间的切换方式:按下相应按键,进入手工控制状态,松开按键,小车运行即恢复为自动状态。横向运输小车的提升力为 100 kN,油缸行程 200 mm,走行速度 10 m/min。自动状态下,成品板横移的工作过程如下:

1)成品板的横移。

①成品板输送到托架线横移工位后,手动控制横移小车运行到移板工位。

②手动开启液压油缸,将成品板顶起。

③运行横移小车,将成品板运送到出板线中间台位后,落下油缸,将轨道板放到台柱上。

2)成品板的运输。

①将电瓶车移动到出板线中间台位下,4 个油缸与 4 个台柱在一条线上。

②启动油缸,顶起油缸至最高伸出量。

③开动电瓶车,将成品板运输到车间外的临时存放台,落下成品板,龙门式起重机将成品板吊放到存放位置,完成成品板的运输堆放。电瓶车继续下一个循环作业。

3)成品板的堆放。成品板的出板、堆放作业方法与毛坯板相同。成品板堆放每垛最多 9 块,成品板间垫木采用尺寸为 175 mm×175 mm×200 mm 的硬质木块,高度误差为±2 mm。成品板堆放到台座上后，要及时记录，记录的内容包括轨道板的编号、打磨日期、预制日期、模具号、质量情况等。

6. 轨道板打磨

（1）翻转轨道板。翻转轨道板主要由特制的翻转机完成，翻转机的提升力为 100 kN，其作业程序为：扶板人员配合龙门式起重机、抓钩式吊梁将毛坯板放到翻转机上，等扶板人员下来后启动翻转机液压装置，将毛坯板夹紧，并翻转180°。将翻转装置下降到轨道板靠近滚轮线位置后，解开翻转机锁紧装置，翻转机上升，等轨道板走行后翻转回原状。

（2）切割外露预应力钢丝。轨道板翻转后，按下滚轮托架线启动按钮，将轨道板运送到钢筋切割工位，用盘锯将轨道板两侧外露预应力钢丝切平，切割完成后轨道板继续前行至打磨室进料口外，等待打磨作业。

（3）打磨轨道板。轨道板打磨由打磨机完成，工作过程需要水、电、气及污水处理系统协同运行。正常情况下，每块轨道板打磨时间约 15 min。主要工作程序如下：

1）打磨过程。需要打磨轨道板时，开启进料口，提起限位挡块并启动滚轮线，将在打磨室进料口外等待的毛坯板，通过滚轮系统运至限位挡块处，即打磨机下的固定位置，并落下限位挡块。

2）固定轨道板。滚轮线将轨道板运送到打磨工位后，首先用设置在毛坯板下的 6 个油缸将毛坯板顶起并调平（压力调节），此时系统会自动调节各个点上不同的荷载分配，压力调平后，支撑油缸顶升并锁紧油缸。最后，侧面 6 个夹紧油缸分两组先后伸出，将轨道板夹紧，此时，完成了轨道板的固定工作，可以开始对毛坯板进行测量和磨削加工。

3）生成子程序。通过磨床内激光测量系统（或探针测量系统）测量轨道板承轨台的各个关键点，并依据线路设计数据计算出各个承轨台需要加工的量，自动生成加工毛坯板的打磨子程序。

4）打磨轨道板。根据打磨程序给出的打磨次数和打磨量，打磨机的两个磨轮对轨道板进行打磨。

5）质量检验。打磨完成后，系统将自动测量轨道板所有的承轨台，并与给定数据进行比较，合格后，系统将自动存储终端数据，否则修改一些设置，重新生成打磨程序进行打磨，直到打磨结果符合设计要求为止。

6）雕刻编号。轨道板打磨完成后，测量系统对轨道板打磨质量进行检测，检测合格后，自动生成雕刻程序将轨道板的布板编号雕刻在轨道板上。

7）清洗出板。雕刻编号完成后，机床上的冲洗装置自动冲洗轨道板。冲洗的过程中，夹紧油缸松开，将轨道板放到滚轮托架线上，打开打磨室的进出料口，启动滚轮控制按钮，将打磨好的轨道板运出，下一块毛坯板进入打磨室。在运出轨道板的过程中，打开出料口的吹气阀，吹干打磨好的成品板，然后一直运往扣件安装工位。

二、CRTS Ⅱ型轨道施工

CRTS Ⅱ型轨道施工主要施工工艺流程：桥面验收→防水层施工→两布一膜滑动层→铺设硬塑料泡沫板→安装后浇带连接器→安装底座板钢筋→安装底座板模板→底座板混凝土浇筑→后浇带混凝土浇筑→轨道板初铺→轨道板精调→封边及砂浆灌注→轨道板张拉连接→侧向挡块施工→轨道板与底座板的剪切连接→长轨焊接锁定→轨道静态调整。

1. 桥梁防水层施工

桥梁梁面验收合格后，进行防水层施工。防水层施工主要包括抛丸、底涂及腻子施工、喷涂聚脲防水涂料、聚氨酯面层施工。

(1)抛丸。防水层喷涂前，须对梁面进行抛丸处理。抛丸即指通过机械的方法把丸料(钢丸)以很高的速度和一定的角度抛射到工作表面上，让丸料冲击工作表面，然后在机器内部通过配套的吸尘器的气流清洗作用，将丸料和清理下来的杂质分别回收，并且使丸料可以再次利用的技术。机器配有除尘器，提供内部负压以及分离气流，并做到无尘、无污染施工。抛丸处理后完全去除浮浆和起砂，有效创面大于95%；粗糙度符合SP3~SP4要求，如图4-41所示。

图 4-41 抛丸施工图

(a)SP2 研磨；(b)SP3 轻度抛丸；(c)SP4 中度抛丸；(d)SP5 轻度铣刨

Ⅱ型无砟轨道施工流程

(2)底涂及腻子。

1)施工前要对梁面进行清理，要确保梁面清洁、无灰尘，环境温度不得低于5℃，梁面要干燥，含水率不大于7%，在底涂施工前要检测梁面含水率，采用1 m²的塑料薄膜铺在梁面，四周用胶带封闭，3~4 h后掀开塑料薄膜，薄膜无水珠，梁面颜色未变深，此时梁面含水率较低，方可进行底涂施工。底涂施工前先弹墨线标记底座板两侧边线，施工时底座板两侧应宽出20 cm，作为底座板与底座板及底座板与防撞墙之间防水层时的搭接宽度，底涂采用辊筒满涂，在气孔比较密集的地方多涂几道，确保底涂渗入气孔，将气孔完全封闭，施工完成后严禁人员踩踏，防止污染，表面干燥后才可进行腻子施工。

2)底涂施工后小的气孔基本封闭，但是梁面仍存在一些比较大的孔洞，需要人工有针对性地使用腻子进行修补，修补完毕后，再采用刮刀满刮腻子，要反复刮涂腻子，厚度要均匀，通过底涂和腻子来消除梁面抛丸后的气孔、细微缺陷，增强防水层与梁面的粘结力，避免聚脲防水层施工后出现针眼或气泡(图4-42)。

图 4-42 底涂和腻子
(a)手工辊涂；(b)满刮施工

（3）喷涂聚脲防水涂料。聚脲防水涂料适合于干燥、温暖环境中的施工，施工时温度为 5～35 ℃，相对湿度宜在 75% 以下。在喷涂聚脲前要测量空气温度与湿度，要确保基层温度大于露点温度 3 ℃，否则不能进行聚脲喷涂施工，避免温度升高后防水层起鼓（在一定环境湿度状态下，在某一温度会产生结露现象，该温度即为露点温度，无论在哪一个基层施工，都应该在基层温度高于露点温度 3 ℃时进行，而且在涂层固化过程中，这一条件要保持）。

1）施工前要做好充分的准备工作：一是检查设备工作是否正常，如空压机、干燥器及喷涂主机加热系统是否正常工作，输出气管与主机连接是否正常；二是检查无喷涂部位遮挡及施工人员安全防护用品佩戴，施工前要对剪力齿槽、侧向挡块、防护墙等部位进行遮挡防护，施工时施工人员必须穿工作服、佩戴眼镜、手套、防毒面具等劳保用品并保证施工环境通风良好；三是喷涂设备主加热器加热，施工前主加热器需加热到 60～70 ℃，压力 3 000 PSI（约 20 MPa），如果喷涂设备发生调整，需要根据不同的喷涂设备、不同的喷枪流量及施工现场环境进行调节并试喷，选择最佳作业温度和压力，保持压力平衡，压力偏差过大会导致涂层理化性能下降、起泡、不固化等；四是正式喷涂前需进行试喷作业，根据观察试喷情况调整温度及压力值，达到最佳效果再进行喷涂作业。

2）喷涂施工。喷涂以机械喷涂为主、人工喷涂为辅，对机械喷涂不能达到的特殊部位进行人工喷涂，即梁面底座板以下(梁端 1.45 m 范围除外)采用机械喷涂，梁端 1.45 m 范围、六面坡范围采用人工喷涂。

①采用人工喷涂时应事先在梁面上画出各喷涂区域的边线，分两层进行，两层间隔不宜超过 2 h；采用机械喷涂时，进行两遍喷涂，第一遍喷涂厚度 0.7 mm，喷涂机速度 2.2 m/min，第二遍喷涂速度 1.3 m/min，第一遍与第二遍间隔时间 2 h。

②防护墙的根部应先使用角磨砂轮机打磨混凝土表面，进行平整度处理，清除浮浆和毛边，喷涂防水层后应保证根部封边质量，必要时辅以手工涂刷；泄水孔内刷涂底涂约 10 cm 深，然后手工向孔内壁喷涂聚脲防水材料。

③桥面喷涂聚脲防水层两次施工间隔在 6 h 以上，需要搭接连接成一体的部位，第一次施工应预留出 15～20 cm 的操作面同后续防水层进行可靠的搭接。

④施工后续防水层前，应对已施工的防水层边缘 20 cm 宽度内的涂层表面进行清洁处

理,保证原有防水层表面清洁、干燥、无油污及其他污染物。

⑤对原有防水层表面 15 cm 范围内做打磨处理,采用专用胶粘剂处理。

(4)聚氨酯面层施工。聚氨酯面层宜在聚脲防水层施工完毕后 6 h 内完成,保证面层和聚脲防水层之间良好的黏结;聚氨酯面层施工前,应对相应区域聚脲防水层表面进行清洁处理,保证聚脲防水层表面干燥、无灰尘、油污和其他污染物;与聚脲防水层施工间隔时间超出规定时,应采用专用搭接胶粘剂做预处理或现场做黏结拉拔试验后确定;脂肪族聚氨酯面层施工可采用辊涂,边角沟槽辅以刷涂施工。

防水层施工经常碰到的质量问题:一是抗拔力可能达不到 2.5 MPa,二是出现针眼、气孔、空鼓等现象,这些质量通病需要采取措施处理(图 4-43)。

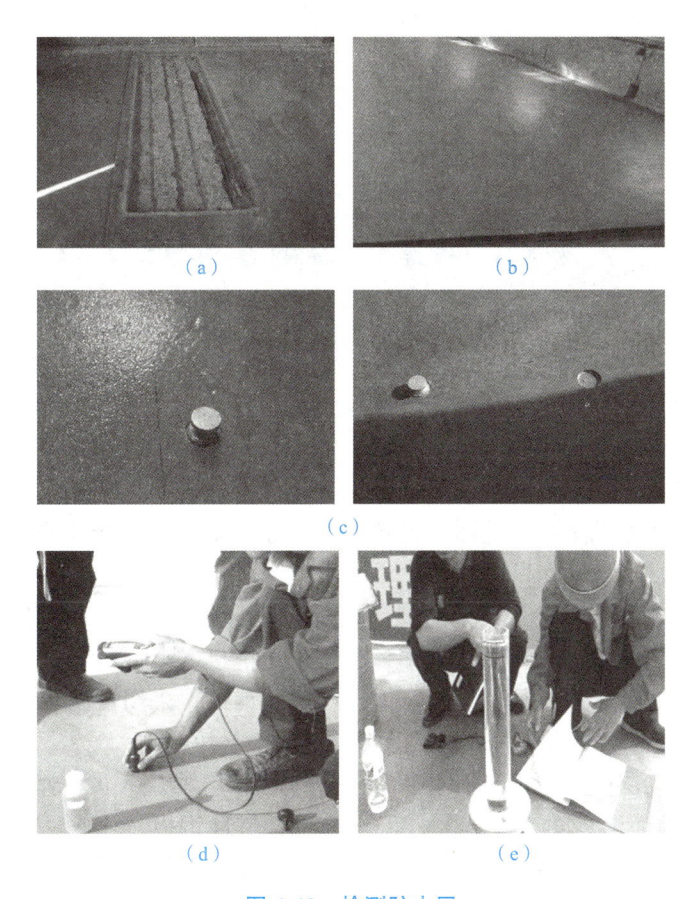

图 4-43 检测防水层

(a)剪力齿槽遮挡;(b)防水层施工效果;(c)拉拔测试示意;(d)厚度检测;(e)透水性检测

2. 滑动层施工和硬泡沫板施工

滑动层自下至上由土工布+塑料薄膜+土工布组成,简称为"两布一膜"。每孔箱梁上滑动层的铺设范围为桥梁固定端的剪力齿槽边缘至桥梁活动端,在梁缝处配合硬泡沫塑料板的安装局部调整滑动层的铺设,梁缝处底层土工布切断。滑动层铺设前,应对桥面进行彻底清理,特别是对油污等污染应特别清理,确保桥面清洁。

(1)硬泡沫塑料板设于桥梁接缝处,硬泡沫塑料板规格尺寸按桥面拼接需要确定,硬泡沫塑料板的拼接应满足相关要求(图 4-44)。

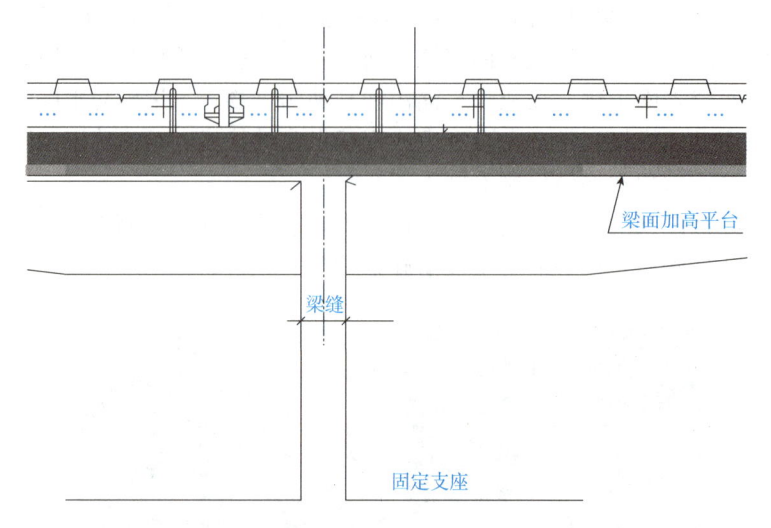

图 4-44　滑动层施工和硬泡沫塑料板施工

(2)滑动层铺设时,应根据桥面上测量标记点确定滑动层铺设位置并弹出墨线,依此控制滑动层铺设。铺设宽度应为 3.05 m,保证其宽出底座板每侧 5 cm(底座板施工完成后切除宽出部分),确保底座板模板与桥面间保持密封状态。

(3)土工布应连续整块铺设,非特殊情况(如小半径曲线段)下,土工布不宜采取搭接(或对接)方式,如果必须连接,底层土工布只能采用对接方式连接,对接时在接缝两侧分别涂刷 30 cm 宽的粘结胶带(横桥向)进行黏结。胶粘剂涂刷与土工布铺设工序间应紧密相连。

(4)聚乙烯薄膜在第一层土工布上铺设。原则上应整块铺设。特殊情况下(如小半径曲线段)必须分块铺设时,其接缝采用热熔对接。禁止采用搭接(或对接)方式。

(5)第二层土工布铺于聚乙烯薄膜上,应连续整块铺设。采用自制 2 kg 左右的压辊进行滚压以增加胶粘剂与挤塑板的浸润性,然后布设混凝土垫块。

(6)铺设后的滑动层(包括分层铺设两布一膜滑动层时)禁止人员踩踏。滑动层铺设完毕在梁缝处滑动层顶面铺设宽度 20 cm、长 2.95 m 的镀锌薄钢板。

(7)按照放线结果,沿底座板横宽方向精确弹出三道底胶的涂刷范围,滑动层(两布一膜)及胶粘剂的规格、材质、性能指标应符合设计要求及相关技术条件规定,每道 30 cm 宽,然后进行两布一膜的铺设,如图 4-45 所示。

质量控制要点如下:
1)两布一膜产品质量符合技术条件的要求。
2)桥面必须保证清洁,无影响滑动凸出桥面的尖刺等。
3)必须保证底层膜与桥面黏结牢固,两布一膜平整,无皱褶。
4)相对底座板边缘不容许有缩进。

图 4-45　两布一膜铺设

3. 底座板施工

(1)组成。

1)临时端刺：在长大桥梁无砟轨道施工中，须将底座分成若干区段。为提供底座张拉所需反力，在每个常规区两端需设置两段底座，长度 800 m，并依靠这两段底座与桥梁间的摩擦力来提供底座张拉所需反力。因其功能与端刺相仿，且在后续施工中被消除，故称此为临时端刺。临时端刺分 5 段，两个 220 m 段（LP_1 及 LP_2）、两个 130 m 段（LP_4 及 LP_5）、一个 100 m 段（LP_3），共设 J_1、J_2、J_3、J_4 个 BL_1 后浇带，并在每孔梁上设置齿槽后浇带。

2)常规区：一次张拉锁定并浇筑完成的底座区域，位于两临时端刺之间。

3)BL_1 后浇带：钢板连接器后浇带，供底座连接或张拉之用，宽度 50 cm。设置 BL_1 后浇带的主要目的是避免浇筑混凝土时混凝土水化热产生的强制力传到桥梁上去。BL_1 后浇带一般布置在跨中。

4)BL₂后浇带：剪力齿槽后浇带，宽度约678 mm其主要作用是避免底座与桥梁间通过剪力齿槽进行力的传递。

5)混凝土浇筑段：两BL₁间的混凝土段落。

6)侧向挡块结构：侧向挡块沿线路方向长800 mm；垂直与线路方向上宽下窄，其中不受底座偏移影响的侧向挡块上宽590 mm，下宽400 mm；高度随轨道高度的不同而变化；顶面自轨道板上边缘向线路外侧成2%的排水坡。侧向挡块混凝土采用C35，采用HRB400级钢筋。限位板为两块钢板夹一层橡胶板结构。其中，与底座接触的钢板应选用不锈钢材质，厚度2 mm；与侧向挡块接触的钢板可采用热镀锌(镀锌层厚不小于60 μm)钢板，厚5 mm；橡胶板厚度为11 mm。侧向挡块与轨道板、底座相接的非限位板区域填以硬泡沫材料，厚度分别是20 mm和10 mm。

7)钢板连接器：钢板材质为Q345，厚40 mm。与钢板焊接的φ25 mm钢筋采用HRB500级，与钢板锚固的φ25 mm钢筋采用HRB500精轧螺纹钢筋，锚固螺母材质为Q345。

(2)底座板划分原则。

1)无砟轨道施工前应根据施工管段的具体情况进行底座板划分设计。划分设计方案依据总工期计划、桥面验收移交进展情况、施工管段划分及资源配置等因素确定。主要内容包括底座板施工单元段划分、临时端刺设置、常规区和后浇带位置确定，以及各灌注段先后施工顺序的确定。

2)底座板施工单元划分应统一筹划设计，每个施工单元至少1 880 m(780 m+320 m+780 m)，一般4～5 km为宜。桥梁底座板施工段划分如图4-46所示。

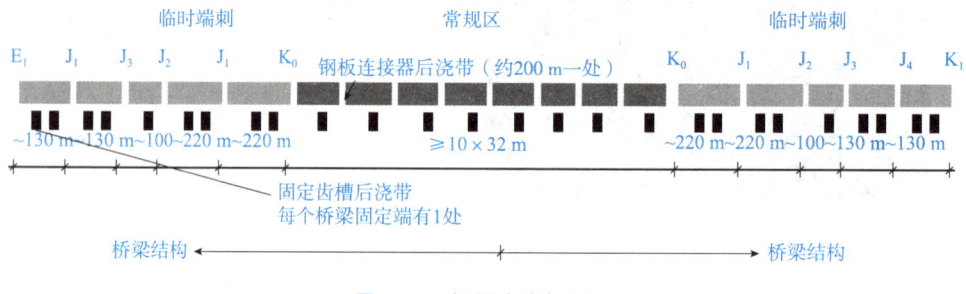

图4-46 桥梁底座板划分

3)施工单元要根据作业面布置情况事先统一规划，确定相邻作业面张拉顺序和分工责任：常规区两个相邻后浇带之间距离不大于150 m；临时端刺不能设置在连续梁上，且距连续梁至少两孔梁；左右线临时端刺布置要错开两孔梁；钢板连接器与剪力齿槽间距≤75 m；未与梁剪切连接的长度≤150 m；钢板连接器距高强挤塑板间距≥5 m。

4)施工单元划分完成后，一定要在桥梁上显著位置标识各后浇带位置、名称、类型，方便今后张拉时识别。

(3)施工内容。底座板施工内容包括钢筋加工安装、模板制作安装、混凝土浇筑、养护、连接。

1)钢筋的加工安装。钢筋可在场内预制，也可在桥上直接安装，如果工期紧张，建议在场内预制，吊装上桥(图4-47～图4-51)。

图 4-47　成型的钢筋网片　　　　　图 4-48　混凝土保护层

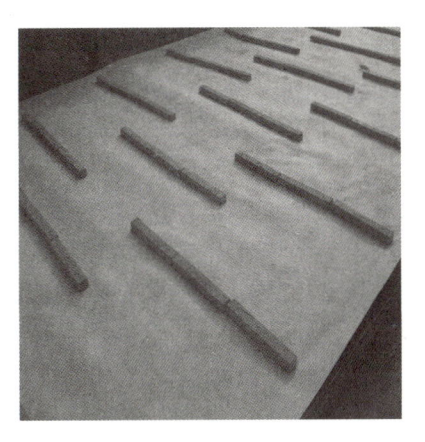

图 4-49　钢筋网片搭接区绑扎　　　图 4-50　钢筋网片就位、安装

钢筋网片集中存放

钢筋网片桥下存放

钢筋网片吊装上桥

钢筋网片吊装上桥

图 4-51　钢筋网片存放和吊装

①钢筋加工。钢筋半成品加工时，在加工场根据钢筋设计图纸，放出大样，根据加工大样进行钢筋半成品的加工。钢筋加工应严格按照施工大样及设计图纸。半成品加工好后，应分类放置，并经技术、质检检查合格后挂牌标识，并将其覆盖好，不得裸露，防止生锈(图 4-47)。

②钢筋安装。钢筋安装前，用墨线恢复底座板边沿线，钢筋的位置和混凝土保护层的厚度应符合设计要求。垫块采用大平面混凝土块(规格 4 cm×4 cm×24 cm，强度等级为底座混凝土同强度等级 C30 混凝土)，以防底板座钢筋铺设使滑动层过度受压而破损(图 4-48)。

③两块混凝土浇筑段间的连接区域(混凝土后浇带)。钢板连接器在桥下预制，安装时整体吊装上桥，在钢筋笼安装初期安放到位。连接器制作时，应采取有效措施保证钢板在焊接时不翘曲变形(图 4-52)。

(a)　　　　　　　　　　(b)

图 4-52　后浇带施工

(a)后浇带连接钢筋安装；(b)后浇带连接钢筋安装

2)模板制作安装。混凝土底座板模板采用槽钢及角钢组合可调式专用钢模，并满足普通地段和曲线超高地段的模板拼装需要，模板采用组合高度宜略低于底座板设计厚度(一般 20 mm 左右)，以适应线路曲线超高变坡和梁面平整度情况。

底座板模板的加固采用丝杆进行加固，在桥梁防护墙一侧，模型支顶在防护墙上；两线之间模型采用剪刀撑形式的支杆进行支顶。

任务三　CRTSⅢ型板式无砟轨道施工

一、CRTSⅢ型板式无砟轨道板预制

CRTSⅢ型板式无砟轨道板预制施工程序：钢筋加工、绑扎→模板清理及安装→安放钢筋及预埋件→混凝土浇筑→蒸汽养护→脱模→张拉→封锚→水养→存放运输→出场。

其工艺流程如图 4-53 所示。

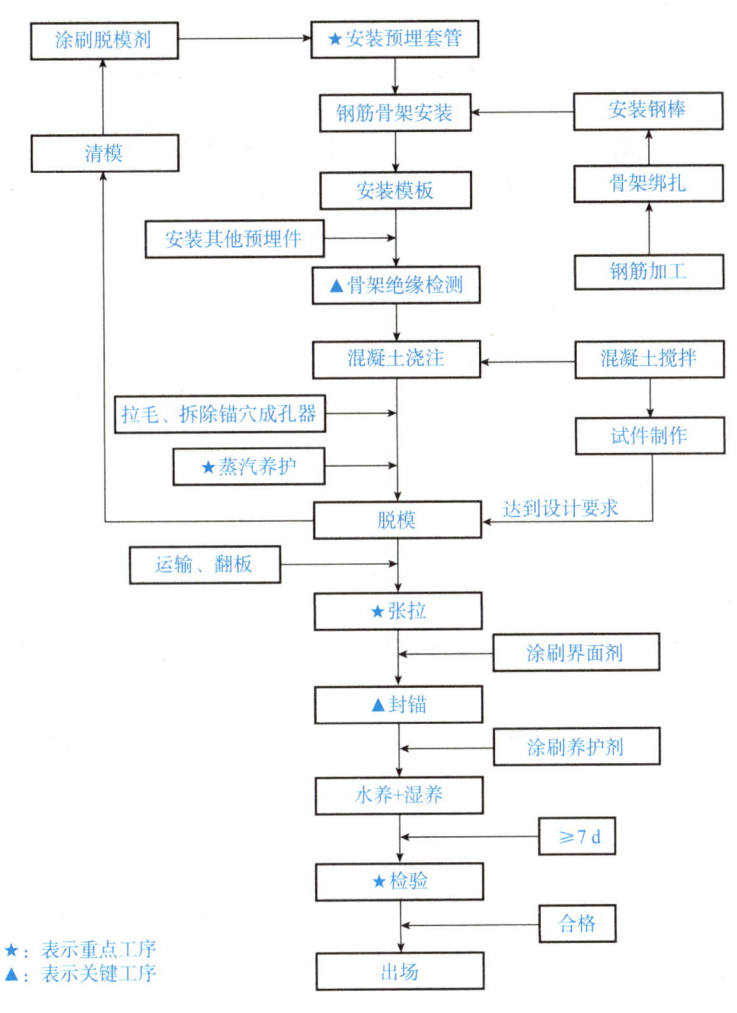

```
                涂刷脱模剂 ──→ ★安装预埋套管
                    ↑              ↓
                    │         钢筋骨架安装 ←── 安装钢棒
                  清模              ↓              ↑
                    ↑          安装模板         骨架绑扎
                    │              ↓              ↑
                    │   安装其他预埋件 →          钢筋加工
                    │              ↓
                    │         ▲骨架绝缘检测
                    │              ↓
                    │         混凝土浇注 ←── 混凝土搅拌
                    │              ↓              ↓
                    │   拉毛、拆除锚穴成孔器 →   试件制作
                    │         ★蒸汽养护
                    │              ↓
                    │            脱模 ←── 达到设计要求
                    │              ↓
                         运输、翻板
                                   ↓
                                 ★张拉
                                   ↓
                              涂刷界面剂
                                   ↓
                                 ▲封锚
                                   ↓
                              涂刷养护剂
                                   ↓
                              水养+湿养
                                   ↓
                                  ≥7 d
                                   ↓
                                 ★检验
                                   ↓
                                  合格
                                   ↓
                                  出场
```

★：表示重点工序
▲：表示关键工序

图 4-53 CRTSⅢ型板式无砟轨道板预制工艺流程

1. 钢筋工程

（1）钢筋存放。

1) 钢筋存放在钢筋加工车间的钢筋存储区，地面用厚度为 20 mm 的 C30 混凝土硬化，平整，干燥。钢筋下垫 100 mm×100 mm 木方，避免与地面水接触而锈蚀或油污。螺旋筋按盘存放在木板搭设的平台上，使用时放置在专用旋转架上。

2) 不同型号的钢筋分类存放，标识清晰，易于识别，不产生混淆。

3) 环氧树脂涂层钢筋成捆存放，每捆用具有抗紫外线照射性能的塑料布进行包装。涂层钢筋的吊装应采用对涂层无损伤的绑带及多支点吊装系统进行，并防止钢筋与吊索之间及钢筋与钢筋之间因碰撞、摩擦等造成的涂层损坏。

涂层钢筋在搬运、堆放等过程中，应在接触区域设置垫片；当成捆堆放时，涂层钢筋与地面之间、涂层钢筋与捆之间应用垫木隔开，且成捆堆放的层数不得超过 5 层。

(2)钢筋吊装。

1)普通钢筋的运输采用 5 t 门式起重机配合 25 t 汽车式起重机运输,在专用吊具下设置吊钩,用钢丝绳进行吊运。

2)环氧树脂涂层钢筋的吊运采用专用吊具,用尼龙绳捆绑钢筋吊运,避免损伤涂层。

(3)钢筋加工。环氧树脂涂层钢筋切断操作的平台加垫橡胶板,避免拖拽时与钢筋接触,损伤涂层。涂层钢筋的切断采用钢筋切断机进行,严禁采用气割方法。

涂层钢筋弯制、切断后以专用环氧树脂涂料进行修补。

(4)钢筋弯制。将下料后的钢筋移至弯曲机的操作平台,按照图纸要求进行弯制。弯制后摆放整齐,或放置在专门支架上,并明确标识,以免混淆。

1)12HRB400 级热轧带肋钢筋和 HPB300 级光圆钢筋弯制时,弯曲半径不得小于 $2.5d$,直线段长度不小于 $3d$。

2)环氧树脂钢筋弯制加工时,环境温度宜不低于 5 ℃,钢筋弯曲机的芯轴套专用套管,平板表面铺布毡垫层,避免涂层与金属物直接接触;直径 12 mm 的钢筋,涂层钢筋的弯曲直径不小于 $4d$,且弯曲速率不宜高于 80 r/min。

(5)钢筋绑扎。

1)接地端子焊接。为保证综合接地钢筋焊接质量和钢筋骨架的尺寸,需设置钢筋焊接胎具,在胎具上焊接成型。

焊接胎具焊接上接地端子,然后按照图纸对横向普通钢筋、L 形筋进行焊接,接地端子实行双面焊,焊接长度不小于 $5d$,单面焊长度不小于 $10d$,焊缝要饱满,不应有咬肉、烧伤主筋等现象,焊渣要及时清除。

2)轨道板钢筋骨架的绑扎。轨道板钢筋骨架在经验收合格的钢筋绑扎胎具内整块绑扎。钢筋绑扎胎具采用硬木质材料制作,设有钢筋定位槽、综合接地端子定位槽、门形筋位置、锚穴成孔器位置等。胎具定位槽口中心误差不宜超过 2 mm,槽口应能保证钢筋位置准确。

轨道板钢筋骨架绑扎顺序如图 4-54 所示。

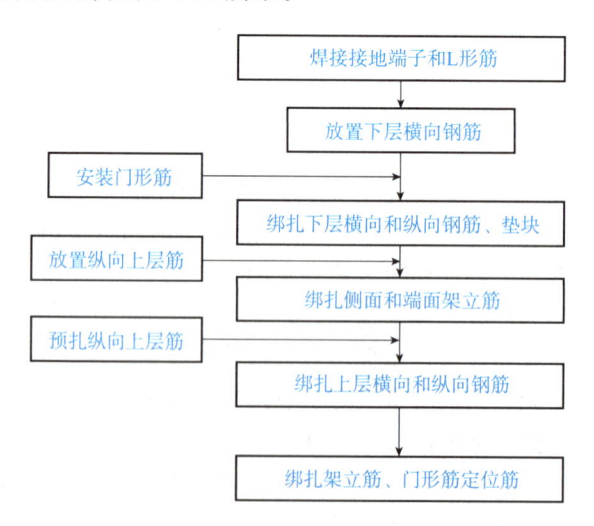

图 4-54 轨道板钢筋骨架绑扎顺序

轨道板钢筋绑扎要求如下：

1）箍筋与底板筋交点逐点绑扎，箍筋弯折处与架立筋交点逐点绑扎，箍筋接头叠合处逐处绑扎。

2）绑扣形式以不易松脱为准，绑点如有松脱，应紧扣或重绑。

3）垫块应呈梅花形交错布置，设置数量为每平方米不少于4块，钢筋骨架易变形处可适当增加垫块数量。

4）绑扣的形式应成"八"字交替绑扎，不得顺风绑扎。

5）绑线宜采用绝缘绑线，其尾部应扭向骨架内。骨架上不得有油污。

6）绑扎成型的钢筋骨架应进行绝缘性能测试，发现绝缘性能超标者应立即进行整改。

7）垫块设置应能保证净保护层厚度不小于35 mm。

（6）骨架吊装、运输及存放。

1）骨架上下车应拿起轻放。吊装过程中不得直接吊装环氧树脂涂层钢筋，采用尼龙绳等柔性物质作为起吊介质。吊装应平稳起吊，缓慢就位，轻起轻放，防止环氧树脂涂层钢筋的涂层被损坏。

2）钢筋骨架运输采用运输平车运输至成型车间，每次运输不宜超过两层，并采取相应的保护措施。雨天运输骨架应覆盖遮雨篷布。

3）钢筋骨架存放时，每层之间应用木条隔开，保证骨架之间净间距大于20 mm，并且木条应上下对齐，以保证骨架不严重变形。堆放层数不宜超过4层。垫木条位置和数量以保证钢筋骨架不变形为准。

（7）穿钢棒。钢筋骨架在入模前，应将预应力钢棒按图纸位置穿入骨架。程序：穿纵向下层钢棒→穿横向钢棒→穿纵向上层钢棒。

横向钢棒丝扣长70 mm端为张拉端，长40 mm端为固定端。每侧横向固定端与张拉端交错布置。钢棒安装要求：站在骨架纵向一端，面对骨架，右手端第一根钢棒丝扣为长，第二个为短丝扣，以此类推。

2. 模板组装

（1）模板安装顺序。轨道板组模顺序：清模→涂刷脱模剂→安装预埋套管→吊装钢筋骨架→校正骨架→安装锚垫板→安装侧模→安装端模→安装接地端子、起吊套管→安装锚穴成孔器、胶套→安装橡胶套→安装钢棒螺旋筋→预紧钢棒→组装模具。

（2）模板检测。模板进场后，须经轨道板场安质部进行验收，对模具细部尺寸、刚度、强度进行全面验收，合格后方可使用。

模板实行日常检查和定期检查，检查结果记录在模板检查表中。日常检查在每天作业前进行，内容包括外观、平面度。定期检查每周进行两次，内容包括模板各细部尺寸全面检查。模具进场后，前一周，每天观察平整度，待合格后方可定期检查。

要求模板支承基础平整、坚实，不得因其不均匀性下沉引起模板变形。模板安装过程中按图操作，避免安装过程中产生变形及应力集中现象。根据设计精确调整模板挡肩部分位置，以满足设计要求。

3. 骨架绝缘检测

（1）调整骨架。混凝土浇筑前，应进行钢筋骨架绝缘性测试，调节骨架保护层，使保护层满足＋5 mm偏差范围。详见钢筋骨架检验表4-12。

表4-12 钢筋骨架检验表

序号	项目	允许偏差/mm	方法
1	普通钢筋	±5	尺测
2	螺旋筋	±5	尺测
3	箍筋间距	±10	尺测
4	钢筋保护层	＋5	尺测
5	预埋件位置	±1	尺测
6	预应力筋位置	±1	尺测
7	门型筋	垂向0，＋5、纵向±5	尺测

调整纵向上下层螺旋筋，禁止上下层螺旋筋相接触，影响轨道板绝缘。采用胎具将锚垫板螺旋筋的一端焊接在锚垫板上，另一端绑扎在普通钢筋上。

调整钢筋与预埋件，若钢筋与预埋件相碰，适当调整钢筋位置。

(2)绝缘测试。用500 V兆欧表的一端连在骨架下层任一普通钢筋上，摇动兆欧表，一人手持另一端依次接触上层普通钢筋，当表指针指示小于2 MΩ时，停止前进，查找原因，用绝缘垫片垫起普通钢筋与环氧树脂涂层钢筋，并绑扎牢固，测试电阻，合格后方可继续进行。上层普通钢筋之间的测试也依照此种方法进行。全部测试合格后方可浇筑混凝土。

钢筋骨架绝缘调节完成后，将模具内掉落的绑线、绝缘垫片等杂物清理干净。

4. 混凝土施工

轨道板采用高性能混凝土，每立方混凝土胶凝材料的用量不超过500 kg/m³。水胶比不应大于0.35，混凝土的含气量控制在2％～4％。在配制混凝土拌合物时，由试验室下达混凝土的施工配合比，水、水泥、外加剂、掺合料的用量准确到±1％，粗、细集料的用量准确到±2％(均以质量计)，所用的计量装置必须由计量检验部门定期标定。

(1)混凝土搅拌。混凝土原材料应严格按照施工配合比要求进行准确称量，称量最大允许偏差应符合下列规定(按质量计)：胶凝材料(水泥、掺合料等)最大允许偏差±1％；外加剂最大允许偏差±1％；集料最大允许偏差±2％；拌合用水最大允许偏差±1％。

搅拌混凝土前，应严格测定粗、细集料的含水率，准确测定天气变化所引起的粗、细集料含水率变化，以便及时调整施工配合比。一般情况下，含水率每班抽测2次，雨天应随时抽测，并按测定结果及时调整混凝土施工配合比。

搅拌时，宜先向搅拌机投入细集料、水泥和掺合料，搅拌均匀后，再加入减水剂和所需用水量，待砂浆充分搅拌后再投入粗集料，并继续搅拌至均匀为止。上述每一阶段的搅拌时间不宜少于30 s，总搅拌时间不宜少于2 min，也不宜超过3 min。

(2)混凝土浇筑。混凝土搅拌完成后，放进下料斗，再由轨道平车运送至车间。

混凝土入模前，应测定混凝土的入模温度、坍落度、含气量等工作性能。只有拌合物性能符合设计或配合比要求的混凝土方可入模浇筑。混凝土的坍落度为60～100 mm，施工中控制在60～80 mm；入模温度宜控制为5～30 ℃；含气量为2％～4％。

混凝土灌注时钢模配置振动器，灌注采取先灌注两边、再灌注中间呈倒 E 字形布料方式。混凝土浇筑分两层连续进行，第一层混凝土覆盖承轨台和横向钢棒，大约厚 100 mm，第二层同模具边缘平齐。严禁浇筑间隔超过初凝时间的混凝土。浇筑温度必须进行严格控制。在夏季的浇筑温度宜在 30 ℃ 以内，集料、水泥及拌合水应进行遮盖，避免长时间日照。冬季浇筑温度应控制在 10～20 ℃，应做好集料、水泥和水的保温工作，并用蒸汽对模板进行预热。

第一层混凝土布料完成，开动底模侧边振捣器，约 2 min，以混凝土表面不再有明显气泡、表面泛浆且无显著下沉为准。第二层振动时间适当加长，约 3 min，以混凝土表面不再有气泡、表面泛浆且无显著下沉为准。

下料过程中应注意填边填角，尤其是纵向锚穴位置，不应有厚厚的灰浆。

最后用抹子将混凝土表面赶压密实和整平，至表面泛浆和无石子裸露为准。用方钢将混凝土表面找平，以模板侧边高度为准。

将门形固定筋拆除，并用抹布将门形筋上的灰浆擦拭干净。模板四周灰浆清除。

混凝土初凝前，将混凝土裸露面的稀浆去除，并对混凝土面进行拉毛处理，拉毛深度应为 2～3 mm。

（3）试件制作。浇筑混凝土过程中，以不大于 10 块板为一批，每批以最后一块板浇筑成型过程中取样制作 3 组混凝土抗压强度试件，用于混凝土脱模抗压强度和 28 d 抗压强度的检测。每隔 7 天取样制作 2 组混凝土弹性模量试件，用于张拉前混凝土弹性模量和 28 d 混凝土弹性模量的检测。试件应与轨道板相同条件下振动成型和养护，28 d 试件应在脱模后进行标准养护，试件制作、养护应符合规范规定。

（4）蒸汽养护。轨道板混凝土蒸汽养护采用自动温控设备，计算机程序全程自动控制，自动记录，自动报警。

1）探头设置。每套模具均设置一个蒸汽养护探头，每个工班设置两个测量混凝土表面温度、芯部温度的探头，以测量混凝土表面温度和芯部温度。

车间东西两侧分别设置一个探头测量环境温度。

每个探头所采集到的温度数据均传输至温度控制计算机，自动记录，通过对数据进行分析，控制电磁阀的开启与关闭。

2）养护阶段。蒸汽养护分为静置、升温、恒温、降温四个阶段。计算机程序设置静置 3 h 20 min，升温 2 h，恒温 5h 40 min，降温至允许值拆模。

①静置。混凝土浇筑后应在 5～30 ℃ 的环境中静置 3 h 以上。应加盖篷布，以保持混凝土表面湿润，防止混凝土干裂。

②升温。计算机控制电磁阀开启，篷布内通入蒸汽，棚内温度逐步升高，升温速度不应大于 15 ℃/h。

③恒温。蒸汽温度不宜超过 45 ℃，板内芯部混凝土温度不应超过 55 ℃，其持续时间不超过 6 h。当恒温温度超过警戒线时，温控系统自动报警提示，负责蒸汽养护人员立即采取措施降温。

④降温。降温速度不应大于 15 ℃/h，降温采用分阶段降温法，防止降温速度过快，引起混凝土开裂。降温时，先将一侧篷布掀开，不露出板面，隔段时间后掀另一侧篷布，直至

轨道板表面与环境温差不大于 15 ℃。

自动温控系统自动记录蒸汽养护全过程温度情况，并形成曲线直观显示(图 4-55)。

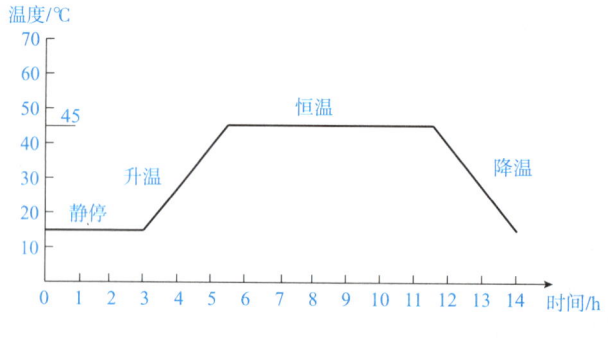

图 4-55　自动温控系统

5. 拆模

(1) 脱模。在混凝土初凝时，将纵、横向钢棒预紧螺栓松开，用专用工具将锚穴成孔器拆卸。并将胶套摘下，注意不能扰动混凝土薄弱处。

蒸汽养护结束后，试验室对试件进行试验，当强度不够时，延长养护时间，强度达到 40 MPa 时，待降温达到要求，才能脱模。

脱模顺序：拆除灌注孔定位器固定螺栓→拆除接地端子预紧螺栓→拆除起吊套管预紧螺栓→拆卸端模预紧螺栓→拆卸侧模预紧螺栓→拆除预埋套管定位栓→支立千斤顶，顶起轨道板→拆除灌注孔定位器→吊运轨道板。

拆除螺栓后，将端模和侧模拉开，拧紧吊环，吊环与轨道板之间应用橡胶垫加垫，防止损伤混凝土。

顶起千斤顶前，应观察所有固定螺栓均拆卸。顶起轨道板时，四处千斤顶应同步顶升，并关注轨道板四角顶升状况。

拆除灌注孔定位栓后，用轨道板专用的吊具进行吊装作业。轨道板起吊时应保持水平起吊，缓慢进行，保证预应力钢棒从端模、侧模缓慢脱出。吊运过程中必须关注轨道板运输状况，防止不规范操作引起问题。

(2) 翻板。将轨道板吊运至张拉封锚区，平放在两根 100 mm×100 mm 的木方上，位置为起吊位置。卸掉一侧吊环后，桁式起重机吊起轨道板另一侧吊环缓慢上升，同时吊位应往翻的方向缓慢移动，直至轨道板垂直，然后向另一侧缓慢放下。注意，此时轨道板两端应有人扶持轨道板，防止其打转，并注意不要碰撞损坏轨道板。轨道板下垫木方以保证不损伤轨道板表面。

翻板完成之后，检查轨道板正面有无缺陷，并将预埋套管、接地端子用封盖堵上，防止其进入异物。

轨道板从拆模后到入水前，应在其表面洒水，保持轨道板湿润。

脱模后，用工具将底模、侧模上的混凝土残渣清除干净，更换损坏的密封胶条，不得用铁锤敲击模型。

6. 轨道板施加预应力

(1)张拉要求。混凝土强度不低于 40 MPa，弹性模量不低于 3 250 MPa 时才能进行轨道板张拉作业。

轨道板张拉应采用自动张拉设备。使用前张拉千斤顶应与油压表配套标定，千斤顶的校正系数不大于 1.05，油压表的精度不得低于 0.4 级。千斤顶标定的有效期不得超过 1 个月或张拉 300 块板，油压表不得超过 1 周。进行张拉力控制的测力传感器标定有效期不超过 1 个月，相应的位移传感器标定有效期不超过 1 周。

(2)张拉方法。锚穴清理→安装张拉杆→安装千斤顶(旋转套对准螺母锚具)并摇晃千斤顶对中→旋紧张拉杆工具螺母→千斤顶进油至 20%σk→张拉控制应力 100%σk(持荷 1 min)→用旋转手柄锁紧锚固螺母→千斤顶回油至零→旋松退出张拉杆工具螺母→退出千斤顶→旋松并退出张拉杆。

在张拉前，先将钢棒螺母旋紧预应力钢棒的螺纹上，调整到合适位置，再将千斤顶的张拉螺杆旋进预应力钢棒；将千斤顶穿入张拉螺杆，晃动千斤顶使千斤顶旋转套与锚固螺母对正，然后将承压螺母装上，旋紧。开启自动张拉设备，输入型号、编号等数据，开始张拉。压力值缓慢增加，当压力达到张拉设计应力值的 20% 时，自动持荷。继续增加压力，达到设计压力值时，自动持荷 1 min，并在持荷时自动保压，使压力值始终保持在 ±1 kN 范围内。顺时针旋转手柄，锁紧钢棒螺母，卸荷后取下承压螺母，拿下千斤顶，卸下张拉螺杆，在板边盖章"已张拉"标识，完成整个张拉过程。

(3)张拉力。轨道板纵向张拉应力 122 kN，横向张拉应力 127 kN。预施应力值应采用双控，以张拉力读数为主，以预应力钢棒伸长值做校核，实际伸长值与设计伸长值的差值不得超过 1 mm，实测伸长值宜以 20% 张拉力作为测量的初始点。理论伸长值横向钢棒的为 11.7 mm；P5600 型纵向钢棒的理论伸长值为 25.4 mm，P4925 型纵向钢棒的为 22.3 mm，P4856 型纵向钢棒的为 22.0 mm。

(4)张拉顺序。对预应力钢棒张拉时应先横向后纵向，横向逐根张拉，纵向先下后上、先内后外。预应力钢棒张拉顺序应符合设计图纸要求。横向预应力钢棒采用单端张拉，固定端预应力钢棒螺纹外露量控制为 8~10 mm；纵向预应力钢棒应两端张拉，并控制两端预应力钢棒螺纹外露量基本一致。

轨道板张拉完成后，应在板侧面标识"张拉完成"标记。

7. 轨道板封锚

(1)封锚顺序。清理锚穴→涂刷界面剂→搅拌封锚砂浆→封锚→涂刷养护剂。

(2)清理锚穴。轨道板锚穴采用在锚穴成孔器上加套免凿毛胶套形成沟槽方式，以保证封锚砂浆和锚穴的牢固连接。封锚砂浆填压前，应对锚穴进行清理，不得有油污、浮浆(尘)、杂物和积水。

(3)涂刷界面剂。填料封锚前，应向锚穴内均匀喷涂可提高砂浆粘结强度的界面剂，并用棉纱或海绵等吸水材料吸取锚穴凹陷处的多余界面剂。同时应保证在填料前锚穴内喷涂的界面剂仍为湿润状态，未挥发、干燥。

(4)封锚砂浆质量检验。每次购进原材料时，应按批量进行检验，原材料的性能应满足技术条件的相关指标要求。封锚砂浆质量检验应按照相关规定进行。

封锚砂浆应饱满密实，与基层混凝土黏结牢固，砂浆表面应平整，不得有疏松、裂纹、脱层和起壳等缺陷。

(5)封锚砂浆搅拌。封锚砂浆采用强制式搅拌机拌制，搅拌机转速不宜小于180 r/min。配合比：封锚砂浆干料∶水＝1∶0.095。封锚砂浆和水的计量误差均不大于±1%。

封锚砂浆搅拌时间不宜小于3 min，宜慢搅60 s，快搅120 s。

封锚砂浆填压过程中，可对砂浆进行二次搅拌，但严禁二次加水。

(6)封锚。封锚砂浆应分层填压。采用空气锤对砂浆进行振捣，频率不小于1 000 Hz，振捣力不小于3 kgf，振捣次数不得少于3次，每次不少于20 s。

锚穴孔上部砂浆不易填满，应注意多装料；应保证锚固螺栓周围砂浆充分压实；在对轨道板纵向大孔封锚时，装料、压实顺序应从下至上。若表面出现孔洞缺陷，可补抹一层砂浆，再用捣固棒压实即可。应确保封锚锚体表层四周与锚穴紧密结合，无肉眼可见缝隙存在。

封锚成型后宜凹进板面2～4 mm。锚体与板无缝隙存在，无裂纹，手压无明显痕迹。

封锚砂浆填压时的环境温度宜为5～35 ℃。当昼夜平均气温低于5 ℃或最低气温低于－3 ℃时，应采取保温措施，保温时间不少于24 h。避免在阳光直射、雨、雪和大风环境下进行封锚作业。

(7)外观检查。

1)封锚成形密实，指压应无明显变化。

2)封锚成形表面平整、光洁，无明显坑洞缺陷。

3)封锚锚体应与锚穴四周紧密结合，无肉眼可见裂缝。

4)封锚成形表面凹入轨道板锚穴表面深度宜为2～4 mm。

(8)涂刷养护剂。

1)封锚砂浆填压完毕后应立即在砂浆表面喷涂养护剂。

2)封锚砂浆填压完毕至轨道板水养的时间间隔不宜小于2 h。

8. 轨道板水养、湿养

(1)轨道板水养。轨道板在脱模后至入水前，板面应洒水保持湿润。

封锚后轨道板静置2 h后方可移入水养池，进行水中养护，养护水温不低于10 ℃。湿养池内轨道板存放净间距为50 mm，第一块轨道板应固定在水养池边上，防止轨道板倾覆，其余轨道板采用连接器连接保证轨道板间距，避免损伤轨道板外观。

水养池中水应能将轨道板完全浸没。养护时间不少于3 d。

(2)轨道板湿养。轨道板水养后进行洒水养护，养护温度不低于10 ℃。当环境温度低于5 ℃时，禁止洒水，并对轨道板喷洒养护剂。

水养不少于3 d，湿养至7 d。

9. 轨道板运输及储存

(1)轨道板装卸。吊板用钢丝绳应有足够的安全系数，钢丝绳存在影响承载力的缺陷时不应再使用。

轨道板起吊采用专用的起吊架进行吊装作业，操作人员要定期的对起吊设备、机具进行安全检查(如起吊螺母是否弯曲、开裂、滑丝,吊装钢丝绳是否断丝或磨损严重,桁车的机械性能有无保证等)。

轨道板的起吊螺栓必须充分拧紧后才能开始起吊工作。

(2)轨道板运输。运输时应采取防止轨道板倾倒和三点支承的相应措施,并应保证轨道板不受过大的冲击。

轨道板运送至施工地段的临时存放点后,采用起重机配备专用四点吊具进行单块装卸,严禁碰撞。

在运输过程中轨道板之间用方木垫起。在运输过程中,为防止紧急刹车时轨道板因滑动而造成板体损坏,可用草帘作为填塞衬垫加以防护。

轨道板在存放和运输时,应在定位螺母和起吊螺母等处安装相应的防护装置。

(3)轨道板存放。轨道板采用立放(长度方向着地)或平放(不大于 7 d)方式进行存放。平放最多可存放 4 层,层间净空不小于 20 mm。轨道板垫木设置在起吊螺用两螺栓孔之间,且上下处于同一位置。存放轨道板的基础要求坚固、平整,无沉陷,严禁出现三点支撑现象。长期储存时不得平放。

轨道板存放以垂直立放为原则,并采取防倾倒措施。存板台座要求坚固、平整,并要求在台座上铺设木板,以保证轨道板边角不受损伤

轨道板立放时应用连接螺栓板和连接螺栓将紧邻两块轨道板连接,使轨道板堆放成一整体,轨道板堆放端头应有良好的防倾倒支撑架,第一块轨道板连接在支撑架上。

轨道板储存时,用塑胶盖对预埋件孔眼进行封堵,防止雨水或杂物进入。露天存放时,要用篷布遮盖,避免阳光直射,造成混凝土表面龟裂。

10. 轨道板检测

轨道板每生产 500 块板为一个批次,不足 500 块,按一个批次计。

(1)轨道板外形外观检测。轨道板外形外观检测分两部分:一是外观检查;二是轨道板外形尺寸测量。

外形检查主要观察轨道板混凝土外观颜色是否一致,有无油污污染,表面气孔粘皮等缺陷。轨道板外形尺寸测量需要借助专用的测量仪器进行,轨道板各个部位尺寸通过全站仪和工装检测,数据传输进计算机,通过专用软件处理后得出相应的结果。

(2)轨道板预埋套管抗拔试验。预埋套管抗拔试验从每批次外形外观质量抽检的轨道板中抽取 1 块,每块抽取 3 个套管进行试验。预埋套管抗拔力应不小于 60 kN,试验后其周围无可见裂纹,允许少量砂浆剥离。

二、CRTSⅢ型轨道施工

1. 底座施工

(1)桥梁段施工工艺流程。钢筋混凝土结构的底座板宽度较轨道板边缘各宽 200 mm,为 2 900 mm,底座板厚度为 190 mm,底座混凝土强度等级为 C40,钢筋为 CRB550 级冷轧带肋钢筋焊接网(工厂化加工制作)。桥梁每一块轨道板对应的底座位置设置伸缩缝一道,伸缩缝宽 20 mm,采用聚乙烯泡沫板或泡沫橡胶板填缝,并采用聚氨酯或沥青软膏密封,其

填充厚度不小于 30 mm，底座板间不连接，如图 4-56 所示。

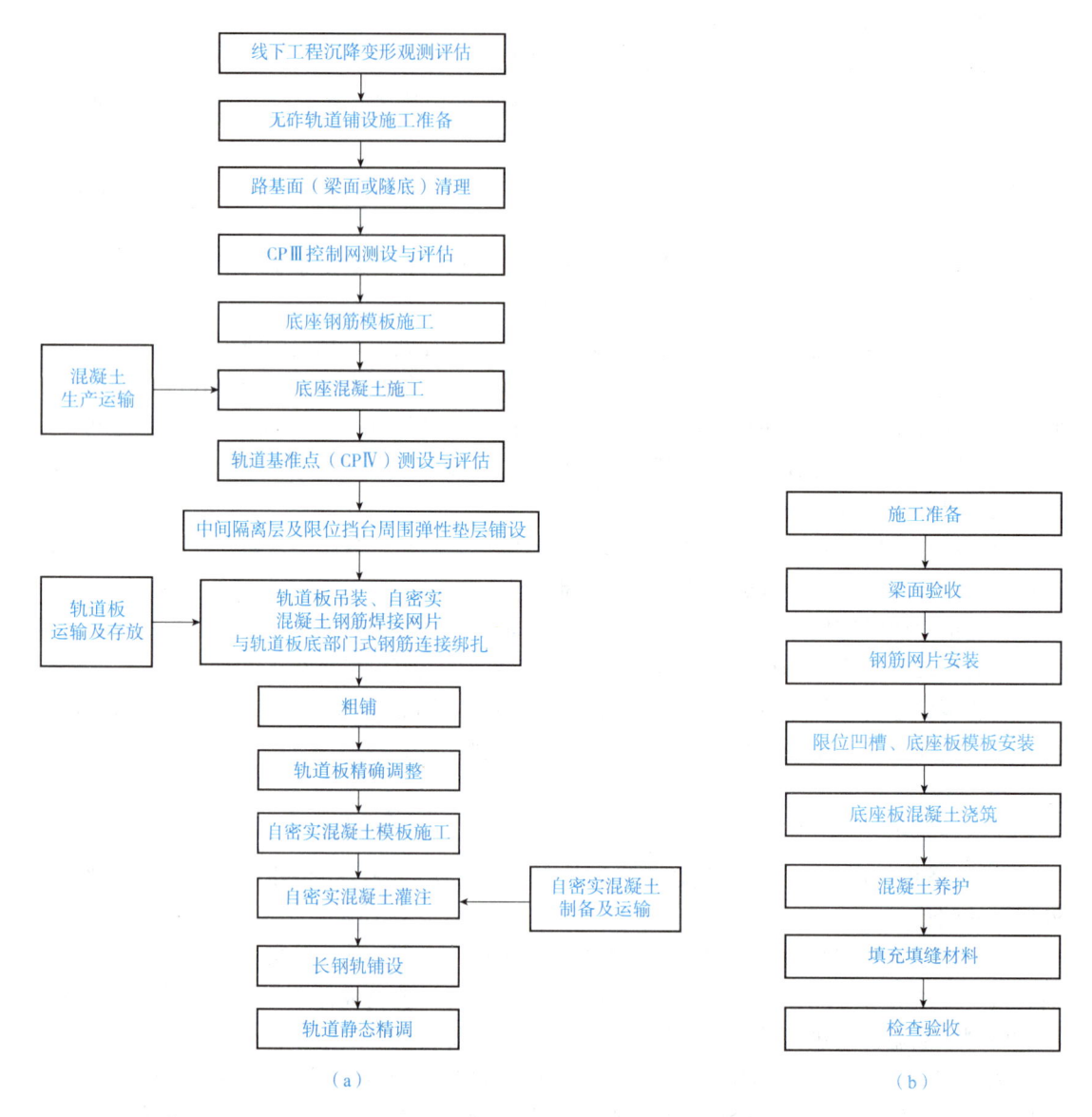

图 4-56　CRTS Ⅱ型轨道及桥梁施工工艺流程
(a)CRTS Ⅱ型轨道施工工艺流程；(b)桥梁施工工艺流程

(2)路基段施工工艺流程。路基无砟轨道底座在设计时速为 200 km 时采用连续浇筑方式。底座宽度 3 100 mm，厚度 240 mm，且路基曲线段地段由基床表层提供曲线超高值。底座在每块轨道板范围内设置两个限位凹槽，采用凹槽结构，深 100 mm，长宽尺寸为 1 000 mm×700 mm。凹槽周围(侧面)设置弹性垫层(图 4-57)。

路基底座根据所处位置的不同主要分两种结构形式，即普通路基上和路基无砟轨道起点、终点地段上底座。

1)普通路基上底座结构自上而下为：19 cm 轨道板、9 cm 自密性混凝土、24 cm 混凝土底座。

2)路基起点、终点 6 m 左右和 11 m 左右底座下部设置端梁。

路基地段底座混凝土强度等级采用 C25，对材料的选定、施工工艺及耐久性要求按照设计文件执行。

(3)基面验收。为了保证无砟轨道各部结构的技术条件，施工前应对基层表面施工质量进行验收，桥梁为轨道中心线 2.6 m 范围内的梁面进行拉毛处理。

(4)预埋筋。桥梁预埋筋因架梁运梁的需要，分为梁内和底座板内两部分。桥内部分(含套筒)在梁场制作时预埋在箱梁顶板内；底座板内部分在底座板施工时用套筒连接，伸入底座板钢筋。设计位置预埋钢筋折断或者缺少的情况下要求植筋，将桥面清理干净。

(5)放样。测量人员根据设计图纸，以 CPⅢ控制网为基础，利用全站仪自由设站对底座模板控制点放样出模板安装线。

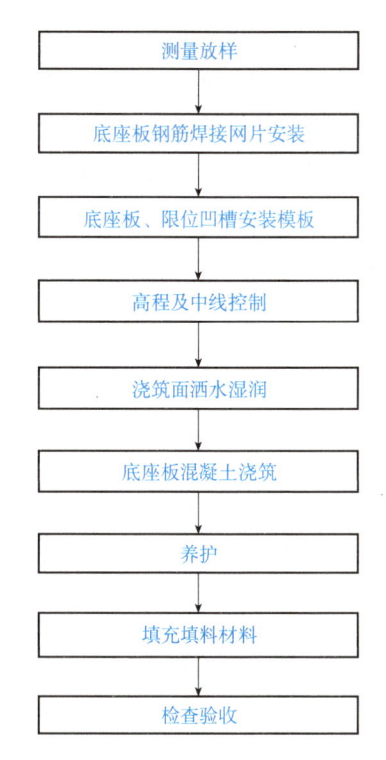

图 4-57 路基底座板施工工艺流程

(6)钢筋工程。

1)钢筋网片在预制厂家集中预制完成后拉运至现场(生产工厂化)，现场验收按其质量过磅验收，要求网片实际质量与理论质量偏差在 4.5% 以内，并检查其外观尺寸。

2)底座板内的钢筋焊网由具备资质的厂家加工成型，运输到施工现场吊装到上桥。

3)焊网运输车辆的长度与焊网长度相匹配，焊网的吊装时采用专用吊具进行，确保吊装过程中焊网不松动、不变形。安放焊网应根据设计的平面位置及高程调平、调直(图 4-58)。

图 4-58 焊网现场吊装

钢筋焊接网外观质量检查应符合下列规定：

1)钢筋焊接网交叉点开焊数量不应超过整张网片交叉点总数的1%。并且任一根钢筋上开焊点数不得超过该根钢筋上交叉点总数的50%。焊接网最外边钢筋上的交叉点不得开焊。焊接网几何尺寸允许偏差见表4-13。

表 4-13 焊接网几何尺寸允许偏差

项目	允许偏差
网片的长度、宽度/mm	±25
网格的长度、宽度/mm	±10
对角线差/%	±1

注：表中对角线差系指网片最外边两个对角焊点连线之差。

2)焊接网表面不得有影响使用的缺陷，可允许有毛刺、表面浮锈以及因取样产生的钢筋局部空缺，但空缺必须用相应的钢筋补上。

按照设计位置，用墨斗在基层面弹出钢筋网片位置，然后铺设钢筋网片，绑扎上下网片之间钢筋，并加垫垫块。上层钢筋保护层厚度为40 mm，下层钢筋保护层厚度为30 mm（表4-14）。

表 4-14 焊网安装允许偏差

序号	项目	允许偏差/mm
1	钢筋焊网平面位置	±15
2	钢筋焊网竖向位置	±10
3	钢筋保护层厚度	+10 −5

(7)支立底座板模板。

1)底座模板必须采用可调式模板。模板安装前必须对模板表面清理后涂刷脱模剂。模板安装时，根据CPⅢ控制网测量模板平面位置及高程，并通过模板的调整螺杆调整模板顶标高达到底座设计标高。模板安装要平顺、牢固，接缝严密，防止跑模、漏浆。

2)底座凹槽处为整体钢模，凹槽处模板通过角钢直接固定在侧模上，可解决浇筑时底座模板上浮问题。

3)桥梁地段梁缝大于14 cm的地段，梁端轨道板底座悬出0~8 cm，因此除铺设轨道板外，施工期间禁止在其上堆放重物或通行车辆，如必须通行车辆时，应采用搭短桥的方式通过，避免悬出端混凝土局部受损。

底座和凹槽模板的安装允许偏差分别见表4-15、表4-16。

(8)底座板混凝土施工。

1)当底座的钢筋焊接网片安装完成，模板支撑牢固后进行混凝土浇筑。

2)底座混凝土的最小浇筑长度不少于单孔梁长度。

表 4-15　底座模板安装允许偏差

序号	检查项目	允许偏差/mm
1	顶面高程	0，-5
2	宽度	±5
3	中线位置	5

表 4-16　限位凹槽模板安装允许偏差

序号	检查项目	允许偏差/mm
1	顶面高程	0，-5
2	长度和宽度	+5，0
3	凹槽中心与底座模板内侧距离	±5

3)底座混凝土由拌合站集中搅拌，混凝土罐车运到工地，再由泵车送入模。混凝土的自由落差不能大于 1 m，混凝土的入模温度不能超过 30 ℃，混凝土的坍落度控制在设计坍落度范围内。桥梁底座为分块结构，不采用纵连，浇筑混凝土时采取一端向另一端推进方式，一次成型，中间不留施工缝。混凝土浇筑时，先用人工大致推平，然后用 50 mm 插入式振捣棒振捣。振捣时要快插慢拔，插棒间距为振捣棒直径的 10 倍，切忌振捣棒触碰模板、连接螺栓和钢筋。最后采用振动梁提浆整平，按设计人工抹出流水坡(图 4-59)。

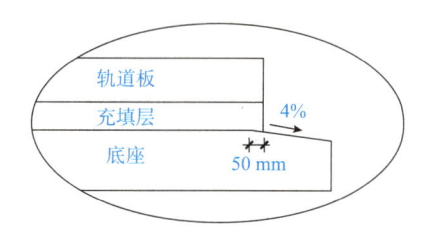

图 4-59　流水坡

路基无砟轨道底座在设计时速为 200 km 时采用连续浇筑方式，浇筑混凝土时采取一端向另一端推进方式，中间留施工缝，底座混凝土浇筑前，应对施工缝处凿毛，使界面垂直、粗糙，并洒水湿润。

4)混凝土浇筑完成后及时进行养护，养护时间不少于 14 d。养护用水温度与混凝土表面温度之差不得大于 15 ℃。可采用覆盖土工毡、土工布、麻袋、草袋、草帘等洒水湿养方式。夏期施工采取降温措施。当环境温度低于 5 ℃时，禁止洒水养护，可在混凝土表面喷涂养护液养护，并采取覆盖保温措施。

(9)路基切缝。混凝土浇筑完 12 h 以内应进行切缝施工，释放表面应力。切缝深度为 40～50 mm，宽度控制在 20 mm，切缝设置在设计位置。切缝应尽量保证在浇筑后 12 h 内进行，加强养护，防止出现贯通裂缝。气温较低时，切缝时间适当延长。

(10)混凝土养护。混凝土浇筑完成后及时进行养护，养护时间不少于 14 d。养护用水温度与混凝土表面温度之差不得大于 15 ℃。冬期施工应对混凝土做好保温养护措施,夏期施工采取降温措施。

(11)底座及凹槽外形尺寸指标分别见表 4-17、表 4-18。

表 4-17 底座外形尺寸允许偏差

序号	项目	允许偏差
1	顶面高程	0,−10 mm
2	宽度	±10
3	平面位置	10 mm
4	平整度	10 mm/(3 m)

表 4-18 限位凹槽外形尺寸允许偏差

序号	检查项目	允许偏差/mm
1	平面位置	5
2	长度和宽度	+5 0
3	深度	+5 0

2. 隔离层及弹性垫层施工

(1)进场原材料的质量控制。

1)中间隔离层所用材料的规格、材质、性能指标应符合设计要求。同一厂家、品种、批号的中间隔离层材料,每 25 000 m² 为一批,不足 25 000 m² 也可按照双方约定频次进行检验。抽样数量:每批产品随机抽取 2%~3% 作为样品,且不少于 3 卷。

2)弹性垫层所用材料的规格、材质、性能指标应符合设计要求。进场检验应逐批检验,检验内容应包括外形尺寸和外观质量、硬度、拉伸强度、拉断伸长率、200% 定伸应力和静刚度。同一配方、同一规格、同一工艺条件下连续生产的弹性垫层 10 000 件为一批,不足 10 000 件按一批次,也可按照双方约定频次进行检验。弹性垫层的外形尺寸和外观质量的抽检数量为每批 10 块;弹性垫层物理力学性能检验数量为每批从外形外观检查合格产品中抽取 5 块。

(2)隔离层及弹性垫层施工工艺流程(图 4-60、图 4-61)。

(3)隔离层施工。

1)底座处理。铺设前应用风力灭火器彻底对底座进行清洁和清理,保证铺设范围内底座洁净且无砂石类可能破坏隔离层的磨损性颗粒。

2)根据 CPⅢ 控制网对无砟轨道底座施工段进行测量放样,弹出隔离层边线。

3)中间隔离层土工布的铺设。中间隔离层应采用 700 g/m²、厚 2 mm 的土工布,宽度为 2 600±10(mm)。

底座混凝土强度达到设计强度的 75% 后可进行隔离层施工。

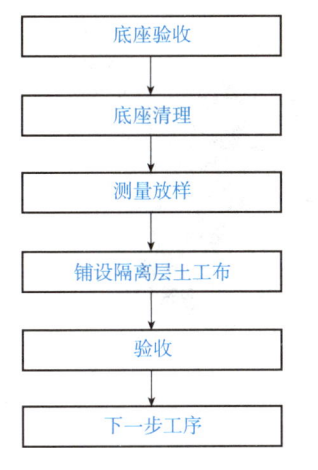

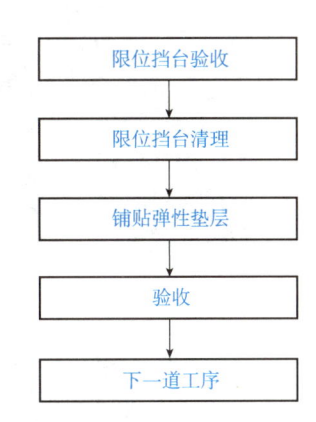

图 4-60　隔离层施工工艺流程　　图 4-61　弹性垫层施工工艺流程

①弹线。用墨斗沿线路纵向在轨道板两侧及中间弹出 3 条 30 cm 宽的胶粘剂涂刷带边线，线条应清晰、准确。

②铺设土工布。首先将整张土工布铺在底座表面，在限位凹槽的位置用刀将土工布割出方孔，使整张土工布与底座板表面密贴(含限位凹槽)。每一段内的土工布连续铺设，轨道板下中间隔离层土工布不允许搭接。

③整平。铺上土工布后应立即压上保护层垫块，垫块材质、强度等级与自密实混凝土相同，防止滑动，禁止人员踩踏。在自密实混凝土模板安装、固定前，应将土工布拉扯平整。

(4)弹性垫层施工。

1)限位凹槽处理。铺设前用吹风机对限位凹槽进行清理，保证铺设范围内无砂石类可能破坏弹性垫层的磨损性颗粒。

2)弹性垫层施工。在底座混凝土至少养护 48 h 后，方可进行弹性垫层铺设。弹性垫层应采用三元乙丙橡胶，厚 8 mm，将弹性垫板与限位凹槽侧壁密贴，并用混凝土钢钉将弹性垫层固定于混凝土侧壁。注意固定时应平整，顶面与底座表面平齐。限位凹槽内的中间隔离层向外伸出部分应包在弹性垫层内，上下拐角处用宽胶带封闭。弹性垫块周围用泡沫板填充，并与凹槽侧壁密贴。弹性垫层与限位凹槽侧面应粘贴牢固，顶面与底座表面平齐，周边无翘起、空鼓、封口不严等缺陷(图 4-62)。

3. 轨道板粗铺

(1)粗铺工艺流程如图 4-63 所示。

(2)铺板施工。

1)隔离层及弹性垫层验收。轨道板粗铺前首先对隔离层和弹性垫层施工质量进行检查验收。

①隔离层应铺设平整，无破损，边沿无翘起、空鼓、皱褶、封口不严等缺陷。

②弹性垫层与限位凹槽侧面应粘贴牢固，顶面与底座表面平齐，周边无翘起、空鼓、封口不严等缺陷。

图 4-62 弹性垫层

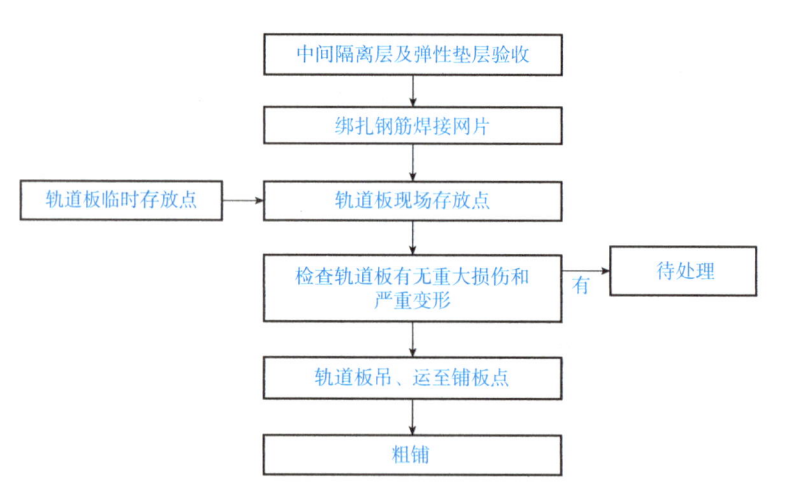

图 4-63 粗铺工艺流程

2）自密实混凝土焊接钢筋网片安装。轨道板粗铺前先将限位凹槽处的钢筋与钢筋网片绑扎在一起。绑扎时为了防止绑扎位置不准确造成铺设困难，可在固定胎具上进行绑扎。

根据设计要求，轨道板预埋门型钢筋与自密实混凝土钢筋焊接网之间需绝缘处理，故在轨道板粗铺之前，先将钢筋焊网绑扎在轨道板预埋门形钢筋上（图4-64），且之间用绝缘垫块隔离，用绝缘扎丝绑扎。

图 4-64　预埋门形钢筋

3)轨道板检验。轨道板在粗铺前应重新进行检验,观察轨道板是否有掉角、破损、预埋件等情况。对于缓和曲线上的轨道板,轨道板的位置和类型是唯一的,铺设时要派专人负责验收,以免铺设错误(翘曲度 1 mm)。

(3)轨道板粗铺放线。粗铺前放线,轨道板铺设前要在底座上放出轨道板位置轮廓线,保证粗铺时轨道板中心线与线路中心线在 10 mm 之内,提高轨道板精调效率。

轨道板外形尺寸偏差和外观质量要求见表 4-19。

表 4-19　轨道板外形尺寸偏差和外观质量要求

序号	检查项目		允许偏差	每批检查数量(出厂检验)	检验项别
1	长度/mm		±3.0	10 块	C
2	宽度/mm		±3.0	10 块	C
3	厚度/mm		±3.0	10 块	B2
4	预埋套管	同一承轨槽两相邻套管中心距/mm	±0.5	全检	B1
		歪斜(距顶面 120 mm 处偏离中心线距离)/mm	2.0	全检	B2
		凸起高度/mm	−1.0,0	全检	B2
5	承轨台	预埋套管处承轨台横向位置偏差/mm	±0.5	全检	B1
		预埋套管处承轨台垂向位置偏差/mm	±0.5	全检	B1
		单个承轨台钳口距离/mm	±0.5	全检	A
		承轨台与钳口面夹角/(°)	±1.0	全检	B1
		承轨面坡度(轨底坡)	1∶37～1∶43	全检	B1
		承轨台间外钳口间距/mm	+1.0	全检	A
		承轨台外钳口距外侧套管中心距/mm	±1.0	全检	B1
6	其他预埋件位置及垂直歪斜/mm		±3.0	全检	C
7	扣件间距	板端螺栓孔距板端距离/mm	±2.0	10 块	B1
		扣件间距/mm	±2.0	10 块	B1

续表

序号	检查项目		允许偏差	每批检查数量（出厂检验）	检验项别
8	板顶面平整度	轨道板四角的承轨面水平/mm	±1.0	10 块	B1
9		单侧承轨面中央翘曲量/mm	≤1.0	10 块	B1
10	板底面平整度		5 mm/(1 m)	10 块	B1
外观质量					
11	肉眼可见裂纹		不允许	全检	A
12	承轨部位表面缺陷（气孔、粘皮、麻面、裂纹等）		长度≤20 mm 深度≤5 mm	全检	B2
13	锚穴部位表面缺陷（裂纹、脱皮、起壳等）		不允许	全检	C
14	其他部位表面缺陷（气孔、粘皮、麻面）		长度≤80 mm、深度≤8 mm	全检	C
15	轨道板四周棱角破损和掉角		长度≤50 mm	全检	C
16	预埋套管内混凝土淤块		不允许	全检	A
17	轨道板漏筋		不允许	全检	A
18	承轨台外框低于轨道板面		不允许	全检	B1
19	轨道板刷毛		深度 2～3 mm	全检	C
20	轨道板底浮浆		不允许	全检	C

表中：
①A 类项别单项项点数不允许超偏；
②B1 类项别单项项点数的超偏率不大于 5%；
③B2 类项别单项项点数的超偏率不大于 10%；
④C 类项别各单项超偏率点数之和不大于 C 类总项点数的 10%

轨道板粗铺时的位置偏差：纵向不应大于 10 mm，横向不应大于精调支架横向调程的 1/2。

（4）吊装、运输。根据施工需要，提前将轨道板运送至铺板现场。轨道板采用小型汽车运输，装卸车时考虑轨道板铺设顺序，避免轨道板铺设时二次倒板。

（5）轨道板粗铺。

1）轨道板铺设时根据设计要求选择对应的轨道板型号，采用悬臂式铺板门起重机起吊。利用铺板门起重机走行系统将轨道板吊至铺设工作面，再由人工配合铺板门起重机起吊、移动系统将轨道板准确就位（边线误差在 10 mm 以内），并在轨道板预埋套筒位置放置 4 块 200 mm×100 mm×85 mm 支承垫木做临时支撑。

轨道板铺设也可采用汽车式起重机铺设，轨道板由存板地吊装到小型运板车上，运至施工现场，吊装进行铺设。

2）经检查轨道板粗铺满足要求后，拆除吊具，分别在轨道板预埋套筒处安装精调器，填写粗铺记录。以上工序循环进行。

3)轨道板粗铺完成后立即按配板图填写放板编号,确保所铺轨道板均可追溯到生产源头。

4. 轨道板精调

(1)精调过程。

1)标架检校。精调系统在上线使用前一定要进行标架检校,硬件常数(强制对中三脚架高度、棱镜高等)、标架四脚平整度要进行检核和调整,再将相关常数录入程序。在使用过程中,如发现数据不符需重复检校。

2)标架安放。Ⅲ型板精调系统在精调时需要使用6个标架,放置在当前调整的轨道板的正数第二排承轨台和倒数第二排承轨台上。进行搭接时,搭接标架放置在搭接板临近当前精调板的第二排承轨台上。

3)启动轨道板精调软件测量,根据偏差值调板。

第一步,调整未调板的搭接端,使当前待调整板与已调整好的板大体一致,可以借助一些辅助装置进行,加快调板速度。

第二步,精调软件指挥全站仪观测放置在当前板4个精调标架上的4个棱镜,根据测得的坐标值计算出实测值和理论值之间的偏差值进行精确调整,当调整完成后进行完整的重复测量,当偏差值符合限差要求时轨道板调整完成,保存精调成果,转入下一块轨道板的调整,重复以上工作。

(2)轨道板压紧装置。为了防止轨道板在灌注时上浮,精调完成后在轨道板两侧和端部安装压紧装置。

压紧装置由锚杆、L形钢架及翼形螺母形成。

一般情况下,压紧装置安装于轨道板的两端及中间,共有5个,其中1个横向压紧装置、4个纵向压紧装置,每块板同侧两纵向压紧装置间距3.5 m。

压紧装置锚杆锚固在底座板或支承层上,锚杆锚固深度应为100~150 mm,冲击钻打眼后用膨胀螺栓锚固,锚固完成的锚杆应确保处于垂直状态(图4-65)。

图4-65 两端压紧装置与两侧压紧装置

(3)轨道板复测。

(4)资料整理。测量完成后应提交以下资料:轨道板精调技术设计书;轨道板精调成果报告,包含技术总结、轨道基准点三维坐标、轨道板精调工程文件、轨道板铺设精度检测工程文件、轨道板精调成果文件、轨道板铺设精度检测成果文件；轨道板精调成果。在测量完成之后，应该对测量成果进行整理，并报监理审核之后执行。

5. 自密实混凝土配制、灌注施工

自密实混凝土是具有较高高的流动性、间隙通过性和抗离析性，浇筑时仅靠自重作用而无须振捣便能均匀密实成型的高性能混凝土。

填充层自密实混凝土性能的要求：高自流平性能、高抗离析能力、高间隙通过能力、超长距离流动能力、高体积稳定能力、优越的耐久性（填充调整、承力传力）。

自密实混凝土拌合物性能包括流动性、填充性、间隙通过性和抗离析性等（图4-66）。性能指标与检测方法应符合表4-20中的要求。

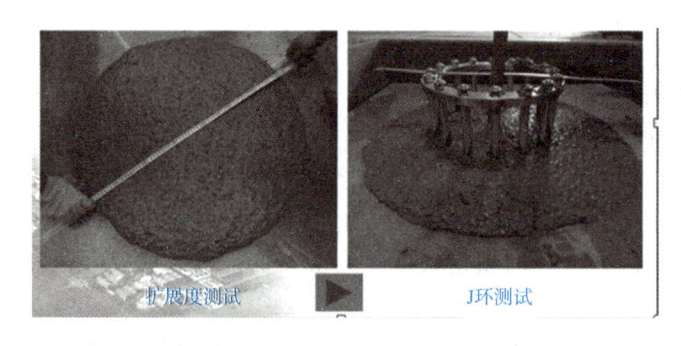

图 4-66 性能测试

表 4-20 拌合物技术要求与检测方法

项目	性能要求
坍落扩展度/mm	700±50
T_{50}/s	2～6
B_J/mm	＜18
泌水率	0
L 型仪，H_2/H_1	≥0.9
$T_{700/L}$	10～18
含气量/%	2～5
塑性膨胀率/%	0～1

自密实混凝土硬化体性能：抗压强度与弹性模量应满足设计要求，耐久性能和收缩性能应符合表 4-21 中的规定。

表 4-21 自密实混凝土硬化体耐久性能和收缩性能要求

项目	指标要求	检测方法
56 d 电通量/C	≤1 000	科技基〔2005〕101 号
56 d 抗冻性能	F300	GB/T 50082—2024
56 d 干燥收缩值/×10^{-6}	≤400	

自密实混凝土配合比设计宜采用绝对体积法，选定自密实混凝土的配合比参数应符合以下规定：

①胶凝材料用量不宜大于 600 kg/m³。
②用水量不宜大于 190 kg/m³。
③自密实混凝土单位体积浆体的量宜为 0.35～0.42 m³。
④单位体积粗集料绝对体积宜为 0.26～0.32 m³。

自密实混凝土氯离子总含量应不大于胶凝材料总量的 0.10%，自密实混凝土的总碱量应不大于 3.0 kg/m³。当混凝土原材料、施工环境温度等发生较大变化时，应及时调整混凝土配合比。

(1) 自密实混凝土的施工。

1) 应根据设计要求、灌注施工工艺和施工环境等因素，会同设计、监理各方，共同制定自密实混凝土施工技术方案、施工过程的质量控制与保证措施。

2) 自密实混凝土的施工包括自密实混凝土的搅拌、运输、灌注、养护和拆模等。根据交通运输条件，采取不同的自密实混凝土灌注方案。

3) 正式施工前，应进行自密实混凝土的试灌注，并进行自密实混凝土的现场揭板质量检验，验证并完善混凝土的灌注施工工艺(超高地段)。

4) 施工和监理单位应确定并培训专门从事自密实混凝土关键工序施工的操作人员和试验检验人员。

5) 应建立完善的质量保证体系和健全的施工质量检验制度，加强对施工过程每道工序的检验，发现与规定不符的问题应及时纠正，并按规定作好记录。

6) 应明确施工质量检验方法。质量检验方法和手段应符合本技术要求的规定以及国家和铁道部的相关标准要求，检验结果应真实可靠。

7) 应根据设计要求、工程性质以及施工管理要求，在施工现场建立具有相应资质的试验室。

8) 自密实混凝土达到 75% 的设计强度后方可承载。

(2) 原材料储存与管理。

1) 混凝土原材料进厂(场)后，应对原材料的品种、规格、数量以及质量证明书等进行验收核查，并按有关标准的规定取样和复验。经检验合格的原材料方可进厂(场)。

2) 混凝土原材料进厂(场)后，应及时建立"原材料管理台账"，台账内容包括进货日期、材料名称、品种、规格、数量、生产单位、供货单位、"质量证明书"编号、"复试检验报告"编号及检验结果等。"原材料管理台账"应填写正确、真实、项目齐全,并经监理工程师签认。

3)混凝土用水泥、矿物掺合料等应采用散料仓分别存储。袋装粉状材料在运输和存放期间应用专用库房存放,不得露天堆放,且应特别注意防潮(单独分仓储存)。

4)不同混凝土原材料应有固定的堆放地点和明确的标识,标明材料名称、品种、生产厂家、生产日期和进厂(场)日期。原材料堆放时应有堆放分界标识,以免误用。集料堆场应事先进行硬化处理,并设置必要的排水设施。

(3)混凝土拌合。

1)自密实混凝土应在拌合站集中拌制,拌合站应配有自动计量系统和强制式搅拌机,混凝土原材料称量最大允许偏差应符合铁建设〔2005〕160号文规定(按质量计):胶凝材料(水泥、矿物掺合料等)±1%;外加剂±1%;集料±2%;拌合用水±1%。

2)搅拌混凝土前,应严格测定粗、细集料的含水率,准确测定粗、细集料含水率变化,及时调整施工配合比。一般情况下,含水率每班抽测2次。

3)搅拌时,宜先向搅拌机投入粗集料、细集料、水泥和矿物掺合料和其他材料,搅拌1 min,再加入所需用水量和外加剂,并继续搅拌2 min。

4)冬期施工时,直接与水泥接触的水的加热温度不宜高于80 ℃,自密实混凝土搅拌时间宜较常温施工延长50%左右。

5)夏(热)期施工时,水泥进入搅拌机时的温度不宜大于50 ℃。

6)正式生产前必须对自密实混凝土拌合物进行开盘鉴定,检测其工作性能。

(4)模板安装。

1)模板与其支护应具有足够的承载能力、刚度和稳定性,应能可靠地承受灌注混凝土的自重、侧压力和施工过程中产生的荷载。

2)对于通过灌注口灌注施工的无砟轨道板,侧模与轨道板平齐,安装允许误差为±5 mm。侧模板上预留排气孔(图4-67)(透气模板布)。

3)在模板与底座之间的缝隙用土工布或海绵堵漏,注意要封堵密实,且异物不得侵入自密实混凝土层。

4)分块式模板注意模板交接边的平整,不得出现错边。

5)立模完成后检查堵漏、固定、支撑情况,并复核模板与轨道板侧边的密封、钢筋保护层厚度等,不符合要求则应调整或重新立模。

6)设置限位装置防止轨道板上浮和偏移。

图4-67 排气孔

(5)运输。

1)应选用能确保浇筑工作连续进行、运输能力与混凝土搅拌机的搅拌能力相匹配的混凝土专用运输设备运输自密实混凝土。

2)自密实混凝土的运输速率应保证施工的连续性,当罐车到达浇筑现场时,应使罐车高速旋转20~30 s方可卸料。

3)应确保混凝土在运输过程中能够保持均匀性,不发生分层、离析和泌浆等现象,并具有要求的工作性能。

4)运输自密实混凝土过程中,应对运输设备采取保温隔热措施,防止局部混凝土温度升高(夏期)或受冻(冬期)。应采取适当措施防止水分进入运输容器或蒸发,严禁在运输过程中向混凝土内加水。

(6)灌注。

1)自密实混凝土灌注前,应完成以下准备工作:

①针对工程特点、环境条件与施工条件事先设计灌注方案,包括灌注口位置与数量、工装模型等。

②仔细检查钢筋网片的位置、保护层垫块数量及其紧固程度。

③检查轨道板四周模板的密封情况,轨道板之间横向边缝的密封情况,不得漏浆,不得污染基础工程。在混凝土灌注前应将底座混凝土表面土工布和轨道板下面喷雾润湿,并不得有积水。

④检查轨道板的支撑和限位装置。

⑤检查灌注所需设备是否正常,机具是否齐全且状态良好。

2)自密实混凝土灌注前,应检测混凝土拌合物的温度、坍落扩展度、T_{50}和含气量等工作性能。

3)填充层混凝土施工原则:重力灌注、自由流动、入口密封、四角排气。

自密实混凝土灌注示意如图4-68所示。

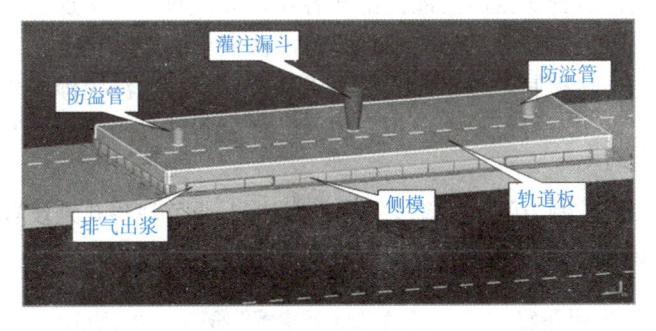

图4-68 流动模型

自密实混凝土应从轨道板预留灌注孔进行灌注,两侧模板上预留排气孔。灌注时应通过料仓及连接料仓的下料管注入,自由倾落高度不宜大于1.0 m。自密实混凝土灌注速度不宜过快,应保证下料的连续性和混凝土拌合物在轨道板下的满空间连续流动。按确定的工艺进行混凝土灌注,灌注完毕后,多余混凝土应及时清除。

4)一块轨道板下的自密实混凝土应一次灌注完成。在炎热季节灌注自密实混凝土时,入模前的混凝土、模板和模腔的温度不得超过40 ℃。在低温条件下(当昼夜平均气温低于5 ℃或最低气温低于-3 ℃时)灌注自密实混凝土时,按冬期施工方法执行。

5)在自密实混凝土灌注过程中,应按要求取样制作混凝土强度、弹模和耐久性试件,试件制作数量应符合《普通混凝土拌合物性能试验方法标准》(GB/T 50080—2016)和《混凝土物理力学性能试验方法标准》(GB/T 50081—2019)的相关规定。

6)在超高地段和坡度地段进行自密实混凝土灌注时,施工单位从低向高进行灌注,以利于自密实混凝土排气。灌注过程中要有专人观测轨道板状态,不得出现拱起、上浮现象,尽量避免踩踏轨道板(图 4-69、图 4-70)。

图 4-69　轨道板中间孔单点灌注　　　　图 4-70　轨道板侧边灌注

7) 自密实混凝土灌注的注意事项:
①压紧装置安装必须牢固有效;
②封边模板宜用钢模板+透气模板布的方式;
③板底润湿需充分,润湿后 4 h 内须进行混凝土灌注;
④自密实混凝土灌注施工应采用轨道板中间孔灌注,灌注速度宜采用先快后慢的灌注方式。

8) 终灌条件控制方法(图 4-71)。

方法一:定量设计自密实混凝土灌注漏斗容积,灌注料斗一次加装一块轨道板充填所需混凝土量,这样在混凝土本身无问题的前提下,灌注完毕即自然终灌。

方法二:排浆(气)口控制,以自密实混凝土从排浆(气)口溢出即停止灌注。该方法前提是混凝土必须满足要求,不得过稀、离析。因此,终灌条件是当混凝土充满排浆(气)口就应立即立即封堵,终止终灌。

方法三:在第二种控制方法的基础上,在轨道板上两个观察孔处设置压力传感器,通过监测结构内自密实混凝土的灌注压力来控制终灌。

图 4-71　灌注控制条件

(7) 养护。
1) 自密实混凝土灌注完成后,应及时养护,养护时间不得少于 14 d。
2) 带模养护期间,应采取带模覆盖(麻布、土工布等)、喷淋浇水等措施进行保湿养护;去除覆盖物或拆模后,应对混凝土采用覆盖浇水养护,也可用养护膜、喷养护剂进行养护。
3) 养护用水温度与混凝土表面温度之差不得大于 15 ℃。做好养护记录。同时,对同条件养护的混凝土试件进行洒水养护，使试件强度与自密实混凝土强度同步增长。

（8）拆模。轨道板支撑装置应在自密实混凝土初凝后拆除。轨道板两侧模板的拆除应在自密实混凝土强度达到 5.0 MPa 以上，且其表面及棱角不因拆模而受损。拆模宜按立模顺序逆向进行，不得损伤轨道板四周混凝土，并减少模板破损。当模板与自密实混凝土脱离后，方可拆卸、吊运模板。

任务四 CRTS Ⅰ 型双块式无砟轨道施工

一、双块式轨枕制作

双块式轨枕预制的施工工艺主要分为三大部分，分别是高性能混凝土拌制、钢筋骨架加工、轨枕预制，如图 4-72 所示。

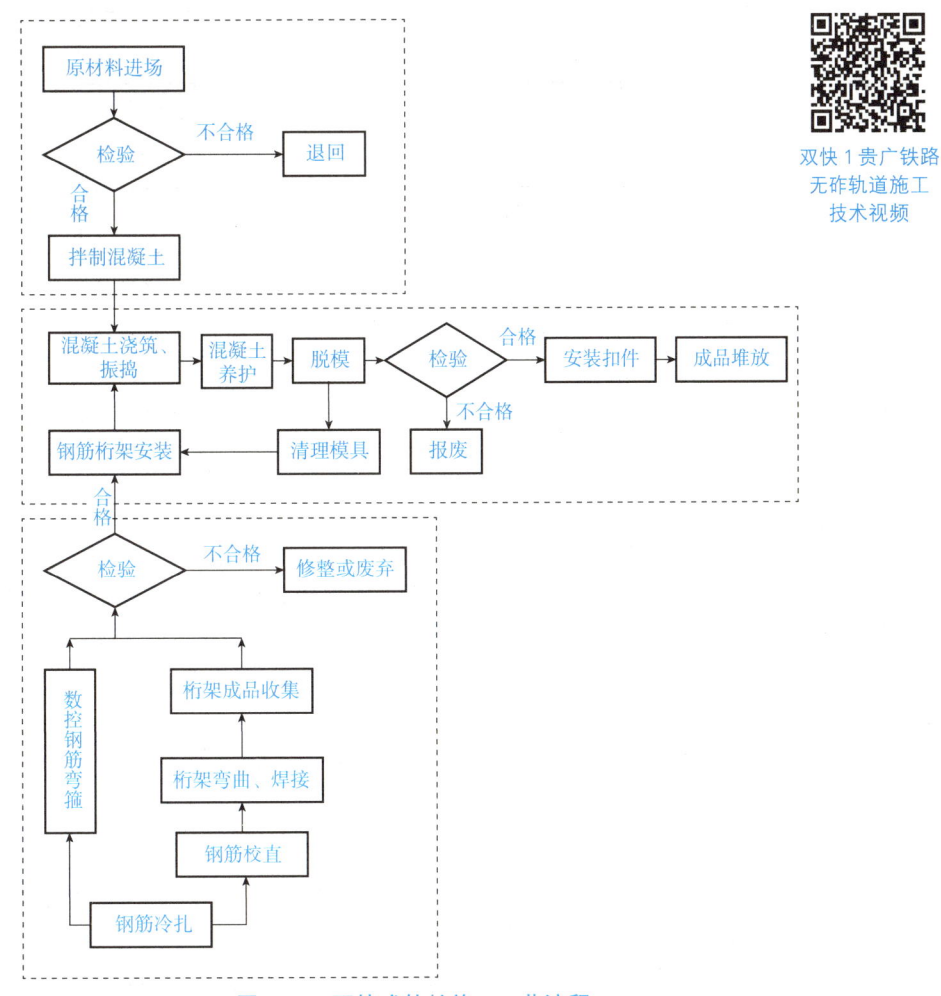

双快 1 贵广铁路无砟轨道施工技术视频

图 4-72 双块式轨枕施工工艺流程

钢筋骨架生产顺序为钢筋冷轧(冷轧作业)→数控弯箍→桁架加工(焊接作业)(图 4-73)，根据生产顺序要求，将钢筋骨架生产线分为冷轧机组、数控弯箍机、桁架焊接机组三部分，并按施工先后顺序进行设备布置。

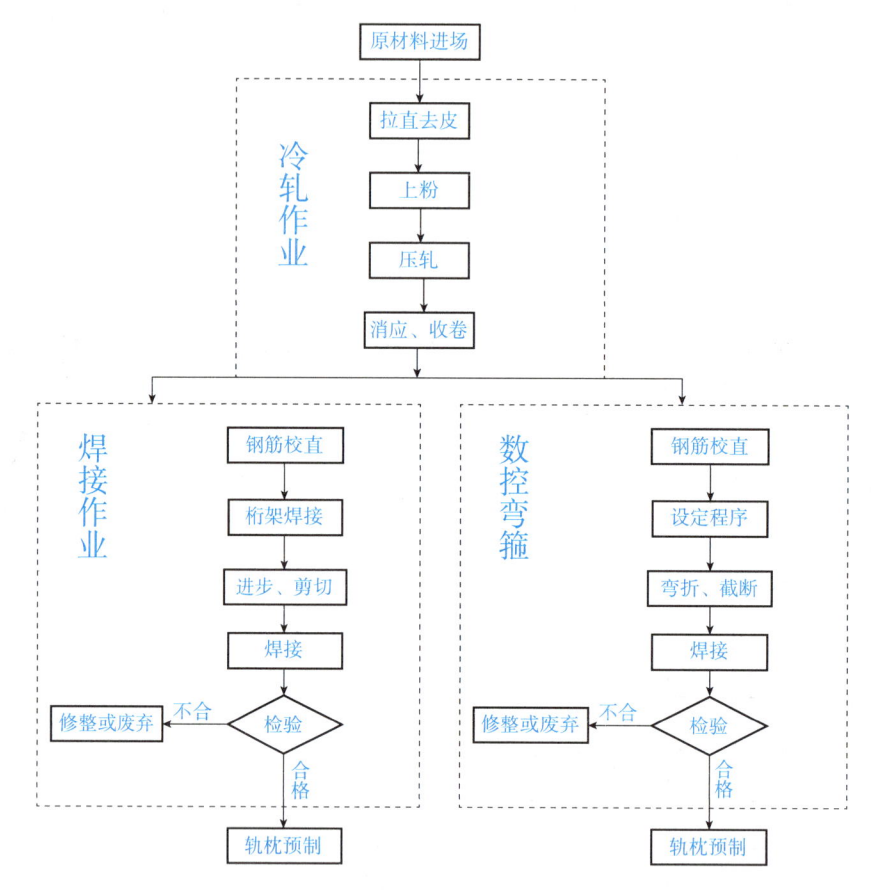

图 4-73 双块式轨枕钢筋桁架制作工艺流程

轨枕预制生产线采用闭合环式的工作方式，以模具的循环移动来完成轨枕的预制生产，按照施工顺序和各部位功能，轨枕预制生产线可分为清理模具、喷脱模剂、钢筋桁架安装、混凝土浇筑及振捣、混凝土养护、脱模 6 个部分(图 4-74)，这 6 个部分组成一个首尾相连的闭合环，各个工序之间衔接紧密，使模具的空载运行减到最少，有效地提高了模具的利用率。

根据双块式轨枕环形生产线工艺需要，按工序不同将生产线分为 6 个主要的功能区，如图 4-75 所示。

1. 各功能区简介

(1)清理模具。在这个工位上，首先检查定位轴和标识牌是否完好，如有损坏及时更换，同时将模具清理干净。

(2)喷脱模剂。此工位完成模具内脱模剂的喷洒、安装螺旋筋和箍筋。

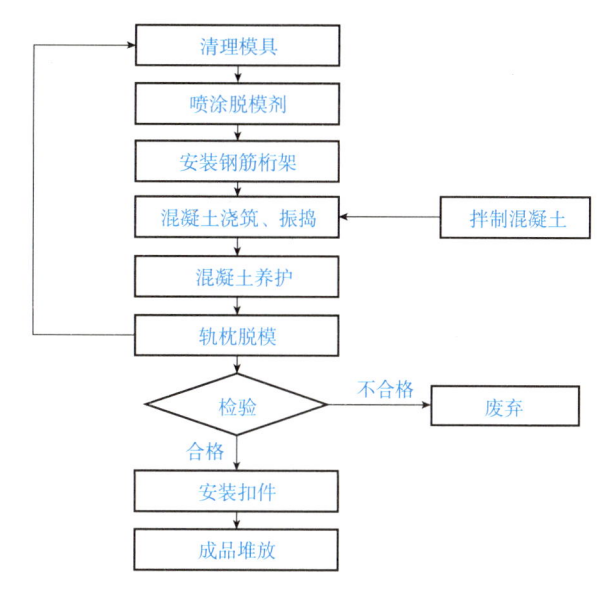

图 4-74 双块式轨枕预制施工工艺

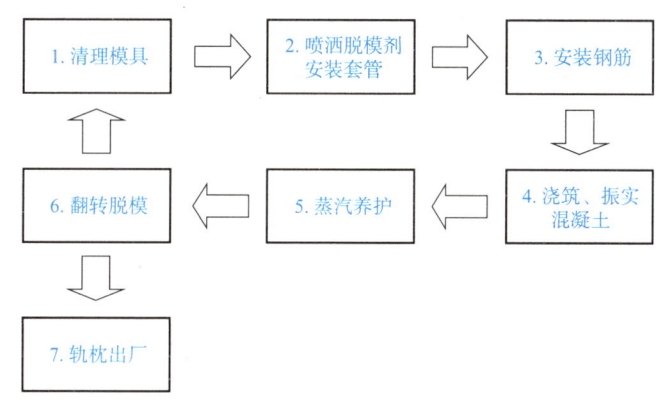

图 4-75 双块式轨枕环形生产线主要工序及循环

(3)钢筋桁架安装。完成钢筋桁架和挡浆夹安装,并对安装好的模具进行混凝土浇筑前的检查,如有不合格情况立即处理。

(4)混凝土浇筑、振捣。将混凝土均匀浇筑至模具内,并振动密实。

(5)混凝土养护。按照静停、升温、恒温、降温的顺序对轨枕混凝土养护,使蒸养 10 h 后的轨枕达到 48 MPa 的立方体抗压强度。

(6)脱模。利用专用脱模台将轨枕与模具分离,并分别将轨枕运到环形生产线外,将空模具运回环形生产线。

2. 双块式轨枕质量检验

针对双块式轨枕生产全过程的质量控制,可依照国内客运专线预制梁的标准进行,其中的外形尺寸检测标准按设计图纸应满足表 4-22 轨枕外形尺寸偏差要求。

(1)轨枕外形尺寸偏差应符合表 4-22 的规定。外观质量应按[Doc1353]的规定。

(2)混凝土强度等级根据 BN 918143 标准,棱长为 150 mm 的正方体抗压强度应不低于 60 MPa。

表 4-22　轨枕外形尺寸偏差要求

检查项目		允许偏差/mm	检测频率/%
	承轨部位的断面高度	+5，-3	1.5
	承轨部位顶部宽度	±5	1.5
有挡肩枕	两承轨槽外侧底脚间距离（根据标准 BN 918143 中的尺寸"a"）	+/-1.5	1.5
	同一承轨槽底脚间距离（根据标准 BN 918143 中的尺寸"b/c"）	+/-1.0	1.5
	承轨槽底脚距套管中心距离	±1	1.5
	套管下沉	2	1.5
	距承轨面 120 mm 深处套管偏离中心线距离	6	1.5
钢筋	上下排钢筋间的距离	±3	1.5
	开焊或松脱	不允许	全检
	轨底坡	0.5	1.5
	承轨面不平度	1	1.5

3. 主要设备配置

主要设备包括钢模型、模型输送辊道、混凝土灌注设备、振动台、养护池、运模小车、翻-脱模机、模型清理侧翻平台、链式传送机等；钢模型采用 4×1 联短模型式；养护池应具备自动控温系统来控制养护温度以及电控系统等。

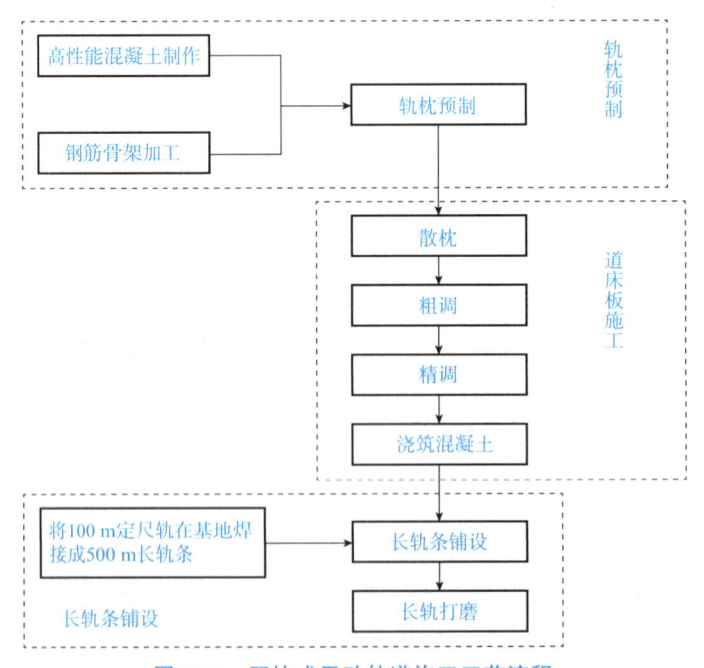

二、双块式无砟轨道施工

双块式无砟轨道施工工艺流程如图 4-76 所示。

图 4-76　双块式无砟轨道施工工艺流程

道床板施工工艺流程可简化为散枕、粗调、精调、浇筑混凝土 4 个工序，其中又可细化为 10 个工序，散枕、粗精调、混凝土浇筑 3 个功能区(图 4-77)。

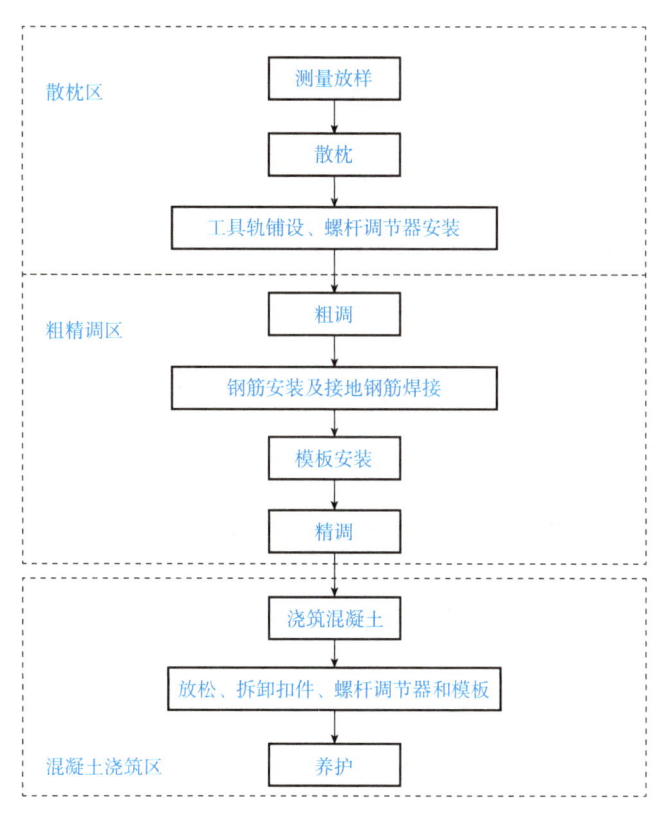

图 4-77 双块式无砟轨道道床板施工工艺流程

道床板施工机械设备主要有散枕机(或轮胎式龙门起重机)、粗调机、模板安装机、精调小车、混凝土浇筑机、模板拆洗机、公铁两用混凝土输送车。

道床板混凝土浇筑施工顺序如图 4-78 所示。

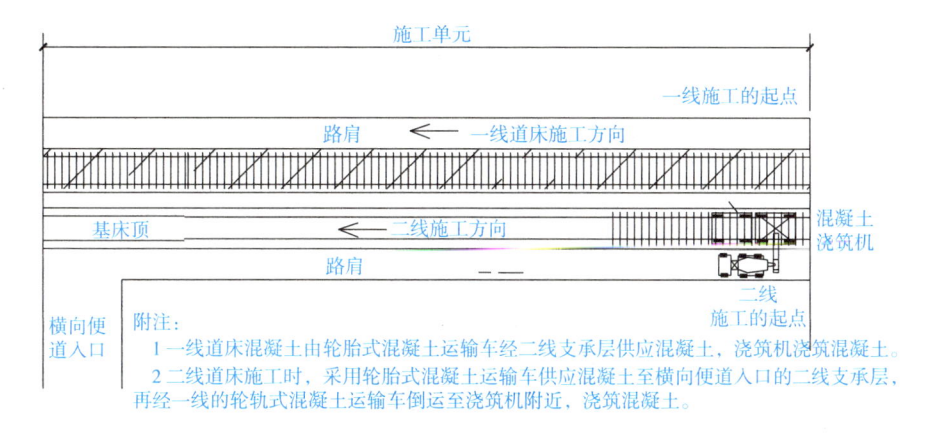

附注：
1 一线道床混凝土由轮胎式混凝土运输车经二线支承层供应混凝土，浇筑机浇筑混凝土。
2 二线道床施工时，采用轮胎式混凝土运输车供应混凝土至横向便道入口的二线支承层，再经一线的轮轨式混凝土运输车倒运至浇筑机附近，浇筑混凝土。

图 4-78 道床施工顺序示意

无砟轨道静态平顺度铺设精度标准应符合表 4-23 的规定。

表 4-23 无砟轨道静态平顺度允许偏差(mm)及检验方法

序号	项目	旅客列车设计行车速度 $v/(km·h^{-1})$ 200	$200<v\leqslant350$	检验方法
1	轨距	+1 -2	±1	轨检小车检测
2	高低(弦长 10 m)	2	2	
3	轨向(弦长 10 m)	2	2	
4	扭曲高低(基长 6.25 m)	3	2	
5	水平	2	1	

任务五 长枕埋入式轨道施工

采用轨排法方案施工,在铺轨基地组装 25 m 轨排,通过轨道运输,现场施工专用铺轨龙门起重机铺轨,墩架法固定轨道,通过料斗或泵送浇筑混凝土。

施工工艺流程如图 4-79 所示。

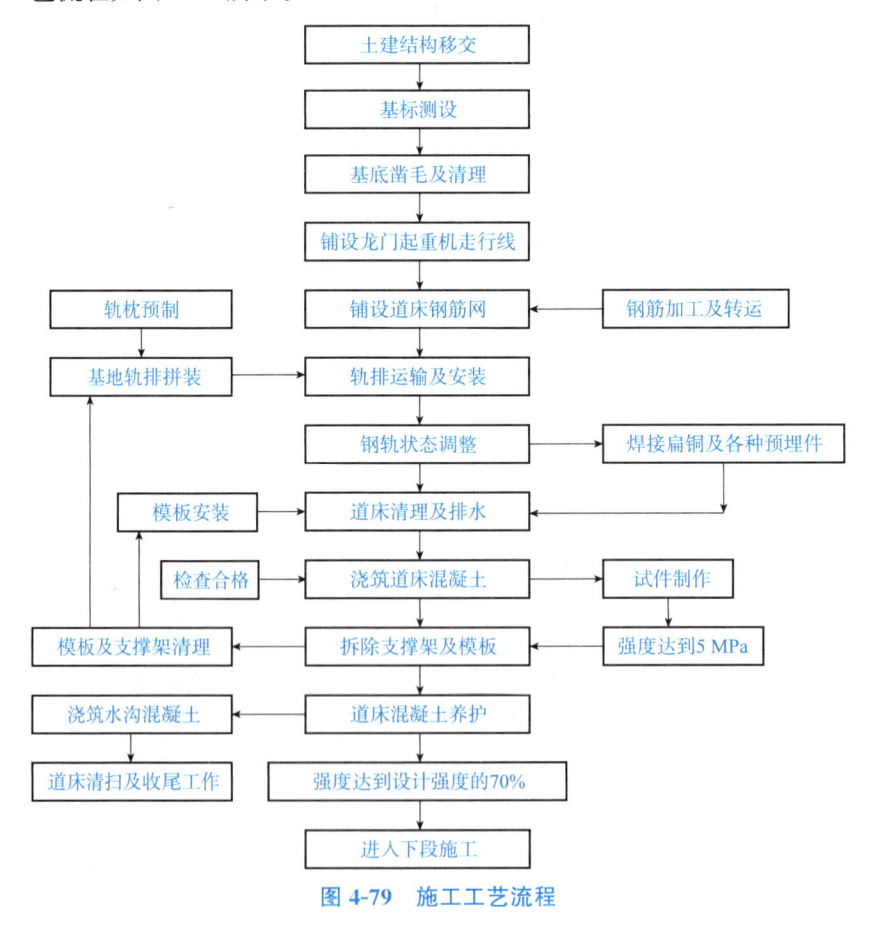

图 4-79 施工工艺流程

一、施工准备

1. 土建结构移交

工程部测量和技术人员及相关机电人员要参与洞内的土建移交，同时做好混凝土下料口、隧道内止排水情况、预埋件、预留管道、水电接口等施工情况调查。发现问题要以报告的形式上报监理，及时反映现场情况，并提前做好各种施工的技术方案及机械设备、水电准备工作。如有问题，必须及时提供相应的施工解决方案，上报项目经理部领导，及时解决，并做好相应的技术交底。

同时还要做好施工技术资料的准备工作，保证各种技术资料能及时到达各领工区和作业人员手中。

2. 基标测设

基标测设的依据为上道工序提供的基桩（导线点及水准点），基桩移交后及时进行标示和防护。及时对上道工序提供的导线点及水准点进行复测，导线测量的闭合差和水准测量的误差应满足规范的精度要求。复测成果通过后进行控制基标和加密基标测设。

控制基标和加密基标设置于道床两侧水沟（图4-80、图4-81）。基标用铜标制作。

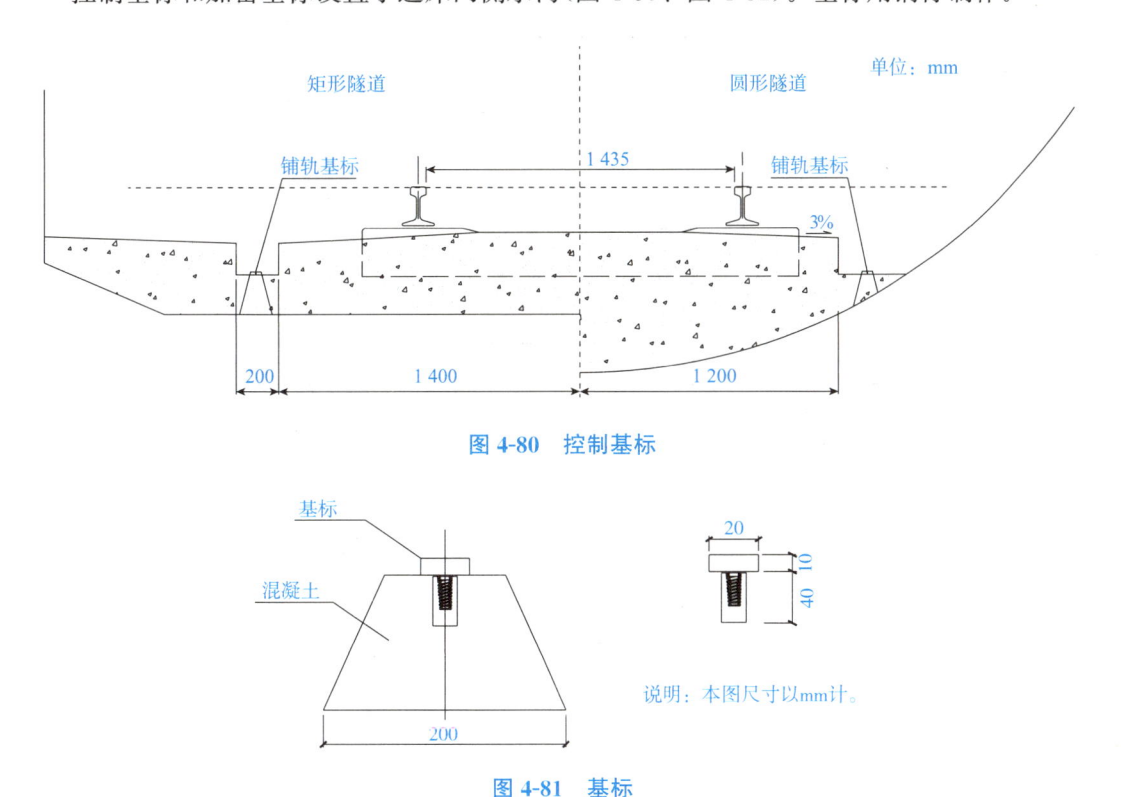

图4-80 控制基标

图4-81 基标

二、长枕埋入式轨道施工

采用架轨法一次性完成整体道床及水沟混凝土施工。每间隔4根轨枕安装1根轨排支撑

155

架连接左右股钢轨，使用铺轨龙门式起重机铺轨，铺轨时在轨排支撑架螺旋支腿外加装PVC套管，利用轨排支撑架结合使用轨道侧向螺旋支撑精调轨道平面、纵横断面并固定轨道位置，道床混凝土使用料斗浇筑，混凝土强度达到5 MPa后拆除支撑架土。

普通整体道床轨道结构施工工艺流程如图4-82所示。

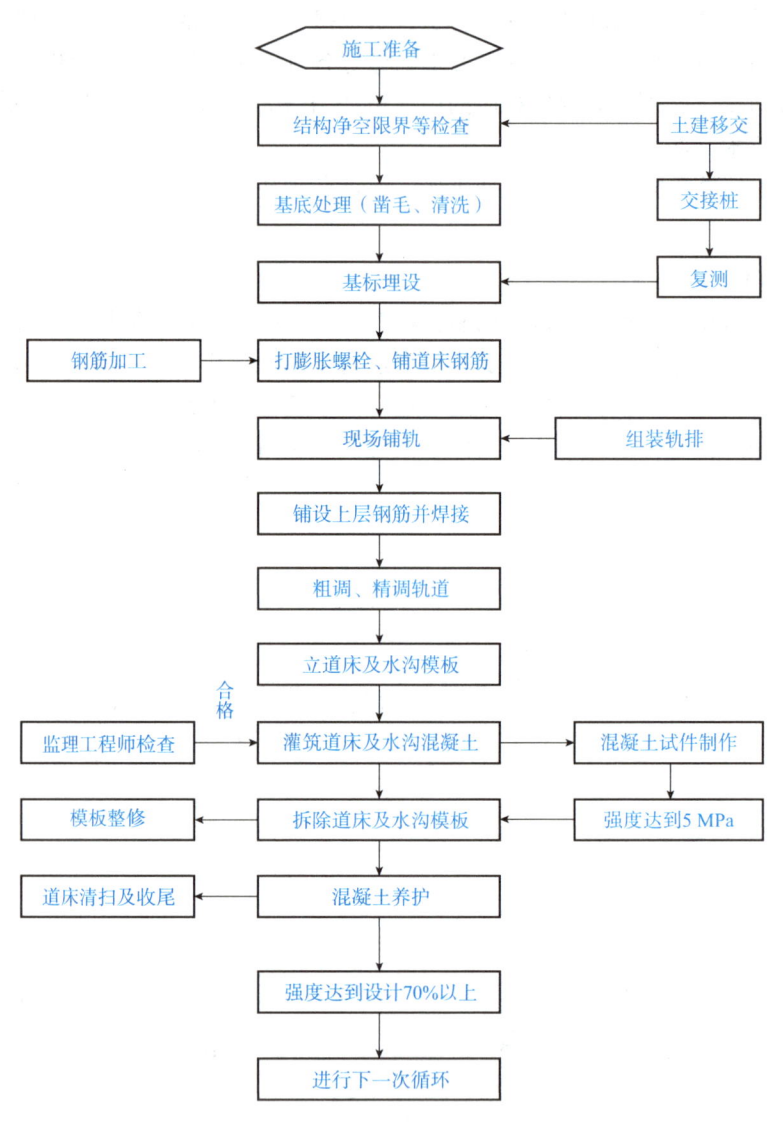

```
施工准备
   ↓
结构净空限界等检查 ← 土建移交
   ↓                  ↓
基底处理（凿毛、清洗） 交接桩
   ↓                  ↓
基标埋设 ←———————— 复测
   ↓
钢筋加工 → 打膨胀螺栓、铺道床钢筋
   ↓
现场铺轨 ← 组装轨排
   ↓
铺设上层钢筋并焊接
   ↓
粗调、精调轨道
   ↓
立道床及水沟模板
   ↓  合格
监理工程师检查 → 灌筑道床及水沟混凝土 → 混凝土试件制作
                   ↓                      ↓
模板整修 ← 拆除道床及水沟模板      强度达到5 MPa
                   ↓
道床清扫及收尾 ← 混凝土养护
                   ↓
          强度达到设计70%以上
                   ↓
            进行下一次循环
```

图4-82 普通整体道床轨道结构施工工艺流程

1. 轨排组装及运输

在拼装轨排前，对钢轨进行长度检尺和轨头断面尺寸检查，将公差最小的钢轨配对使用。在拼装轨排前钢轨检尺配对使用，同一轨排左右股钢轨的相对公差≤3 mm，发现有硬弯的钢轨矫直后再使用，轨头断面不垂直、断面不标准的钢轨禁止使用。

用白油漆将轨枕间距线标注在钢轨轨腰的内侧，组装时，轨枕与钢轨中线垂直，内外股轨枕按法线对齐；间隔 2.5 m 安装控制轨距的钢枕将左右股钢轨连接。

轨排组装完成后用龙门式起重机吊运到指定地点堆放或装车，并按铺设顺序注明轨节编号。轨排装车时，最多装 3 层，先铺的装在上面，后铺的装在下面。

使用钢轨临时接头连接器将短轨节逐根连接。

2. 铺设道床钢筋网

道床内钢筋网采取基地下料、加工，现场铺设、焊接的方法施工，先将下层钢筋网与基础膨胀螺栓进行绑扎连接，轨排铺设后调整上层钢筋的纵向位置，铺设上层钢筋与架立钢筋，连接上下层钢筋并按设计标准进行焊接。

3. 轨排吊铺

轨排运输到作业面吊铺下落，轨道调整支架的螺旋支腿定位轨道高度控制在 500 mm 以内，使用钢轨临时接头连接器将短轨节逐根连接。

4. 轨道粗调、精调

对照铺轨基标利用螺旋支腿粗调轨道几何位置。确认轨道标高、轨距、水平、方向不超过 ±5 mm 后，结合使用钢支顶再进行轨道几何位置精调。精调前首先按不大于 0.5 mm 精度误差调整道尺，借助于直角道尺调整轨道基本股，再用万能道尺调整另一股轨道标高和设置曲线超高；用 10 m 弦线圆顺轨道方向和正矢；轨道调整完后，确认轨道中线、标高、轨距、超高、正矢等符合设计要求后，灌注轨道混凝土支墩。过轨管线及其他预埋件位置与相关专业联系处理。

5. 道床及水沟混凝土施工

道床混凝土使用组合式钢模板，在灌注道床混凝土前在钢轨扣件上覆盖防污薄膜，轨道几何尺寸经监理工程师检查合格后方可进入混凝土灌注工序。分层进行灌注，灌注混凝土时随时检查轨道的几何状态，但捣固棒不得碰触轨枕，以免影响轨道几何尺寸。轨枕四周加强捣固，混凝土灌注后根据设计和试验确定的初凝时间，对道床表面进行二次压平抹光，确保道床表面平整、横坡符合设计要求。混凝土灌注完毕后用麻袋、草帘覆盖及时浇水养护，并不少于 7 d，在混凝土强度达到 5 MPa 时拆除模板。同时松开钢轨扣件，防止钢轨因热膨胀而使道床混凝土产生裂纹。模板经过清理、整修后转入下一个施工循环使用。混凝土强度达到设计强度 70% 后才能承载行车。

道床混凝土伸缩缝及遇结构变形缝时按设计要求采用 2 cm 厚度的沥青木板设置。

技术措施如下：

混凝土施工质量控制是施工的重点。施工时加强养护，防止道床出现裂纹，因此混凝土早期养护应安排专人负责，使混凝土裸露表面随时处于湿润状态。

组装轨排时螺栓涂油工作是质量控制的重点。螺栓涂油后既可防止螺纹套管中进水，又便于钢轨接头焊接时扣件的拆除。

防止扣件和钢轨污染是质量控制的重点。灌注支墩和道床混凝土时要加强防护。

派质检人员驻厂监控混凝土轨枕预制过程的质量。主要对预制品钢筋网布置、混凝土的配合比及浇筑养护等情况，以及预制件的强度情况，进行严格控制。对不合格的产品严禁使用。

基标保护是质量控制的重点，对破坏的基标必须马上补上，对不符合规范要求的基标必须重测。

基底处理，必须严格按照有关规定加强监控，对不符合要求的地段必须及时整改。

加强对防迷流钢筋网的焊接质量检查，不符合要求的及时整改。

浇筑混凝土之前，必须对排流端子及预埋件进行检查。对遭到破坏的排流端子，必须及时修复。严格检查预埋件安装的位置是否正确。

拆除支架的时间是质量控制的重点。严格控制拆除支撑架的作业时间，必须在混凝土强度达到 5 MPa 后，才能拆除支架。

任务六　弹性支承块式轨道施工

弹性支承块结构(图 4-83)的基本形式在国外也称为"低振动轨道(LVT)"，最早于 1966 年铺设于瑞士 Boetberg 隧道中，至今已有半个多世纪的运营经验。1993 年 6 月开通运营的英法海峡隧道也铺设了这种结构，该隧道设计最高行车速度 200 km/h。

弹性支承块结构一般适用于有减振降噪要求的隧道区段，目前在我国城市地铁中一般减振降噪地段铺设较多。

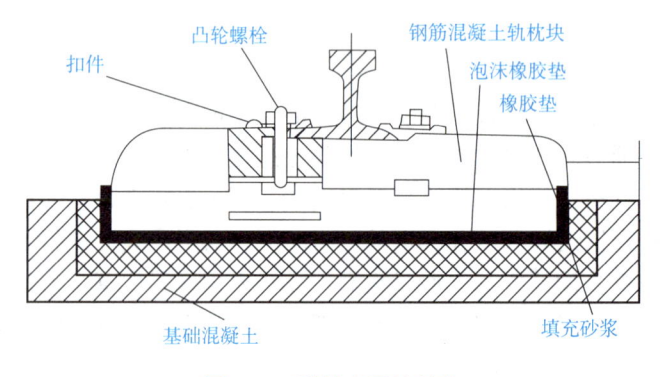

图 4-83　弹性支承块结构

一、结构形式

弹性支承块无砟轨道结构简单，施工相对容易。其支承块为钢筋混凝土结构，可在工厂预制，现场只需将钢轨、扣件、靴套及垫板的支承块加以组装，经准确定位后，就地灌注道床混凝土即可成型。弹性支承块无砟轨道结构的缺点是中初期投资较大，且橡胶易老化，运营一定时间后必须更换。

二、施工工艺流程

弹性支承块的施工工艺流程如图 4-84 所示。

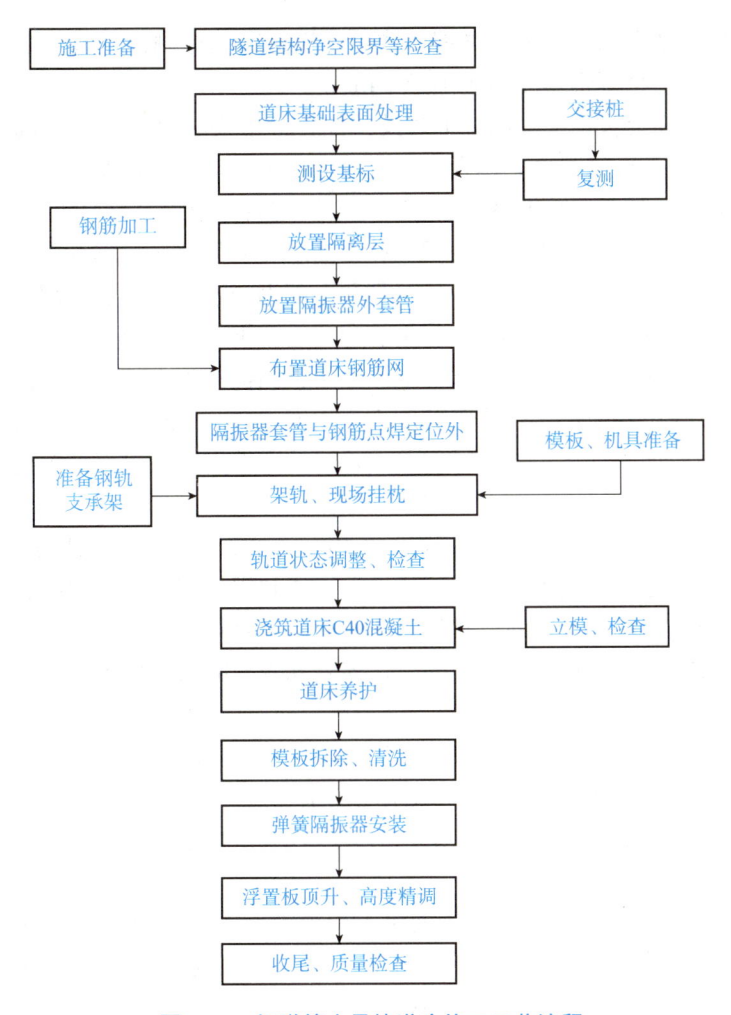

```
施工准备 → 隧道结构净空限界等检查
                ↓
          道床基础表面处理      交接桩
                ↓               ↓
          测设基标  ←──────────  复测
                ↓
钢筋加工    放置隔离层
                ↓
          放置隔振器外套管
                ↓
     →    布置道床钢筋网
                ↓
          隔振器套管与钢筋点焊定位外    模板、机具准备
                ↓                      ↓
准备钢轨   架轨、现场挂枕  ←──────────
支承架 →        ↓
          轨道状态调整、检查
                ↓
          浇筑道床C40混凝土  ←  立模、检查
                ↓
          道床养护
                ↓
          模板拆除、清洗
                ↓
          弹簧隔振器安装
                ↓
          浮置板顶升、高度精调
                ↓
          收尾、质量检查
```

图 4-84　钢弹簧支承块道床施工工艺流程

三、技术要求（施工允许偏差）

(1)每块道床板的长度：±12 mm；
(2)每块道床板的宽度：±5 mm；
(3)道床板的高度：±5 mm；
(4)隔振器外套筒位置公差：±3 mm；
(5)剪力铰安装位置公差：±5 mm；
(6)其他按照《地下铁道工程施工质量验收标准》(GB/T 50299—2018)执行。

四、施工工艺及技术措施

浮置板道床基础表面处理：浮置板道床基础混凝土表面进行清扫、打磨，确保每个隔振器下面的混凝土基础在直径 1 m 的范围内表面平整度，高低不平度小于 2 mm，不满足要求的部位要进行重新打磨处理。最后用高压水冲洗后用高压风吹干来清洗干净。

(1)基标测设。基标测设详见本书钢弹簧浮置板道床基标测设。基础混凝土表面清扫干净后,铺设隔离层(塑料薄膜厚度不应小于1 mm)。

(2)放置隔振器外套管。在隔离层上按设计位置标出安装隔振器的准确位置,外套管放好后,用硅胶等物把基础密封好,以保证外套管的位置并防止水泥浆渗入。

(3)绑扎钢筋网。当所有隔振器外套管放好并固定后,根据设计要求绑扎钢筋和剪力铰,剪力铰定位要准确。在隔振器外套管周围绑扎钢筋时,要注意避免移动外套管。为防止浇筑混凝土时外套管浮起和移动,把外套管的吊耳和上部钢筋连在一起。在绑扎前要检查塑料隔离薄膜,对损坏的要进行修补,绑扎结构钢筋和防迷流钢筋时,要将防迷流端子引出。绑扎专用的排杂散电流钢筋作为收集网。杂散电流专用钢筋搭接处必须焊接,搭接长度不得小于钢筋直径的6倍,采用两面焊接,焊缝高度不小于6 mm。每根排杂散电流纵向钢筋必须与所有排杂散电流横向钢筋焊接。焊接时应采用临时的防护措施,以保证焊接飞溅物不烧穿下面铺设的隔离层。

(4)地下线钢弹簧浮置板整体道床浇筑。采用泵送的方法进行,混凝土强度等级为C40。人工配合小型机具将已运至现场的轨枕、扣件、钢轨利用特制的支撑架组装成轨排并铺设就位,架设、调整轨距、水平、方向,按设计的轨面高程对轨排进行精确定位。

立模板,连接器定位浇筑浮置板混凝土,控制混凝土的入模坍落度,加强振捣,尤其要加强套筒附近的振捣。

(5)弹簧隔振器安装。在浮置板道床混凝土养护28 d后,拆除模板,打开隔振器套管的盖板,依次放入防滑垫板→弹簧套筒(内置阻尼剂定位)→内外弹簧→弹簧套筒上盖,利用便携式液压千斤顶下压每个隔振器的弹簧组,然后放入钢垫片定位。

(6)拆除模板并清洗。

(7)浮置板顶升和高度精调。用专用液压千斤顶第一轮顶升至浮置板重量和弹簧力平衡(浮置板刚脱离隧道仰拱),然后经过四轮顶升,顶升总高度47 mm,允许偏差为±1 mm。自重作用下直到浮置板底板距离隧道仰拱回填混凝土表面40 mm为止,最后按照设计的轨面高程精确调整浮置板高度。

(8)收尾。盖上隔振器盖板,随时检查隔振器并重新调平,放置伸缩缝填充材料和橡胶封条。

学习拓展

盘锦至营口客运专线主要施工技术介绍

一、工程概况

盘锦至营口铁路客运专线(以下简称盘营客专)位于我国东北地区,辽宁省中部,临近渤海,气候上属于暖温带亚湿润大陆性季风气候区,四季分明,冬季寒冷。盘营客专正线无砟轨道铺设长度为167.7 km。该地区的特殊地理和气候条件,决定了对CRTS Ⅲ型板式无砟轨道施工质量的较高要求,特殊的地理环境也增加了施工的难度。

二、技术难点

盘营客专 CRTS Ⅲ 型板式无砟轨道施工技术难点主要体现在曲线轨道板制造、轨道板铺设和自密实混凝土施工 3 个方面。

三、相应施工技术措施

1. 曲线轨道板制造

为实现曲线地段 CRTSⅢ型轨道板与曲线位置的一一准确对应，以往类似工程一般采用承轨槽打磨工艺，设备投资大，功效低。为此，该工程采用模板承轨槽调整的工艺措施，解决了这一技术难题，而且设备投资低，功效提高。该工艺是轨道板制造技术的重要创新。

2. 轨道板铺设

CRTSⅢ型板式无砟轨道通过设计布板、施工布板、轨道板精调和灌注锁定控制，依据 CPⅢ控制网，采用全站仪、则量标架、精调及压紧等设备，对轨道板通过调整支架进行精确调整和固定，控制好轨道板的绝对精度和相对精度，保证轨道中线位置、高程和相邻轨道板之间的平顺性。

3. 自密实混凝土施工

针对目前自密实混凝土制备中存在的问题，研究制定了自密实混凝土性能指标的选定、自密实混凝土生产质量控制技术和自密实混凝土施工质量控制技术 3 方面措施。

复习思考题

1. 简述 CRTS Ⅰ 型无砟轨道的主要施工工艺流程。
2. 无砟轨道凸形挡台周围灌注填充树脂应如何进行？有哪些注意要点？
3. 简述 CRTS Ⅱ 型无砟轨道设置"两布一膜"滑动层的作用。
4. 简述 CRTS Ⅱ 型无砟轨道施工工艺。
5. 简述 CRTS Ⅲ 型无砟轨道轨道板的精调方法。
6. 简述 CRTS Ⅰ 型双块式无砟轨道施工工艺流程与施工要点。

项目五 道岔

学习目标

知识目标

1. 掌握普通单开道岔的种类、结构组成及作用。
2. 掌握普通单开道岔各部分尺寸计算方法。
3. 掌握普通单开道岔铺设作业程序及要求。
4. 了解特殊道岔的种类、结构组成及各部分作用。

能力目标

1. 能够说出某种道岔结构特点、各部分组成及作用。
2. 能够进行道岔各部分尺寸的测量。
3. 能够制定道岔铺设方案,进行道岔铺设施工。

素质目标

1. 树立"科技是第一生产力"的思想,大力推进自主创新。
2. 坚持正确的施工原则,发扬勤俭节约、艰苦奋斗的精神。
3. 施工过程中,树立生态文明观念,自觉落实环境保护行动。

任务一 道岔构造

一、道岔概述

把两条或两条以上的轨道,在平面上进行相互连接或交叉的设备,统称为道岔。道岔是机车车辆从一股轨道转入或越过另一股轨道时必不可少的线路设备,是铁路轨道的一个重要组成部分。根据用途和条件的不同,可以利用道岔把许多平行股道组合成各种不同形式的车站或车场,其目的是使列车由一条轨道转入或越过另一条轨道,以满足铁路轨道运输中的各种作业需要。道岔具有数量多、构造复杂、使用寿命短、限制列车速度、行车安全性低、养护维修投入大等特点,因此,道岔与曲线、接头并称为轨道结构的三大薄弱环节。

道岔根据用途和构造形式的不同，基本上可分为连接设备、交叉设备和连接与交叉组合设备。铁路轨道常用的线路连接设备有各种类型的单式道岔设备和复式道岔设备，交叉设备有直角交叉设备和菱形交叉设备，连接与交叉组合设备有交分道岔和渡线设备等。

根据用途和平面形状，道岔有普通单开道岔、对称道岔、三开道岔、交分道岔、交叉渡线 5 种标准类型。

二、道岔构造特征

1. 普通单开道岔

单开道岔是指主线为直线，侧线由主线向左侧或右侧分支的道岔。单开道岔由一股直线和一股侧线组合而成。

单开道岔分为左开道岔和右开道岔。区分方法为站在道岔的前端，面向道岔，侧线向左侧分支的称为左开道岔，侧线向右侧分支的称为右开道岔。

单开道岔在构造上比任何其他类型道岔都简单，因而设计、制造、使用和养护比较方便。所以，单开道岔为铁路线路上最普遍采用的基本连接设备，占各类道岔的 90% 以上。

单开道岔由转辙器（基本轨、尖轨、拉杆、连杆等）、辙叉及护轨、连接部分组成，如图 5-1 所示。

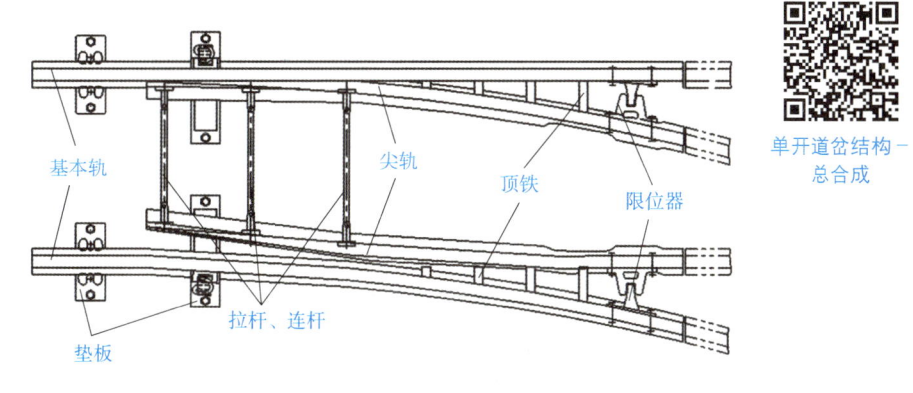

图 5-1 单开道岔的组成

（1）转辙器部分。

作用：通过将尖轨扳动到不同的位置，使列车沿直线或侧线行驶。

组成：两根基本轨、两根尖轨、各种连接零件及根部结构。

1）基本轨。基本轨长 12.5 m 或 25 m，基本轨除承受车轮的垂直压力外，还与尖轨共同承受车轮的横向水平推力，故基本轨轨腰设有连接轨撑的螺栓孔，还有连接辙跟设备和顶铁的螺栓孔。

①直股上采用直基本轨。

②侧股上采用曲基本轨（转辙器各部分的轨距在工厂事先弯折成规定的折线或采用曲线形）。弯折目的是使转辙器轨距、方向正确及尖轨和基本轨密贴，曲基本轨应按支距进行弯折。

③非提速道岔不设轨底坡，可改善钢轨的受力条件。
④提速道岔设有 1∶40 的轨底坡。
2)尖轨。

作用：依靠尖轨的扳动，将列车引入正线或侧线方向。

尖轨在平面上可分为直线型尖轨和曲线型尖轨，如图 5-2 所示。

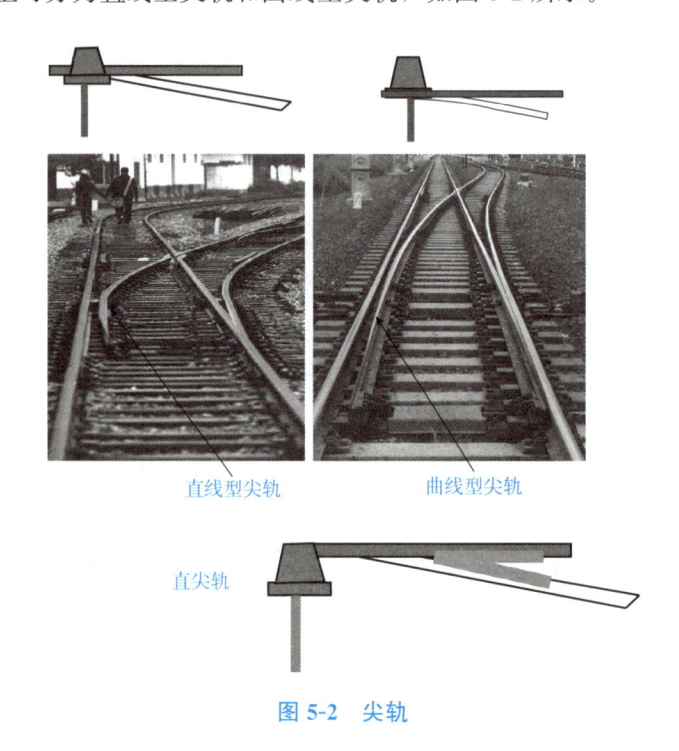

直线型尖轨　　　　曲线型尖轨

直尖轨

图 5-2　尖轨

3)转辙角。直线尖轨工作边与基本轨工作边所成的夹角叫作转辙角。转辙角与车轮轮缘冲击尖轨工作边的冲击角。其优点是制造加工简单，更换使用方便，左、右开道岔可互相更换；缺点是道岔长，尖轨尖端轨距较宽，影响列车沿正线运行平稳性。如需减小尖轨的冲击角、提高列车的侧向通过能力以及缩短道岔长度，宜采用曲尖轨。曲尖轨是通往侧线的尖轨。其缺点是左、右开道岔不可互相更换。

单开道的技术要求有钢轨类型、道岔号数、岔枕类型、容许通过速度(无设计图时)、设计图号(有设计图时)、道岔制造技术条件、钢轨材质及热处理要求、绝缘接头设置位置要求等。

(2)辙叉。

辙叉是使车轮由一股钢轨越过另一股钢轨的设备。辙叉由叉心、翼轨和连接零件组成，如图 5-3 所示。按平面形式分，辙叉有直线辙叉和曲线辙叉两类；按构造类型分，辙叉有固定辙叉和活动辙叉两类。

叉心两侧作用边之间的夹角 α 称为辙叉角，其交点称为辙叉理论中心(理论尖端)。由于制造工艺原因，实际辙叉尖端其宽度有 6~10 mm，故称辙叉实际尖端。

辙叉角 α 越小，道岔号数 N 越大，两者之间的关系见表 5-1。

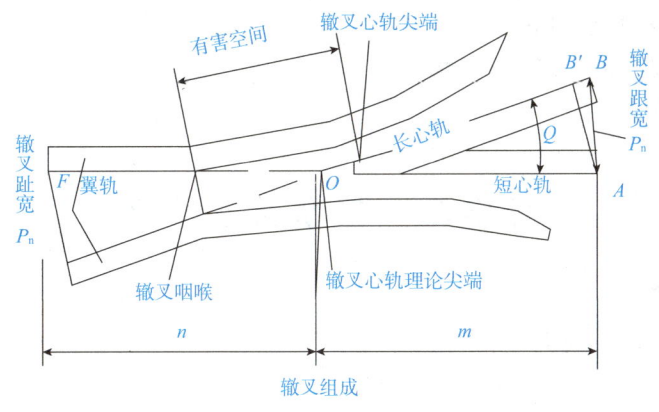

图 5-3 辙叉组成

表 5-1 道岔号数与辙叉角关系

道岔号数	7	9	12	18	30	38
辙叉角	8°07′48″	6°20′25″	4°45′49″	3°10′47″	1°59′57″	1°34′42.9″

2. 对称道岔

对称道岔如图 5-4 所示。

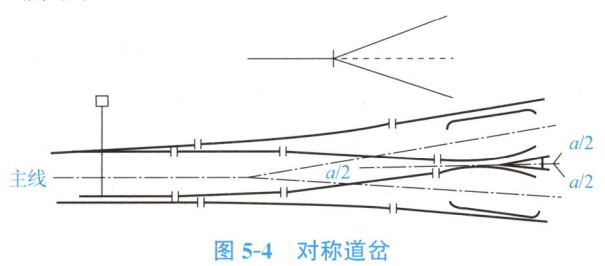

图 5-4 对称道岔

对称道岔的结构特点如下：
(1) 左右导曲线皆为侧线，且半径相同，无直线、侧线之分。
(2) 整个道岔对称于辙叉角的中心线。
(3) 导曲线半径较同号单开道岔导曲线半径大一倍，侧线方向与主线方向转角为同号单开道岔的一半。

3. 三开道岔

三开道岔如图 5-5 所示。

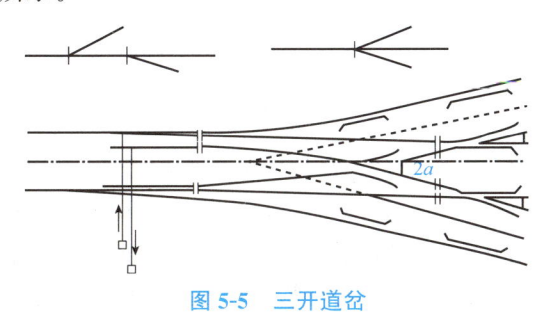

图 5-5 三开道岔

三开道岔的结构特点如下：
(1)由两个道岔合成，共有 3 个辙叉。
(2)可开通 3 个方向。

任务二　道岔尺寸检查

一、作业方法、步骤

1. 准备作业

检查和校正道尺。检查道尺检验卡是否有效，使轨距、水平检测误差不大于±1 mm。

2. 基本作业

(1)确定道岔直、曲标准股。在检查水平时，直股以左侧为标准股。标准股较高时记为"＋"，反之记为"－"(站在岔首面向辙叉方向，左手边直股及曲股为标准股)。

(2)目视道岔方向和高低。站在道岔外约 50 m 处，面向道岔，先看道岔方向，后看道岔前后高低，必要时可用弦线测量。如有超限或其他危及行车安全处所，应填写在检查记录簿补修栏内。

(3)按图 5-6 所示位置、顺序检查道岔的轨距、水平。用道尺在规定的部位逐处检查，先检查轨距，后检查水平。将各部位几何尺寸误差值记录在检查记录簿轨距、水平栏内。在道岔检查的过程中，应随时注意检查其他可能危及行车安全的病害，以及钢轨、尖轨、辙叉、夹板伤损情况。如有超限或其他行车安全的病害，应填写记录簿补修栏内。

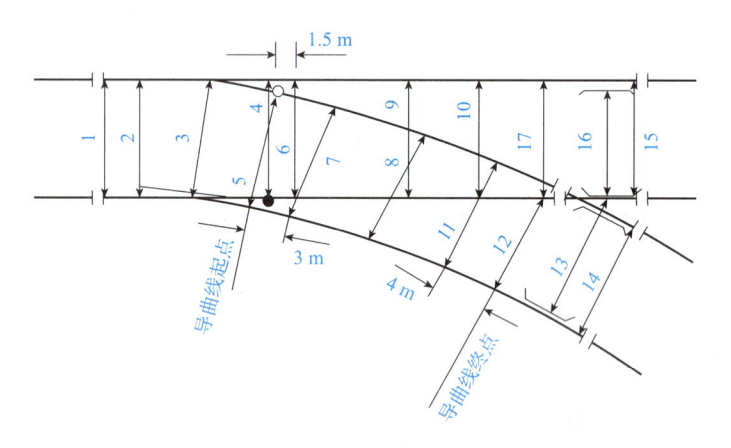

图 5-6　单开道岔检查位置

(4)检查支距。应由两人协作配合。在规定的支距检查点上，用支距尺检查支距值，填写在检查记录簿导曲线支距栏中。如有超限，还应填写在检查记录簿补修栏内(图 5-7)。

(5)检查道岔爬行。用方尺在尖轨尖端或尖轨跟端检查尖轨的直角相错量，并填写在检查记录簿记事栏内。如有超限，还应填写在检查记录簿补修栏内(图 5-8)。

图 5-7　支距检查

图 5-8　道岔爬行检查

(6)检查连接曲线正矢。用 10 m 弦线和钢板尺，在外股钢轨踏面下 16 mm 处，测量连接曲线正矢。如有超限，应填写在检查记录簿补修栏内。

(7)用钢板尺检查道岔各主要部位的有关尺寸，包括尖轨的动程和开程、尖轨跟端间隔铁尺寸、辙叉前后开口尺寸等，并由此分析轨距、方向等超限原因。

二、质量标准

(1)检查项目和部位必须完整，无遗漏，检查位置必须准确，要将超限处所查出来，记录准确无误。在轨距递减、递增变化点检查部位，按规定位置偏差不得超过 100 mm。支距检查部位的位置偏差不得超过 10 mm。

(2)检查数据结果正确。轨距、水平、高低、方向、支距、正矢测量误差不得超过 ±1 mm。轨距水平、支距、正负号不能写错。

(3)检查顺序规范合理，部位齐全。

(4)对超限处所的范围判定正确，超限处所勾画准确无误。

(5)能及时发现危及行车安全的危险处所,并记录清楚。
(6)准确判断各种病害产生原因、作业位置、工作项目、工作量。

三、安全注意事项

(1)检查转辙部位时,要防止尖轨突然扳动、挤伤手脚和道尺。
(2)有来车时应按有关规定及时下道避车。邻线有来车时应停止工作,加强瞭望。
(3)在绝缘接头处不准用钢板尺、钢卷尺接触两端钢轨以防混电。
具体检查位置如下。
(1)尖轨前顺坡终点:基本轨接头第二个螺栓处(或距轨端200~250 mm处)(图5-9)。

图5-9 尖轨前顺坡终点检查位置

(2)尖轨尖端:距尖轨尖端50~80 mm处(图5-10)。

图5-10 尖轨尖端检查位置

(3)尖轨中部：尖轨竖切削终点处(动程无影响)(图 5-11)。

图 5-11 尖轨中部检查位置

(4)尖轨跟端直股：放在连接轨夹板第二螺栓处(图 5-12)。

图 5-12 尖轨跟端直股检查位置

(5)尖轨跟端曲股：放在连接轨夹板第二螺栓处(导曲线起点处)(图 5-13)。

图 5-13 尖轨跟端曲股检查位置

(6)尖轨跟端后直股：距跟端 1.5 m(图 5-14)。

图 5-14　尖轨跟端后直股检查位置

(7)导曲线前部：距导曲线起点 3 m(图 5-15)。

图 5-15　导曲线前部检查位置

(8)导曲线中部：放在导曲线外股接头第二螺栓处(图 5-16)。

图 5-16　导曲线中部检查位置

(9)直股中部：放在直内股接头第二螺栓处(图 5-17)。

图 5-17　直股中部检查位置

(10)直股后部：距辙叉前直线段 4 m 处(图 5-18)。

图 5-18　直股后部检查位置

(11)导曲线后部：距辙叉前直线段 4 m 处(距导曲线终点 4 m)(图 5-19)。

图 5-19　导曲线后部检查位置

(12)辙叉曲股前：放在导曲线终点处（图5-20）。

图 5-20　辙叉曲股前检查位置

(13)辙叉曲股中：放在辙叉心 20～50 mm 处（同时量查照间隔和护背距离）（图 5-21）。

图 5-21　辙叉曲股中检查位置

(14)辙叉曲股后：放在辙叉跟第二个螺栓处（图5-22）。

图 5-22　辙叉曲股后检查位置

(15)辙叉直股后：放在辙叉跟第二个螺栓处（图 5-23）。

图 5-23　辙叉直股后检查位置

(16)辙叉直股中：放在辙叉心 20～50 mm 处（同时量查照间隔和护背距离）（图 5-24）。

图 5-24　辙叉直股中检查位置

(17)辙叉直股前：对应放在导曲线终点处（图 5-25）。

图 5-25　辙叉直股前检查位置

四、普通9号、12号道岔的检查

1. 轨距检查位置及标准

普通9号、12号道岔轨距检查位置及标准见表5-2。

表5-2 普通9号、12号道岔轨距检查位置及标准

顺号	检查部位	轨距标准/mm 9号道岔	轨距标准/mm 12号道岔	说明
1	前顺坡终点	1 435	1 435	检查位置：基本轨接头
2	尖轨尖端	1 450	1 445	
3	尖轨中	1 444	1 442	
4	尖轨跟端（直）	1 439	1 439	
5	尖轨跟端（曲）	1 439	1 439	
6	导曲线部分前（直）	1 435	1 435	检查位置：距离尖轨跟端1.5 m处
7	导曲线部分前（曲）	1 450	1 445	检查位置：距离尖轨跟端3 m处
8	导曲线部分中（直）	1 435	1 435	检查位置：曲股接头处
9	导曲线部分中（曲）	1 450	1 445	检查位置：曲股接头处
10	导曲线部分后（直）	1 435	1 435	检查位置：从最后一个支距点向前量4 m处
11	导曲线部分后（曲）	1 450	1 445	检查位置：从最后一个支距点向前量4 m处
12	叉心前（直）	1 435	1 435	
13	叉心前（曲）	1 435	1 435	
14	叉心中（直）	1 435	1 435	检查位置：叉心宽10~40 mm处，同时检查查照间隔、护背距离
15	叉心中（曲）	1 435	1 435	检查位置：叉心宽10~40 mm处，同时检查查照间隔、护背距离
16	叉心后（直）	1 435	1 435	
17	叉心后（曲）	1 435	1 435	

2. 水平的检查

（1）普通道岔尖轨按标准高出基本轨6 mm，所有叉心翼轨都有堆高，尖轨中和叉心中两处不检查水平。

（2）普通道岔尖轨跟端高出基本轨6 mm，有的混凝土岔枕普通道岔导曲线上股有6 mm的超高，检查时要以此为标准。

（3）尖轨尖端及以前以直股基本轨为基准股，尖轨跟端及以后以内两股和叉心为基准股，基准股高为正，反之为负。

3. 方向的检查

直股外股道岔全长和直股内股辙叉趾端至尖轨后1.5 m以及道岔前后各50 m范围均可检查。

4. 高低的检查

高低的检查与方向检查范围相同,只是普通道岔内直股距尖轨跟端 2 m 范围不得放弦。

5. 检查记录

普通道岔《道岔检查记录簿》格式见《铁路线路修理规则》(铁运〔2006〕146 号部令发布)第 160 页。普通 9 号、12 号道岔均可使用此种记录簿。

五、可动心轨提速道岔的检查(12 号)

(1)轨距检查位置及标准表 5-3。

(2)水平的检查。可动心轨提速道岔的尖轨和心轨采用 AT 轨制造,除尖轨和心轨顶面剖切部分外,不存在构造水平,因此,水平的检查位置与轨距的检查位置相同。基准股的确定与 AT12 号道岔相同。

(3)高低、方向的检查与 AT12 号道岔相同。

(4)《可动心轨提速道岔检查记录簿(12 号)》格式见《铁路线路修理规则》(铁运〔2006〕146 号部令发布)第 161 页。

表 5-3　可动心轨提速道岔轨距检查位置及标准(12 号)

顺号	检查部位	轨距标准/mm	检查位置	说明
1	尖轨前顺坡终点	1 435	1 号岔枕前	基本轨接头处
2	尖轨尖端处	1 435	5 号岔枕前边	
3	尖轨中部(直)	1 435	17 号岔枕上	
4	尖轨中部(曲)	1 435		
5	尖轨跟端(直)	1 435	28 号、29 号岔枕间	
6	尖轨跟端(曲)	1 435		
7	导曲线部分前部(直)	1 435	34 号岔枕上	尖轨跟、中间接头之间,距前后接头均为 3.29 m
8	导曲线部分前部(曲)	1 435		
9	导曲线部分中部(直)	1 435	39 号、40 号岔枕间	中间接头处
10	导曲线部分中部(曲)	1 435		
11	导曲线部分后部(直)	1 435	45 号岔枕上	中间接头与辙叉接头之间,距前后接头均为 3.26 m
12	导曲线部分后部(曲)	1 435		
13	辙叉前部(直)	1 435	50 号、51 号岔枕间	辙叉前接头
14	辙叉前部(曲)	1 435		
15	辙叉中部(直)	1 435	55 号岔枕上	心轨顶面宽 20 mm 左右处
16	辙叉中部(曲)	1 435		
17	查照间隔(曲)	1 391		
18	弹性可弯中心后部(直)	1 435	67 号、68 号岔枕间	长心轨弹性可弯中心后第一间隔铁处及侧股对应位置
19	弹性可弯中心后部(曲)	1 435		
20	辙叉后部(直)	1 435	72 号、73 号岔枕间	辙叉后接头处
21	辙叉后部(曲)	1 435		

六、交分道岔的检查

(1)轨距检查位置及标准见表 5-4～表 5-6。

(2)甲乙股的区分。面对里程计算方向分左右,前锐角辙叉的左侧为甲股,右侧为乙股,甲乙股均直向检查至后锐角辙叉,在后锐角辙叉处,右侧为甲股,左侧为乙股。

(3)水平的检查。基准股的确定:两锐角辙叉处,以辙叉为基准股,两双转辙器和钝角辙叉处,哪股靠道岔里侧,哪股为基准股,基准股高为正,反之为负。

(4)《交分道岔检查记录簿》格式见《铁路线路修理规则》(铁运〔2006〕146 号部令发布)第 164 页。

表 5-4　复式交分道岔轨距检查位置及标准

顺号	检查部位		9 号道岔		12 号道岔	
			轨距标准/mm	检查位置及说明	轨距标准/mm	检查位置及说明
1	前锐角辙叉	叉心后	1 435	辙叉后接头	1 435	与 9 号相同
2		叉心中	1 435	心轨顶面宽 20～40 mm 处	1 435	与 9 号相同
3		查照间隔	1 391	心轨顶面宽 20～40 mm 处	1 391	与 9 号相同
4		护背距离	1 348		1 348	
5	前双转辙器	前顺坡终点	1 435	距尖轨尖端 2 670 mm	1 435	距尖轨尖端 1 800 mm
6		尖轨尖	1 449		1 445	
7		尖轨中	直 1 435 曲 1 450	距尖轨尖 2 418 mm 处直、曲哪股开通量哪股	直 1 435 曲 1 445	距尖轨尖 3 777 mm 处直、曲哪股开通量哪股
8		尖轨跟(直)	1 437	开通时量跟端,未开通时量跟端后轨头	1 435	与 9 号相同
9		尖轨跟(曲)	1 450	开通时量跟端,未开通时量跟端后轨头	1 445	与 9 号相同
10		可动心轨跟端	1 437	甲乙股都量,开通时量跟端,未开通时量跟端后轨头	1 435	与 9 号相同
11		可动心轨中间	1 437	开通时量取	1 435	与 9 号相同
12		短中轴	1 445	理论为 1 437	1 436	
13	钝角辙叉	导曲线中	1 450	中轴处	1 445	与 9 号相同
14		曲中外矢	338	导曲线作用边至辙叉中轴作用边之间的距离,甲股量左侧,乙股量右侧	329	与 9 号相同
15		可动心轨中间	1 437	开通时量取	1 435	与 9 号相同
16		可动心轨跟端	1 437	甲乙股都量,开通时量跟端,未开通时量跟端后轨头	1 435	与 9 号相同

续表

顺号	检查部位		9号道岔		12号道岔	
			轨距标准/mm	检查位置及说明	轨距标准/mm	检查位置及说明
17	后双转辙器	尖轨跟(直)	1 437	开通时量跟端,未开通时量跟端后轨头	1 435	与9号相同
18		尖轨跟(曲)	1 450	开通时量跟端,未开通时量跟端后轨头	1 445	与9号相同
19		尖轨中	直 1 435	距尖轨尖 2 418 mm处 直、曲哪股开通量哪股	1 435	与9号相同
			曲 1 450		1 445	
20		尖轨尖	1 449		1 445	
21		前顺坡终点	1 435	距尖轨尖端 2 670 mm (图号450),2 425 mm (图号888)	1 435	距尖轨尖端 1 800 mm (图号524)
22	后锐角辙叉	查照间隔	1 348	心轨顶面宽 20~40 mm处	1 348	与9号相同
23		护背距离	1 391		1 391	
24		叉心中	1 435	心轨顶面宽 20~40 mm处	1 435	与9号相同
25		叉心后	1 435	辙叉后接头	1 435	与9号相同

表 5-5 前双转辙器处轨距加宽前、后递减距离

图号	道岔号数	前顺坡终点/mm	尖轨中距尖端距离/mm	
			直股尖轨	曲股尖轨
524	12	1 800	3 777	3 083
450	9	2 670	2 464	2 386
888	9	2 670	2 462	2 572
6063	9	2 425	2 418	2 572
2524	9	2 670	2 357	2 677
2594	9	直 2 670 曲 2 657	2 562	2 572
230	9	2 425	2 418	2 572
869	9	2 425	2 418	2 572

表 5-6　对称道岔检查记录簿

站名＿＿＿＿　道岔编号＿＿＿＿　型号＿＿＿＿　（附表一）

检查日期	检查项目	转辙部分					连接部分						辙叉部分							支距	记事
^	^	前顺坡终点	基本轨接头	尖轨尖端	尖轨中	尖轨跟端		左股			右股			叉心前		叉心中		叉心后		查照间隔		护背距离		^	^
^	^	^	^	^	^	左	右	前	中	后	前	中	后	左	右	左	右	左	右	左	右	左	右	^	^
	轨距				×												×			×			×		
	水平																								
	轨向高低及其他																								
	临时补修日期及内容																								
	轨距				×												×			×			×		
	水平																								
	轨向高低及其他																								
	临时补修日期及内容																								

任务三　道岔施工

一、道岔铺设有关要求

1. 一般规定

(1)道岔铺设前,道砟摊铺应平整,底砟应碾压密实。

(2)钢轨伸缩调节器、12号及以上可动心轨辙叉道岔应在工厂内试组装并验收。出厂时,制造厂应对产品零部件依据相关条件进行检验,并提供产品合格证、铺设图和发货明细表。

(3)道岔位置应按设计铺设。困难条件下,可在不影响股道有效长度和不变更其他运营设备条件下,将道岔位置前后移动不得大于0.5 m。

(4)道岔因钢轨焊接方式、绝缘接头位置等影响道岔内配轨长度时,采购前应予明确。

(5)应将木岔枕端头捆扎后使用并在直股外侧取齐。

(6)与正线连接的道岔前后各50根轨枕及与站线连接的道岔前后各15根(含岔后长岔枕)轨枕,其类型应与岔枕类型相同,每千米铺设根数应与连接线路标准一致。铺设无缝道岔时,道岔直股前后线路过渡枕的型号、根数及间距,应符合铺设图的规定。

(7)道岔轨面高程应与连接的主要线一致,与另一线的轨面高差,宜自道岔后普通轨枕起向站内顺接。顺接坡度不应大于该线最大设计限坡,与相邻坡段的坡度差不应大于4‰,超过时应设竖曲线。伸入发线有效长范围内的坡度不应大于1.5‰。

(8)更换道岔时应同时更换前后引轨。道岔前后应铺设与道岔磨耗程度相近的钢轨,否则在接头1 m范围内应打磨接头处轨面高低差及轨距线错牙。

(9)交叉渡线铺设时,4组单开道岔与主要连接线应在一个平面上,次要连接线上的道岔与前后连接线轨面高差,按规定顺坡,并兼顾相邻道岔。

(10)可动心轨辙叉道岔起道作业时,二股道应同时起平,保证可动心轨辙叉在一个平面上,做好道岔前后顺坡。

(11)可动心轨辙叉道岔改道作业时,应采用不同号码轨距挡块调整轨距,调整量不足时可加垫片调整,但厚度不得超过2 mm,不得用改螺纹道钉的方法。

2. 无缝道岔铺设应符合的规定

(1)尖轨(或可动心轨辙叉)扳动灵活,无损伤。尖轨顶宽50 mm以上断面处,不低于基本轨顶面2 mm。

(2)在静止状态下,尖轨尖端(或可动心轨辙叉)应与基本轨密贴,间隙小于0.2 mm,其他地段小于1 mm。

(3)查照间隔(辙叉心作用边至护轨头部外侧的距离)不得小于1 391 mm。

(4)轨枕扣件安装不良率不大于6%。

(5)道岔紧固螺栓扭矩应为100~120 N·m;Ⅱ型弹条扣件螺栓扭矩应为100~140 N·m;

螺栓、丝扣均应涂有效期不少于2年的油脂。

道岔铺设允许偏差应符合表5-7的规定。

表5-7 道岔铺设允许偏差

序号	检验项目		允许偏差/mm	
			160 km/h<v≤200 km/h	v≤160 km/h
1	道岔方向	直线(10 m 弦量)	3	4
		导曲线支距	±2	±2
2	轨距	尖轨尖端	±1	±1
		尖轨跟端	±1	±1
		其他部位	±2	+3 −2
3	尖轨尖端至第一牵引点与基本轨密贴		缝隙≤0.2	缝隙≤0.2
4	尖轨其余部分与基本轨密贴		缝隙≤1	缝隙≤1
5	心轨尖端460 mm范围与翼轨密贴		缝隙≤0.5	缝隙≤0.5
6	心轨其余部分与翼轨密贴		缝隙≤1	缝隙≤1
7	顶铁与尖轨或可动心轨轨腰的间隙		≤0.5	≤0.5
8	尖轨根端非工作边与基本轨工作边开口距离		±1	±1
9	尖趾距离		+10	+10
10	护轨轮缘槽宽度		+1 −0.5	+1 −0.5
11	动程(尖轨、可动心轨)		±3	±3
12	道岔头、尾接头相错量		≤15	≤15
13	岔枕间距、偏斜		±10	±20
14	尖轨尖端相错量		≤10	≤10

(6)无缝道岔钢轨焊接应符合《钢轨焊接》(TB/T 1632.1～4)的规定,并按相关规定进行型式检验。未经型式检验合格,严禁施焊。在批量生产过程中,应随机加焊一定数量的试件,经生产检验合格后方可继续生产。每个钢轨焊头均应进行超声波探伤和外观检查,并标记编号,填写焊接记录报告。

(7)道岔焊头均应进行探伤检查并标记编号,填写记录。

(8)道岔钢轨焊接应符合以下规定:

1)道岔焊接应首先焊接岔内各个接头,然后与岔外的钢轨焊接。道岔内钢轨焊接顺序应符合设计规定。

2)道岔施行锁定焊时,应使限位器子母块居中,两侧间隙允许偏差为1 mm。

3)道岔内钢轨焊接、道岔与两端无缝线路焊接均应在道床达到初期稳定状态,轨面高程、轨向和水平已基本达到设计标准时,方可施焊。

4)道岔内锁定焊及与无缝线路锁定焊连时,必须在设计锁定轨温范围内进行。

5)道岔内钢轨焊接应采用移动式闪光焊,困难位置(如尖轨跟端等)可采用铝热焊。焊接应符合以下规定:

①钢轨焊头质械和焊接接头平直度应符合规定。
②气温在 0 ℃以下及恶劣天气时,不宜进行工地焊接作业。
③钢轨焊头应根据焊接工艺要求进行焊后热处理。
④承受拉力的焊缝,在其轨温高于 400 ℃时应持力保压。
⑤锁定焊接需要插入短轨时,插入短轨长度不应小于 6 m,材质与原钢轨相同,焊后应保持原无缝线路技术状态和锁定轨温不变。
⑥铝热焊缝距轨枕边缘不得小于 100 mm。

二、铺设无缝道岔

1. 施工程序及工艺流程

无缝道岔铺设施工程序为测量放线→道床摊铺→布设岔枕→铺岔准备→铺设道岔→上砟整道→检查整修→道岔焊接→放散锁定→道岔整理→钢轨打磨→检查验收。

无缝道岔铺设工艺流程如图 5-26 所示。

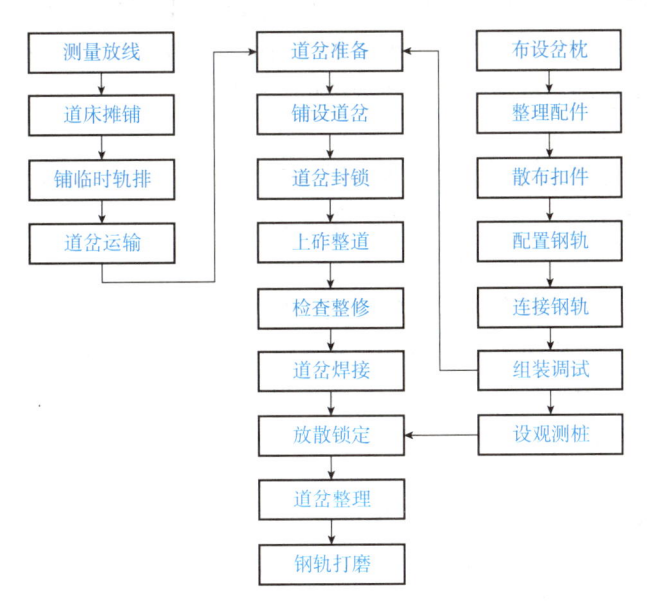

图 5-26 无缝道岔铺设工艺流程

2. 无缝道岔应力放散施工技术

(1)单组道岔为应力放散单元。道岔应力放散时将单组道岔作为一个应力放散单元进行应力放散。主要原因是考虑到限位器位移、道岔尖轨的位置控制等因素。将一组道岔作为应力放散单元,可以防止限位器位移太大,易于道岔尖轨的位置控制。特别是在站内道岔较为集中的岔区位置,以单组道岔作为一个应力放散单元进行应力放散,可以避免多组道岔一起进行放散应力,从而避免出现限位器位移太大以及道岔尖轨的位置很难控制的现象。

(2)辙叉位置保持不变。道岔应力放散时保持辙叉位置不变。一方面，因为道岔的辙叉部分一般不会跑道，因此没有必要对其进行应力放散或移动；另一方面，考虑到道岔的辙叉部分在制造方面的特点，移动和位置调整均比较困难，其位置变动很可能会引起查照间隔、护背距离等一系列尺寸的改变，不利于道岔的铺设，因此将道岔的辙叉部分作为应力放散的零点。

(3)彻底放散直、曲基本轨。考虑到在跨区间地缝线路中无缝道岔的受力特性，无缝道岔可能会受到相当于1.33倍的区间温度应力，因此道岔应力放散时对道岔的直基本轨、曲基本轨进行彻底放散。对于与尖轨相邻的基本轨，首先卸除铁垫板上的锚固螺栓等配件，使铁垫板与道岔钢轨同时位移。应力放散完成后，采用小锤轻打铁垫板使其返回原来位置。同时，在施工中保证岔枕位置稳定，避免重新放置岔枕。

(4)应力放散。施工现场一般在轨下放置一定数量的滚筒、配合专用的拉轨器、撞轨器等设备来彻底放散长钢轨的应力。道岔范围内的应力放散中，由于道岔内部的连接钢轨横向布置较多，空间位置紧张，因此在对道岔实施应力放散时，采用在轨下放置一定数量的滚筒较难实施。这时有3种替代方法：第一种，在轨下放置一定数量的 $\phi 30$ mm 的钢管代替滚筒；第二种，放置两层四氟板代替滚筒；第三种，放置两层塑料垫板来代替滚筒。

(5)无缝道岔锁定温度与区间保持一致。由于在跨区间无缝线路中单组无缝道岔作为一个应力放散单元进行应力放散，因此整组道岔内的锁定温度确保在设计锁定轨温范围内的同一温度下。为了确保在同温度下锁定，在现场可以采用先隔几对扣件上紧一对扣件，随后上紧所有扣件的方法进行锁定。

同时，为了避免温度应力在道岔位置出现集中，确保无缝道岔锁定温度与区间一致，无缝道岔锁定温度与前后单元轨节锁定轨温之差控制在 2 ℃之内。

3. 高速铁路道岔装卸运输与存放

现场装卸与运输作业应按照经批准的方案，采用专用吊具在专业技术人员指导下进行。产品包装在铺设前不得拆除。装卸、运输与存放作业不得变形、损坏、污染所有组件和零部件。装载、加固、运输方案应成熟可靠，新方案须经有关部门审批。

本节以无砟18号道岔为例进行介绍。

(1)无砟18号道岔出厂运输形式。

1)总体拆解方案。无砟18号道岔总体拆解方案如图5-27所示。

①尖轨根端前转辙器部分带轨枕整体发运，全长23 392 mm，最宽2 700 mm。

②两组同时发运时，可动心轨辙叉+直股20992钢轨及下部轨排整体发运，全长20 992 mm，最宽3 200 mm；单组发运时，辙叉不按轨排发运，而是采用组件发运方式（图5-27虚框内）。

③未成轨排的配轨、护轨、岔枕、转换设备采用散件发运。

2)装载运输方案简述。

①两组合运。本方案共用5辆车体。第一辆为D22平板车，分3层装运两个转辙器轨排和配轨，其中配轨两组计10根，每组道岔以配轨组件包装；第二辆D22平板车装运两组可动心轨辙叉轨排；其余为3辆C60敞车，装运岔枕、护轨、小件箱和转换设备等零部件。

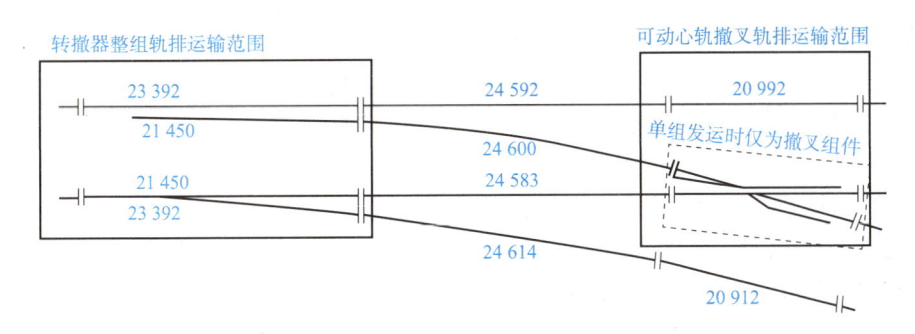

图 5-27　无砟 18 号道岔总体拆解方案

②单组发运。用一辆 D22 平板车发运转辙器轨排、辙叉组件及配轨，其中 6 根配轨分成两个组件包装；用两辆 C60 敞车装运岔枕、护轨、小件箱和转换设备等零部件。

（2）吊卸。

1）轨排。

①吊点布置。吊点位置分别如图 5-28、图 5-29 所示。

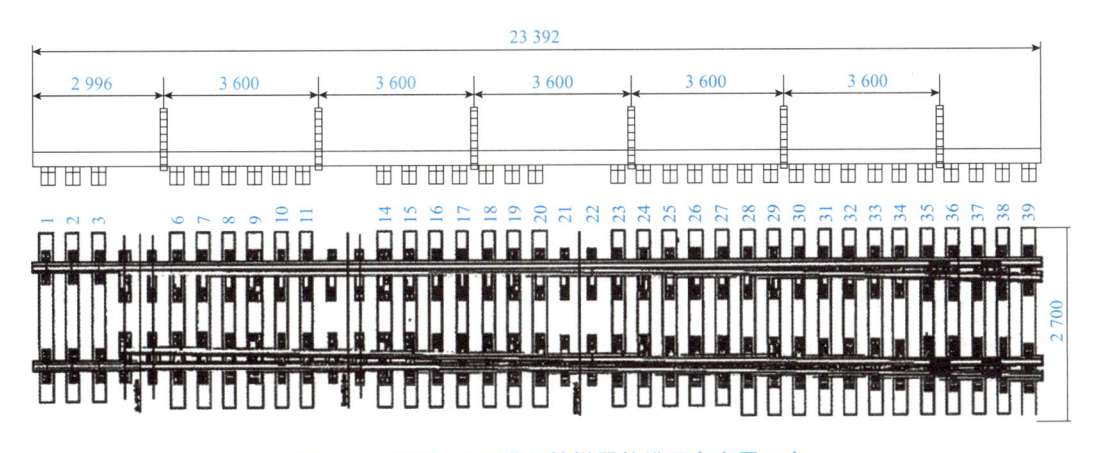

图 5-28　无砟 18 号道岔转辙器轨排吊点布置示意

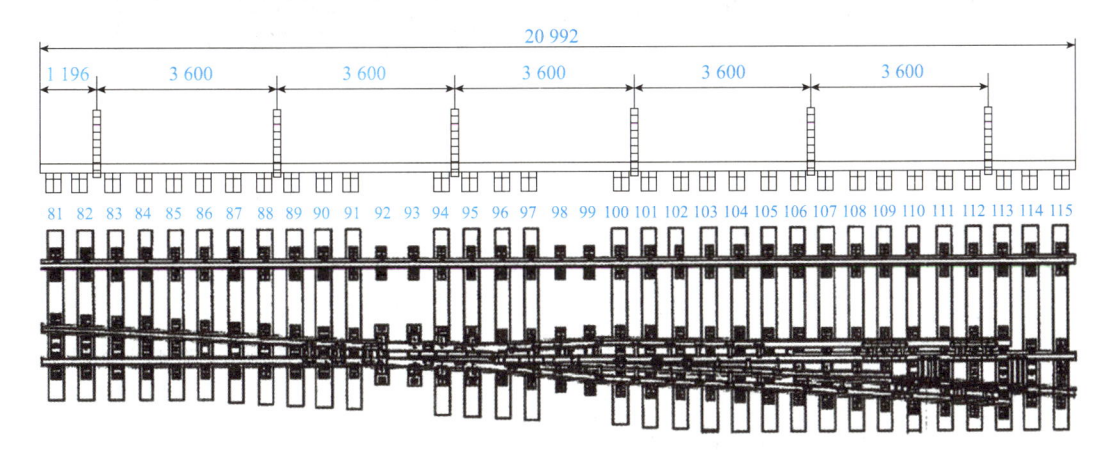

图 5-29　无砟 18 号道岔可动心轨辙叉轨排吊点布置示意

②机具要求。必须采用符合起重要求的起重机械,满足吊点设置的横梁吊具、尼龙软索(吊带)。吊点位置应按标记位置布设,需要调整时应得到现场主管工程师的确认。

由于轨排宽窄不同,要特别注意吊带高度(长度)调整。

③作业要求。

a. 存放场地应平整,面积不小于轨排面积的 1.3 倍。

b. 预先设置好木垫楞,现场平整程度不大于 10 mm 时,可直接利用岔枕支撑。

c. 按照技术要求布置吊点,吊具与钢轨连接完成后,要对锁具锁紧可靠性和平衡性进行检查。

d. 先进行不大于 100 mm 起升高度的试吊,验证起吊机具、吊具及锁具的可靠性,轨排纵横向最大变形量不超过 100 mm。

e. 试吊无误可直接起吊,起吊时应慢速启动,注意保持平稳。

f. 起升与转向应分开进行,严禁边起升边转向。

g. 轨排离存放位置高度小于 1 000 mm 时,要注意减小下降速度。

h. 落地后要保持起重机具存在一定受力状况,检查无误后方可落实。

2)钢轨组件。

①吊点布置。

a. 无砟 18 号道岔可动心轨辙叉(用于板式轨道时辙叉组件发运)吊点布置如图 5-30 所示。

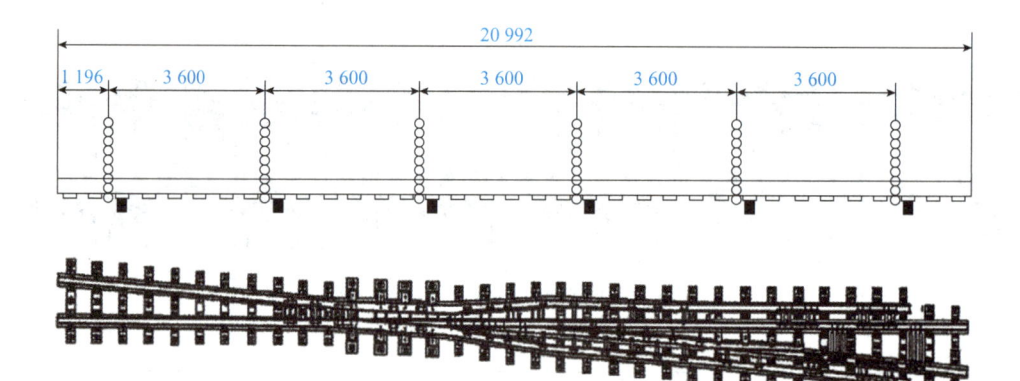

图 5-30 无砟 18 号道岔可动心轨辙叉轨排吊点布置

b. 导轨(胶接绝缘轨)组件。用槽钢打捆主要目的是防止钢轨吊卸过程中的翻转。当起吊超过 25 m 钢轨时,起吊点间距不大于 5 m,起吊点距端头距离不大于 4 m。

c. 基本轨尖轨组件的起吊位置要求同导轨组件。

②吊卸要求。

a. 可动心轨辙叉组件的起吊参照轨排起吊要求进行,要特别注意板下枕木不要拆卸,可作为临时存放的垫楞使用。

b. 钢轨组件起吊时,要特别注意防止翻转。

3)单根轨件的吊卸。长度15~25 m的钢轨件,吊点间距允许最大值为4 m。单根标准断面钢轨吊装时,钢轨端头距离最近吊点间距不大于3 m。

当吊装尖轨时,所有吊点位置向右移动1 m。同时严禁采用吊活卡,应采用吊带锁吊卸。当起吊超过25 m钢轨时起吊点间距不得大于4 m,起吊点距端头距离不大于3 m。

4)电务转换设备。在标识部位起吊,小心轻放,注意方向。电气转换设备装卸时注意包装箱的放置方向。

5)岔枕。

①岔枕垛的吊卸。岔枕垛的吊卸应使用起重机械,装卸时应轻吊慢放,避免互相碰撞,以免磕角、掉块、碰伤或折断。装卸时避免断续加载和急剧启动,动荷载必须降至最小值。在吊运过程中掉落的岔枕(不管采用任何保护措施)或以其他方式损坏的岔枕严禁使用。严格按照枕垛上标记的起吊位置起吊。

岔枕垛临时存放场地应坚固、平整。无论临时存放还是长期存放,均不允许两层及以上岔枕垛叠放。应防止桁架钢筋变形,并对螺栓防护孔进行保护。

②单根岔枕吊卸。

a. 岔枕可按照如图5-31所示的方式吊装。吊带必须始终对称布置且固定,吊点最小间距为岔枕总长的一半,吊带与水平线夹角不小于60°,该方式对岔枕长度没有限制。

b. 单根岔枕可由人工利用麻绳、抬杠等工具进行搬运。

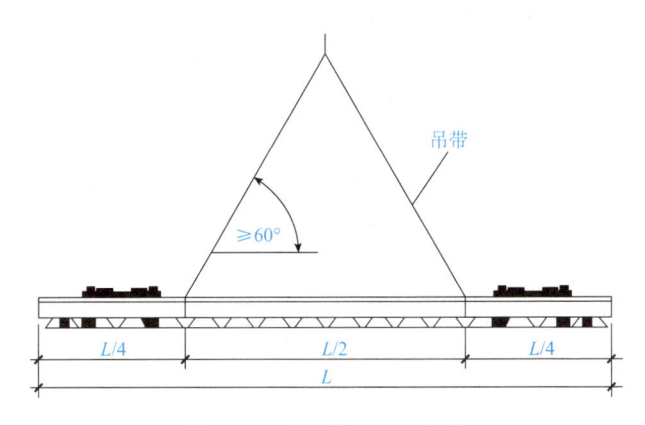

图5-31 单根岔枕吊卸示意

6)弹性铁垫板。

①在装卸过程中应轻拿轻放,保证产品及产品包装的完好,避免产品在装卸过程中磕碰、摔打、撞击。

②禁止将产品一边放在地面上进行拖动。

③开箱后取出的产品应水平放置在转运托盘上,每个托盘上只允许堆码一层产品。如果没有托盘,由两名专业搬运人员将产品水平抬放到指定安装地点或存放区域。

④弹性铁垫板在装卸、运输过程中严禁与油类、有机溶剂等有害于橡胶的化学药品接触,并应防止暴晒。

(3)存放。

1)道岔及部件存放场地应平整、坚实，排水畅通，支垫顶面高差不大于10 mm。

2)道岔零部件应按组分类放置，安全稳固且易于检查及搬运，留够运输设备走行空间，防止雨淋、锈蚀等情况的发生。

3)转辙器、可动心轨辙叉轨排、可动心轨辙叉组件最多码放两层。钢轨件的码垛层数不得多于4层。轨件和地面间应铺垫缓冲衬垫（如木质垫块），每层用衬垫垫实垫平，衬垫应按高度方向垂直设置。

4)电气设备存放时注意放置方向，避免损坏转辙机。

5)包装箱应单层存放。

6)岔枕码放。

①按组摆放并设置标签，避免错误。

②岔枕垛之间必须有适当距离以便装载时运输设备走行。

③在未开始铺设前，岔枕垛应保持运输包装状态。

④堆放后，至少每两月检验一次木块，若木块受损应立即置换。

⑤岔枕堆放后上面不得放置附加荷载（如钢轨等）。

⑥岔枕码放应保证柜架钢筋不变形、不脱焊。

⑦码放时应保证岔枕螺栓孔防护盖完好无损。

⑧无论临时存放还是长期存放，均不允许两层及以上岔枕垛叠放。

⑨需重新码放岔枕时应遵循以下原则：岔枕按相邻多排堆放，堆放高度不得超过5层，层间用木块保证有足够垂直间隙，木块规格至少应为100 mm×100 mm。

7)弹性铁垫板存放。

①产品不进行安装使用时，应存放在包装箱内，装有产品的包装箱不允许堆码摆放。

②产品应放在清洁、通风、不被日光直射、远离热源及化学试剂污染处储存；储存期为1年。

(4)交接。

1)道岔所有组件到达现场应履行交验手续，交验工作在建设单位组织下由无砟道岔施工单位、道岔生产厂家及监理单位人员具体实施。

2)交验依据为道岔铺设图、制造及铺设技术条件、供货合同、装载运输方案。

3)按照发货单清点货物种类、数量。

4)重点检查尖轨、心轨密贴情况，测量心轨直股直线度和曲股正矢。检查货物包装、加固情况是否良好，道岔轨排有无窜动，道岔轨排上岔枕有无移动痕迹，钢轨件有无划伤、刻痕等伤损，轨枕混凝土有无破损、裂纹，轨枕桁架有无脱焊、弯曲等，有无岔枕螺栓孔防护盖。

5)交验完成后，形成交验记录，三方（施工单位、道岔生产厂家及监理）签字确认。

4. 高速铁路道岔现场组装

(1)总体要求。

1)无砟道岔的铺设在无砟道岔装载方案的基础上进行，即转辙器和辙叉采用带岔枕的轨排发运方式，导曲线部分采用不带轨排的组件发运方式。特殊情况下转辙器、辙叉钢轨件均采用组件或散件发运方式，其组装参照有关要求进行。

2)应在完成道岔区路基或桥梁工程施工、工程质量验收合格后进行道岔铺设，铺设前路基填料、外形尺寸、压实度、工后沉降应符合相关技术要求。

3)未经道岔生产单位现场检查确认，不得拆解道岔轨排或道岔组件。

4)道岔铺设完成，经检验并履行批准程序后方可放行工程列车。

5)无砟道岔施工准备。

①施工前人员须经过培训、特殊岗位应持证上岗。

②测量应按照有关程序和规范要求，对线下工程施工质量、无砟轨道精测桩网、沉降变形观测与评估等事项进行检查和确认，办理相关交接手续。

③工装设备配置齐全，调试运转良好。应根据确定的施工方案落实施工机具设备，并做好铺岔基地、施工便道等临时工程的建设。

④试验检测设备配置齐全，检定有效。

⑤混凝土配合比完全履行正规手续。

⑥铺设图纸和技术资料齐全。

⑦应就接口工程施工顺序、施工便道、施工场地、道岔运输与吊卸、道岔工电联调、跨区间无缝线路施工等事宜与有关单位做好沟通和协调，划分施工界面，明确各自的工作内容和配合事宜。

⑧桥上道岔铺设时应制定单独的铺设方案。应有保证质量和精度的措施。

⑨应编制无砟道岔专项施工组织方案并履行开工报告审查。

⑩专业化施工队伍技术主管应熟练掌握无砟道岔铺设技术要求，配齐测量、检测、质检等专业技术人员，专业技术人员也应熟练掌握所负责工作内容的技术要求。

(2)组装流程。施工准备→测量定位→组装平台→转辙器、辙叉轨排就位→剩余岔枕铺设→摆放弹性铁垫板、扣件→安装其他钢轨件→竖向支持螺杆安装→高程调整→地锚或侧向支撑安装、横向调整→绑扎钢筋、立模板→检查与精调→转换设备预安装→工电联调→拆除转换设备→检查、精调、固定→混凝土浇筑、养生、拆除支撑系统、拆校→检查、精调→焊联道岔→安装转换设备、工电联调→检查调整、维护验收。

(3)组装工序。

1)施工准备。

①施工前应获取无砟道岔施工所需的技术文件，搜集与无砟道岔相关的线下工程资料，做好现场调查。

②编制无砟道岔实施性施工组织设计和作业指导书。桥上无砟道岔应单独编制铺设方案，确保无砟道岔铺设精度及质量，并履行无砟道岔开工审查程序。

③无砟道岔施工技术主管应熟练掌握无砟道岔铺设技术要求，具备一定的施工经验，配齐测量、检测、质检等专业技术人员，开展无砟道岔施工技术培训，考核合格后持证上岗。

④落实测量仪器、工装设备的配置。测量仪器应满足技术要求，并校核合格。工装设备应进行组装、调试，运转良好。

2)测量定位。如图5-32所示，分别测设岔首、岔尾及轨排接缝的中桩及外移桩。通过吊垂球或工装辅助的方法定位。

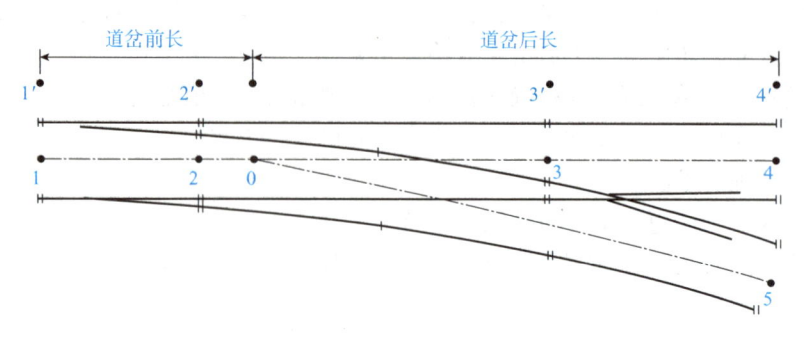

图 5-32 测量定位示意

0—岔心桩；1—岔首中桩；2—尖轨跟端中桩(直向)；3—辙叉前端中桩(直向)；4—辙叉跟端中桩(直向)；
5—辙叉跟端中桩(侧向)；1′、2′、3′、4′—外移桩

3) 组装平台。根据轨排轴设位置在支承层或桥面保护层顶面摆放矩形管，注意避开竖向支撑螺杆位置。矩形管顶面高程应低于岔枕桁架钢筋底面设计高程 10～20 mm。

4) 转辙器、辙叉轨排就位。在轨排就位前摆放牵引点前后岔枕。

① 采用符合起重要求的起重机械，在标明的吊点处按照吊卸作业要求吊卸。

② 转辙器轨排就位。基本轨前端轨中心线垂线与基本轨前端里程处的线路中心桩重合，纵、横向偏差不超过 5 mm，转辙器根端直股轨距中心线垂线与线路中心线重合，横向偏差不超过 5 mm。

③ 辙叉轨排就位。

5) 剩余岔枕铺设。

① 岔枕摆放方法。在矩形管上摆放导曲线与岔后岔枕，以转辙器最后一根和辙叉第一跟岔枕为基准，调整岔枕间距、水平，放正岔枕。

② 岔枕保护。

a. 要注意对混凝土岔枕的保护，岔枕装卸、运输时严禁碰、撞、摔、掷。

b. 岔枕吊运时，不要突起突降，对长岔枕要缩短吊点的距离，防止岔枕变形过大。

c. 严禁使用硬物直接敲击，以免损伤。

d. 严禁用撬棍插入岔枕套管内撬拨岔枕，并且注意保持混凝土岔枕的清洁，特别是对岔枕螺栓孔要严加保护。

e. 在混凝土岔枕上组装时，岔枕螺栓必须手工入扣，尽可能手工旋入。岔枕螺栓拧紧力矩为 250～300 N·m，不得过大或过小，严禁电动入扣或锤击入扣。

f. 无砟道岔混凝土岔枕结构与提速系列岔枕有较大的不同，易变形和损坏，因此对岔枕的保护极为重要。操作人员和设备作用于空吊岔枕上，极易造成变形，因此在高低调整完成后应及时对桁架底部增加垫层。原则上，岔枕受力不超过 4 900 N。

6) 摆放弹性铁垫板、扣件。清理螺栓孔内的异物、残渣。摆放平垫板、滑床板、护轨垫板、支距垫板。

① 安放弹性铁垫板，并使轨底坡朝向轨道内侧。螺栓孔中心与预埋绝缘套管孔对正。

②选择适当型号的缓冲调距块安放到弹性铁垫板的复合定位套内,缓冲调距块有4个沟槽面朝下,并保证其下表面与复合定位套下表面齐平。

③将盖板安放在弹性铁垫板上,装有橡胶垫圈的一面朝下。

④选择适当型号的垫板螺栓,套上弹簧垫圈,并将螺纹部分涂满铁路专用油脂,穿过盖板旋入预埋绝缘套管。

⑤放置轨下橡胶垫板于铁垫板承轨面上。

7)安装其他钢轨件及扣件。基本轨、导轨的安装步骤和调整方法依据有关要求进行。道岔全长范围检查岔枕间距及岔枕方正,要求岔枕间距偏差不大于±5 mm。

安装步骤如下:

①摆放钢轨件于铁垫板承轨面上的橡胶垫板上,按轨距调整要求放置适当型号轨距块于钢轨和铁座间。禁止强行砸入轨距块。

②依次安装T形螺栓、平垫圈、螺母和Ⅱ形弹条,弹条的紧固以三点接触为准。此时螺母扭矩为120~150 N·m。

③检查道岔前点里程(允许偏差小于5 mm)、预留轨缝(允许偏差2 mm)、道岔全长(允许偏差5 mm)。

④调整岔枕横向位置保证直股钢轨外侧与标准轨距块密贴,钢轨内侧调换适当型号的轨距块达到密贴;以直股外侧钢轨为基准,通过轨距、支距控制其他钢轨安装线型。

⑤临时连接钢轨,应注意不要有接头错牙。

(4)注意事项。

1)施工前应准备与铺设道岔类型相匹配的施工机具,包括道岔部件和轨排的吊装、运输设备,现场移位机具,钢轨焊接设备,轨道检查车和配套的测量系统。

2)严格按技术条件的要求吊装、运输、存储道岔钢轨组件和零部件,防止其产生变形或损坏,尤其对大号码道岔钢轨件和轨排的吊装,要进行有针对性的研究和机具准备。

3)和有砟轨道施工不同,无砟道岔的施工中,一经浇筑,混凝土即完成定位,若出现位置不准确等问题很难调整,因此应准确测设道岔位置并布设控制桩,道岔严格按控制桩铺设就位。

4)无砟轨道道岔区的精调和固定采用道岔侧向或竖向支撑调整系统实现。该系统包括侧向支撑调整装置和长岔枕区域竖向辅助支撑调整装置,以上装置同道岔区专用测量系统配合使用,完成无砟轨道道岔的精调和固定。无砟道岔最后的铺设精度决定于支撑设备的调整能力和稳固性,应给予足够重视。

5)道岔位置和内部尺寸调整时,应以直股钢轨为基准。

6)道岔接头焊接和打磨工作量大,技术要求高,应高度重视该项工作。

7)浇筑混凝土后进行道岔开通前的精调,在精调中要通过调高、调距弥补道岔施工中出现的几何状态超限等不足,要求达到铺设技术条件的规定。

8)无砟道岔轨距、高低、水平的调整要通过使用不同规格的调距块和调高垫板来实现,因此铺设前要多准备调整配件。

9)单渡线两组道岔同时铺设。

学习拓展

哈大高速铁路主要施工技术介绍

一、工程概况

哈大高速铁路是国家"十一五"规划的重点工程,是国家《中长期铁路网规划》"四纵四横"客运专线网中京哈客运专线的重要组成部分,是我国目前在最北端的严寒地区建设标准最高的一条高速铁路,基础设施按 350 km/h 速度标准建设。

哈大高速铁路北起黑龙江哈尔滨市,南至起讫辽宁省大连市,线路全长 921 km,采用 CRTS Ⅰ型板式无砟轨道结构。列车会让、转线采用国产长枕埋入式高速无砟道岔。全线共铺设无砟高速道岔 163 组,其中铺设大号码 42 号道岔 9 组,图号为客专线(07)006,分别铺设在下夫河线路所、海城西站、六王屯线路所、长春西站、崔家营子线路所,铺设时间在 2010 年 6 月至 9 月。

哈大高速铁路沿线气候属中温带大陆性季风气候,冬长夏短,四季分明。3~5 月为春季,气温回升快而且变化无常,升温或降温一次可达 10 ℃左右。6~8 月为夏季,9~11 月为秋季,昼夜温差变幅较大,9 月平均气温为 10 ℃,10 月北部地区已到 0 ℃,南部地区 2~4 ℃。12 月至次年 2 月为冬季,冬期漫长且寒冷干燥,雪覆大地,1 月平均气温 −15~30 ℃,最低气温曾达 −39.9 ℃。

二、施工技术特点

2012 年 7 月至 12 月哈大高速铁路联调联试期间,42 号大号码道岔动车列车通过未出现米级及以上超限点,2012 年 12 月 1 日开通运营前消除了 11 级及以上超限点,乘坐列车高速通过大号码道岔感觉舒适、平稳,全线运行良好。

哈大高速铁路 3 个轨道专业化队伍互相借鉴,圆满完成了哈大客专 9 组 42 号大号码道岔施工,说明国产高速 42 号大号码道岔铺设工艺是完全达到规范要求的,但施工中也出现了大号码道岔反复精调、工电联调时间久、效率低等现象,浪费了大量人力、物力。结合以上不足之处,铺设 42 号大号码道岔施工还有以下改进空间。

(1)对大号码道岔设计、制造进行不断的优化,在工厂制造过程中预想到铺设过程中可能产生的质量问题,如对心轨夹 4 mm 异物不锁闭进行科研攻关,消除安全隐患。

(2)道岔钢轨组件需进一步提高加工精度。在现场对道岔进行精调时,很多时候无法做到直曲股同时兼顾。在直曲股无法兼顾的时候,往往是优先满足直股精度,牺牲曲股精度。但 42 号道岔侧向通过速度高达 160 km/h,必须是直曲股同时兼顾。

(3)哈大线道岔区Ⅰ型双块式无砟道床未设置伸缩缝,东北寒冷地区无法避免裂纹的产生,兰新二线Ⅰ型双块式无砟轨道采用单元板结构,道床裂纹大幅减少,建议对道岔区双块式无砟轨道结构进行优化。

复习思考题

1. 说明单开道岔的组成部分及其功用。

2. 单开道岔如何区分左右开、顺逆向、始终端等？

3. 单开道岔中的尖轨有几种类型？它与基本轨的贴靠形式有几种？各有何特点？

4. 说明单开道岔各部分尺寸的位置及大小。

5. 简述辙叉号码的表示方法及其意义。说明辙叉号码与辙叉角的关系。在现场如何鉴别道岔号码？道岔号在使用上有何规定？

6. 辙叉中的护轨有何用途？说明其平面特征和各部分的名称。

7. 说明单开道岔内部绝缘接头的位置要求。

8. 简述查照间隔、护背距离的意义及各部分间隔尺寸与规定。

9. 举例说明何种情况下需在运营线上增铺道岔，与新线铺设道岔相比有何不同。

10. 简述对称道岔的构造特点，计算主要尺寸宜在什么地方铺设。

项目六 无缝线路

学习目标

知识目标
1. 了解无缝线路的类型。
2. 掌握无缝线路长钢轨的焊接、运输、装卸方式方法。
3. 掌握无缝线路铺设施工工艺流程。

能力目标
1. 能够进行无缝线路所受各种阻力的分析。
2. 能够看懂无缝线路轨道设计文件,以此指导铺设施工。
3. 能够进行无缝线路施工方案的设计。

素质目标
1. 培养学生勤俭节约、艰苦奋斗、努力为国家经济建设做贡献的观念。
2. 树立竞争意识,培养开拓进取的精神。
3. 树立环保意识,养成环保行为习惯。
4. 引导学生主动参与探究,培养团结合作的精神。

任务一 无缝线路构造

一、概述

无缝线路是指标准长度的钢轨焊接而成的长钢轨线路,又称焊接长钢轨线路。它是把不钻孔、不淬火的 25 m(高铁线路为 100 m)长的钢轨,在基地工厂用气压焊或接触焊的办法,焊成 200 m 到 500 m 的长轨,然后运到铺轨地点,再焊接成 1 000 m 到 2 000 m 的长度(也可以焊接成更长的长度),铺设到线路上。它是当今轨道结构的一项重要新技术,世界各国竞相发展。德国是无缝线路发展最早的国家,1926 年就开始铺设,到 20 世纪 50 年代,已将无缝线路作为国家的标准线路。我国从 1957 年开始试铺无缝线路,目前主要干线均已铺设无缝线路。我国铁路规定：今后新建线路，条件许可均要设计铺设无缝线路或跨区间无缝线路。

二、无缝线路的特点和分类

1. 无缝线路的特点

与普通线路相比，无缝线路在其长钢轨段内消灭了轨缝，从而消除了车轮对钢轨接头的冲击，减少了接头病害与维修，延长了轨道寿命，节约了能源，适应高速行车、降振减噪的轨道现代化发展方向。

2. 无缝线路分类

(1)按处理温度应力的方式分类。

1)温度应力式无缝线路。长轨条+两端标准轨，如图 6-1 所示。

图 6-1 温度应力式无缝线路

2)放散应力式无缝线路。放散应力式无缝线路根据放散方式不同分为两种形式：一种是自动放散，通过尖轨伸缩调节器进行放散，一般用于桥梁段；另一种是定期放散，一年两次放散应力，适用于寒冷地区。放散时钢轨伸缩方向如图 6-2 所示。

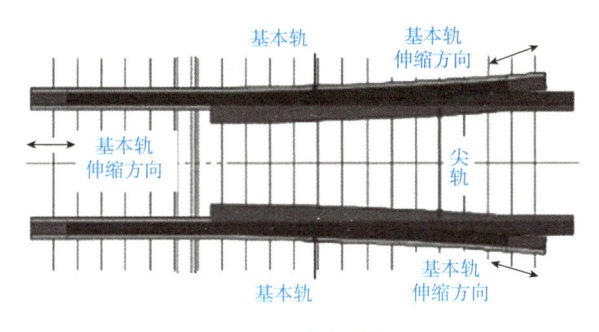

图 6-2 应力放散

(2)按长轨条长度分类。

1)普通无缝线路。焊接钢轨长度 1~2 km，两长轨间设 2~4 根标准轨组成的缓冲区，仅在缓冲区内设钢轨接头。

2)超长无缝线路(跨区间无缝线路)。焊接长轨条贯通区间，并与车站道岔焊接，取消了大量的缓冲区，实现了线路的无缝化。线路平顺性大大提高(高强度胶接绝缘接头、无缝道岔的应用)。

(3)按长轨温度应力处理方式的不同分类。无缝线路铺设锁定后，钢轨不能随轨温变化而自由伸缩，在钢轨内部产生一个应力，称为温度应力。按长轨温度应力处理方式的不同，无缝线路可分为温度应力式和放散温度应力式两种类型。

1)温度应力式无缝线路。温度应力式无缝线路由一根焊接长钢轨及其两端2～4根标准轨组成,结构简单,铺设维修方便,是一种较好的无缝线路结构形式。我国已铺无缝线路的绝大部分属于温度应力式线路。

2)放散温度应力式无缝线路。放散温度应力式无缝线路,又分为自动放散式和定期放散式两种,适用于年轨温差较大的地区。

自动放散式无缝线路是为了消除和减少钢轨内部的温度力,允许长轨条自由伸缩,在长轨两端设置钢轨伸缩接头。为了防止钢轨爬行,在长轨中部使用特制的中间扣件。由于结构复杂,已不使用。

定期放散温度应力式无缝线路的结构形式与温度应力式相同。根据当地轨温条件,把钢轨内部的温度应力每年调整放散1～2次。每次放散应力需耗费大量劳力,作业很不方便,目前已不使用。

任务二　无缝线路基本原理

一、工作原理

1. 温度力、伸缩位移与轨温变化的关系

(1)温度力的产生。由于温度变化,伸缩受到限制而转化为温度力,作用在钢轨纵向上。

(2)温度力计算。钢轨自由伸缩时的伸缩量:

$$\Delta l = \alpha \cdot l \cdot \Delta t$$

式中　α——钢轨线膨胀系数,取 $11.8 \times 10^{-6}/℃$;

　　　l——钢轨长度(m);

　　　Δt——轨温变化幅度,或称轨温差。

钢轨伸缩完全受限时温度应力 σ_t:

$$\sigma_t = E \cdot \varepsilon = E \cdot \frac{\Delta l}{l} = E \cdot \frac{\alpha \cdot l \cdot \Delta t}{l} = E\alpha\Delta t \tag{6-1}$$

$$= 2.1 \times 10^5 \times 11.8 \times 10^{-6} \times \Delta t = 2.5\Delta t (\text{MPa})$$

一根钢轨承受的温度力 P_t 为

$$P_t = \sigma_t \cdot F = 2.5\Delta t \cdot F$$

式中　F——钢轨的截面积(mm^2)。

由式(6-1)可知,温度应力与钢轨长度无关,而仅与轨温变化 Δt 有关。

2. 轨温与锁定气温

(1)轨温与气温的关系。轨温是指钢轨的温度,一般是指钢轨断面的平均轨温,也称有效轨温。轨温对无缝线路的设计、铺设、养护维修至关重要。轨温由专用的轨温计来测量,目前使用的轨温计有吸附式轨温计和红外数字轨温计等。

轨温和气温不完全相同。实测资料表明,冬季两者接近,夏季高温季节轨温比气温高,最大差值18～25 ℃,轨温还受气候、风力、日照强度和所测量的轨温部位等影响。

轨温与气温的关系：

$$T_{max} = t_{max} + 20\ ℃$$
$$T_{min} = t_{min}$$

式中　T_{max}——最高轨温；

　　　T_{min}——最低轨温；

　　　t_{max}——最高气温；

　　　t_{min}——最低气温。

(2) 中间轨温。

$$T_z = \frac{T_{max} + T_{min}}{2}$$

(3) 锁定轨温 T_{sf}。无缝线路的锁定是通过拧紧长钢轨两端的接头螺栓和上紧钢轨扣件实现的，无缝线路锁定时的轨温称为锁定轨温。因线路刚锁定时温度应力为零，又称为零应力轨温。

3. 温度力分布图

温度应力式无缝线路包括伸缩区、固定区和缓冲区三部分，如图 6-3 所示。伸缩区长度根据计算确定，一般为 50～100 m。无缝线路固定区长度根据线路及施工条件确定，最短不得小于 50 m。

缓冲区一般由 2～4 对标准轨或厂制缩短轨组成，有绝缘接着时为 4 对，采用胶结绝缘接着时为 3 对或 5 对（图 6-4）。

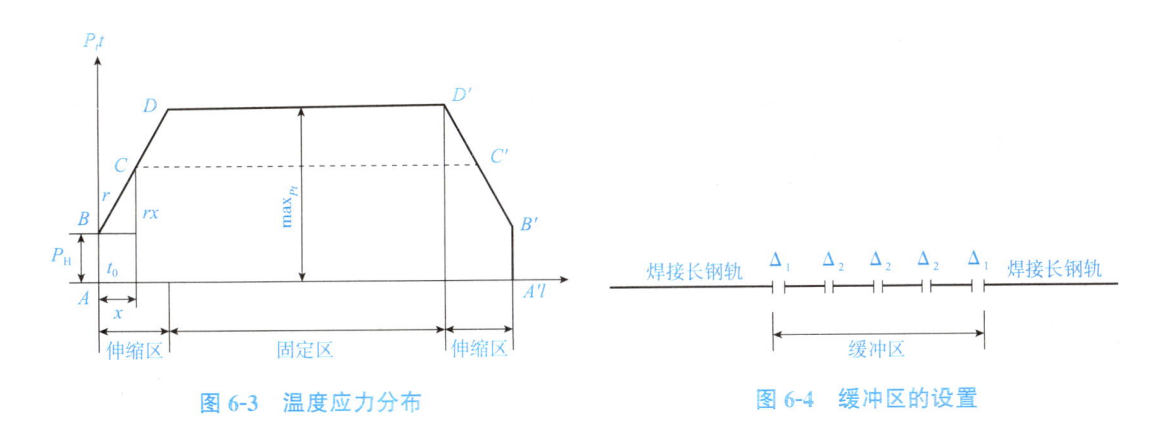

图 6-3　温度应力分布

图 6-4　缓冲区的设置

二、无缝线路稳定性

1. 稳定性概述

(1) 无缝线路作为一种新型轨道结构，其最大缺点是在夏季高温季节在钢轨内部存在最大的温度压力，容易引起轨道的横向变形。

(2) 胀轨跑道。在列车动力或轨道作业等干扰下，轨道弯曲变形有时会突然增大，轨道结构受到严重破坏，这一现象称为胀轨跑道。胀轨跑道理论上称为丧失稳定，它会严重危及行车的安全。

胀轨跑道变形发展分以下三个阶段：

1)持续稳定阶段,无变形;
2)胀轨阶段,渐变形;
3)跑道阶段,突然大变形,塑性变形。

从安全角度考虑,如果不希望跑道,也不希望胀轨过大,那横向变形量 f 控制在 2 mm 范围内。设具有一定初始弯曲的轨道新产生 2 mm 横向变形时产生的钢轨温度压力为 P_N,安全系数为 K,得允许温度压力 $[P]$:

$$[P]=\frac{P_N}{K}$$

2. 影响无缝线路稳定性的因素

(1)保持稳定的因素:道床横向阻力、轨道框架水平刚度;
(2)诱发失稳的因素:钢轨温度压力(主因)、轨道初始不平顺。

为控制胀轨跑道的发生,无缝线路应在设计锁定轨温的上下限内进行作业,同时要求相邻单元轨节的锁定轨温之差不应大于 5 ℃,同一区间内单元轨节的最高最低锁定轨温之差不应大于 10 ℃,左右股锁定轨温差在速度大于 160 km/h 时不大于 3 ℃,速度为 160 km/h 以下时不大于 5 ℃。

任务三　无缝线路施工

我国既有铁路无缝线路铺设是在路基、道床稳定的条件下,将工厂焊接的长钢轨(250～500 m)运至工地焊连成 1～2 km 的单元轨节,再在既有轨的基础上利用换轨小车换铺到轨道上,经过应力放散、焊联锁定成为无缝线路。

随着无缝线路理论研究的不断深入,施工技术的不断发展,一次性铺设无缝线路逐渐成为新建铁路发展的主要方向。新建铁路只有铺设无缝线路,才能保证轨道具有良好的平顺性,才能使新建铁路开通时的速度进一步提高。其中,长钢轨铺设是新线一次性铺设无缝线路的关键技术。

一、有砟轨道无缝线路铺设

1. 工艺流程

有砟轨道施工时,铺枕、铺轨作业区与铺砟整道作业区的距离不宜过长。施工应采用一次性铺设无缝线路的"流水作业法"。下面以现场广泛采用的单枕连续铺设法为例,介绍各工序作业的控制要点。

有砟轨道无缝线路施工基本工艺流程如图 6-5 所示。

2. 铺枕铺轨

(1)长钢轨铺设的有关规定。
1)轨枕应方正,间距及偏斜允许偏差为 ±20 mm。
2)轨道中心线与线路设计中心线允许偏差为 30 mm。

3)左右两股钢轨的胶接绝缘接头应相对,胶接绝缘接头轨缝距轨枕边缘不应小于 100 mm。

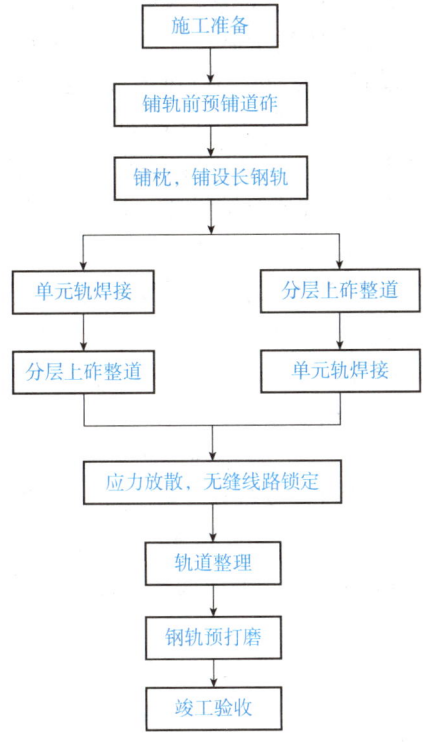

```
          施工准备
             │
          铺轨前预铺道砟
             │
          铺枕,铺设长钢轨
             │
        ┌────┴────┐
     单元轨焊接   分层上砟整道
        │         │
     分层上砟整道  单元轨焊接
        └────┬────┘
             │
        应力放散,无缝线路锁定
             │
          轨道整理
             │
          钢轨预打磨
             │
          竣工验收
```

图 6-5 有砟轨道无缝线路施工基本工艺流程

钢轨胶接绝缘接头的类型、规格应符合设计要求,质量应符合现行《钢轨胶接绝缘接头》(TB/T 2975—2018)的要求,其他高强度绝缘钢轨接头应符合相关技术条件。

(2)长钢轨铺设方法。根据国内外有砟轨道铺设无缝线路的经验,新线铺设长钢轨轨道可归纳为两类铺设方式。

第一类是引进国外的技术装备和作业方法,用铺轨机布枕、铺轨。此种铺轨方式在国外已有较成熟的技术和装备,其中可分为散枕铺设法和长轨排铺设法。散枕铺设法是将长钢轨和轨枕运至工地,先将长钢轨拖卸在线路两侧底层道床上,再将轨枕按设计间距布放在底层道床上,然后用收轨装置将长钢轨收入轨枕承轨台,铺枕铺轨车边布枕,边收轨,随即上扣件,构成浮放在道床上的长钢轨轨道。长轨排铺设法是将长钢轨和轨枕组装成长轨排,用专用的运输机械将长轨排运送到工地,再用多台龙门式起重机将长轨排吊放在底层道床上,构成浮放在道床上的长钢轨轨道。

第二类是充分利用我国铁路轨道工程现有的工程机械和技术,并加以合理组合进行无缝线路长钢轨铺设施工,此法称为"工具轨换铺法",即先用钢轨、轨枕运输车(或其他机械设备)将临时轨排和长钢轨运至工地,再用常规铺轨机将轨排铺设在底层道床上,轨排铺完后铺轨机及钢轨轨枕运输车退至临时轨排铺设起点,拆除工具轨,用长钢轨推送装置将长钢轨直接推送入轨枕承轨槽,上好扣件完成长钢轨铺设施工。随后回收工具轨,运回铺轨基地再用。也可利用人工配合长轨运输车进行长钢轨的铺设。

1)散枕铺设法。散枕铺设法又可分为单枕连续铺设法和群枕连续铺设法。单枕连续铺设法使用的设备主要有奥地利 Plasser & Theurer 公司生产的 SVM1000 型(及其改进型)、美国 HTT 公司生产的 NTC 型、瑞士 MATISAA 公司生产的 TCM60 型(及其改进型)铺轨机组。群枕连续铺设法所使用的设备主要有法国 GEISMA 公司生产的 PTH350、PTH500 型铺枕机和奥地利 Plasser & Theurer 公司生产的 PK250 型铺枕机。上述铺枕机均必须配上收轨机及轨枕定位机才能使轨道准确定位。我国自主研制的 CPG-500 型铺轨机组可以用于 500 m 长钢轨的铺设,其运用的是单枕连续铺设法。目前我国高速、提速铁路施工中已成功使用了 SVM1000 型、NTC 型、TCM60 型、CPG-500 型铺轨机组。

2)长轨排铺设法。长钢轨轨排铺设法的施工程序同传统的短轨排铺设程序基本相同,即轨排组装、运输、铺设、连接和整理。早在 1969 年,德国就开始采用轨排铺设法铺设长钢轨。最初它们还只能铺设 120 m 的长轨排,随着近些年技术的不断改进和完善,至今不仅可以铺设 180 m 的长轨排,而且还可以直接铺设整体道岔。虽然长轨排铺设法具有工厂化生产、技术可靠、组装精度高等优点。但长轨排铺设法对曲线段的轨道铺设,在一定程度上可能会限制长钢轨的铺设长度,同时铺轨设备须在铺轨工地和轨排组装基地之间往返,轨排组装基地则需要随铺轨工地的推进而转移,以致作业效率低,再加上机械设备庞大、复杂等特点,所以长轨排铺设法应用较少。下面简要介绍一下德国 ICE 轨道 PEM 起重小车铺设法。

在铺设轨道前,首先预铺道砟底层,厚度接近枕下道床的设计厚度。以已铺好的轨道作为组装轨排的临时基地。这一基地应靠近待铺轨道地段,以减小 LEM 轨排运送小车的走行距离。首先在组装轨排地段的轨道两侧铺设龙门吊车的走行轨,走行轨长度为被组装轨排的长度加上轨枕运输车的长度。龙门式起重机在轨枕运输车上提取轨枕,并按规定的间距将轨枕放置在钢轨上。用起重机将钢轨吊到轨枕的承轨槽内,安装钢轨扣件,轨排组装完毕。轨排长度为 180 m。

将 PEM 轨排起重小车推到已组装好的轨排上,并解开与 LEM 轨排运输小车的连接,如图 6-6(a)所示。PEM 型起重小车伸出支腿,支撑在道床上,并将长轨排吊起,轨排运输小车进入长轨排下的线路上,并将轨排放在运输小车上,PEM 起重小车收起支腿,并置于长轨排上,如图 6-6(b)所示。

在待铺地段的道床上放置两根导轨作为轨排运输小车的临时轨道,并与已铺线路用斜坡连接。LEM 轨排运输小车进入临时轨道,如图 6-6(c)所示。PEM 起重小车伸出支腿支撑在道床上,并将轨排吊起,轨排运输小车由牵引车牵出,临时轨道的钢轨由牵引车向另一方向拉出,PEM 起重小车将轨排放置在轨道上并就位,此节长轨排铺设完毕。

3)换铺法。换铺法是在铺架基地使用工具轨拼装 25 m 轨节,工程列车将轨节运送至工程线铺轨地点,使用铺轨机结合轨排换装龙门式起重机铺设 25 m 轨节,当铺设工具轨达到一列长轨车长钢轨长度时,长轨运输车将厂焊长钢轨卸至新线两侧砟肩上,现场采用铝热焊将 500 m 长轨条焊接成 1 500 m 单元轨条,大型养路机械养护达标后经轨道检测,道床阻力达标后,在锁定轨温时拆除新铺线路上 1 500 m 单元轨节长度范围内普通线路扣件,再将砟肩上单元轨节换铺至线路上,现场进行单元轨节的应力放散及锁定。

①利用换轨小车组换铺。换轨小车组由拨入长轨小车和拨出短轨小车组成。作业时由轨

道车牵引，拨入长轨小车在前，拨出短轨小车在后，两小车之间用钢丝绳连挂。平时换轨小车放在平板车上，作业时由平板车上卸下，作业完毕再回放到平板车上，由轨道车回送到邻站或换轨队宿营地。作业时拨入长轨小车在前，走行在短轨上，拨出短轨小车在后，走行在刚拨入的长轨上，如图 6-7 所示。以前换铺 50 kg/m 时采用换轨小车，现在我国铁路正线基本上采用 60 kg/m 及以上钢轨，换轨小车已不再适用，现多采用新型组合式换轨车进行换轨作业。

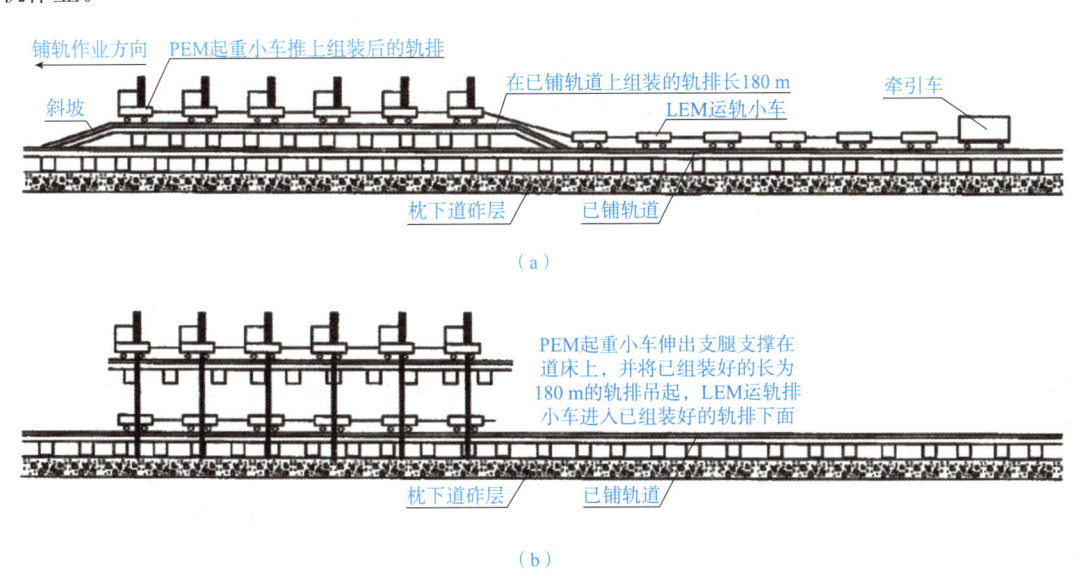

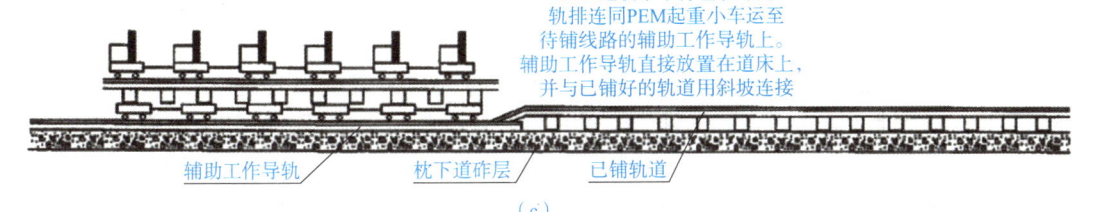

图 6-6 无缝线路铺设

(a) 将 18 台 PEM 起重小车推到已组装好的轨排上；(b) 起重小车吊起轨排，运轨排小车进入；
(c) 运轨排小车将轨排和 PEM 起重小车运至待铺地段

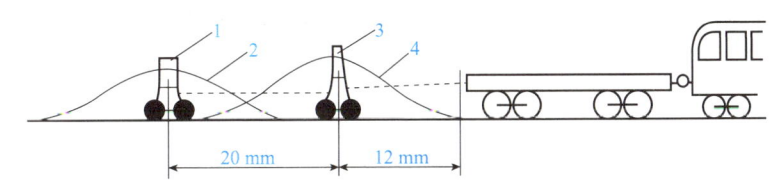

图 6-7 换轨小车示意

1—拨出旧轨小车；2—旧轨；3—拨入新轨小车；4—新轨

② 采用新型组合式换轨车换轨作业。组合式换轨车是对换轨小车组的成功改进，它完全

克服了换轨小车组在作业中出现的缺点。改新、旧钢轨分体作业为一体化作业，改新、旧钢轨交叉交换为平行交换，改平板车和装换轨设备取代小车组，改人工引轨为机械引轨，不仅间接工时大大缩减，走行平稳，且交换轨小车组作业效率提高。组合式换轨车将拨新、旧轨的功能合组于一车，由 30 t 平板车改装而成，如图 6-8 所示。

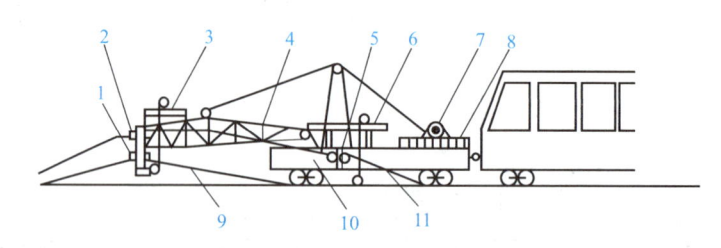

图 6-8 组合换轨作业车示意

1—旧轨拨轮；2—新轨导轮；3—起旧轨吊架；4—悬臂梁；5—新轨拨轮；
6—起新轨吊架；7—卷扬机；8—配重；9—旧轨；10—台车；11—新轨

引入新轨的龙口装在平板车的两侧，拨旧轨的龙口装在车尾悬臂梁的梁端之下部，在悬臂梁的梁端上部装有新轨的导向龙口。悬臂梁可升高或降低，由卷扬机控制。悬臂梁也可转动，其轮轴设在平板车的端梁上，区间运行时，将悬臂梁落在另一平板车上，平板车的另一端装有平衡悬臂梁的平衡重。组合式换轨车可与其他车连挂运行，调转运行方便。组合式换轨车在作业中走行平稳，拨动钢轨的力度较强，新、旧轨的拨入与拨出的通路上、下平行，互不干扰。在曲线上作业时，悬臂梁可适当转一角度定位，使新、旧轨走向与线路中线吻合。组合式换轨车进入工位后，甩掉托运平板车，而后落下悬臂梁，使拨旧轨的龙口略高于轨面，再分别用钢轨吊起装置将新、旧轨引入各自的龙口，换轨即随车缓慢启动。待新、旧轨开始落地后，换轨车即可按规定速度行进，每小时可更换 2~3 km。

③利用铺轨机推送换铺。这种方法的铺设原理与利用换轨小车换轨法类似，不同的是，铺轨机铺设完成标准轨排后，退回铺轨起点，拆除轨排钢轨，翻到枕木外侧，将轨排之间的轨枕按设计放好，运输轨排的平板车退回铺轨基地（若采用枕轨运输车运输轨排则无须退回）。将长钢轨列车送至铺轨现场，再将长钢轨直接推送或拖拉至承轨槽内（承轨槽内每隔一定距离放置一个滚筒），拆除滚筒长钢轨落槽，上好扣件，用无孔钢轨临时连接器连接长轨轨道。铺轨机继续向前铺轨，随后用收轨机收回标准轨循环使用。其施工工艺流程如图 6-9 所示。

对于有砟轨道，当沿线交通条件较好、单根轨枕运输方便时，也可以先人工布放单枕，然后采取推轨法铺设长钢轨。

(3)施工工艺及作业要点。

1)铺枕、铺设长钢轨(单枕连续铺设法)。单枕连续铺设法施工基本工艺流程如图 6-10 所示。

①施工准备。

a. 按设计要求精确测量线路中心线，并按铺轨机作业要求用醒目颜色设置铺轨机走行标示线或设置导向边桩及钢弦。

b. 按枕轨运输列车技术要求装载长钢轨和轨枕，长钢轨装车完毕后要保证其锁定牢固。

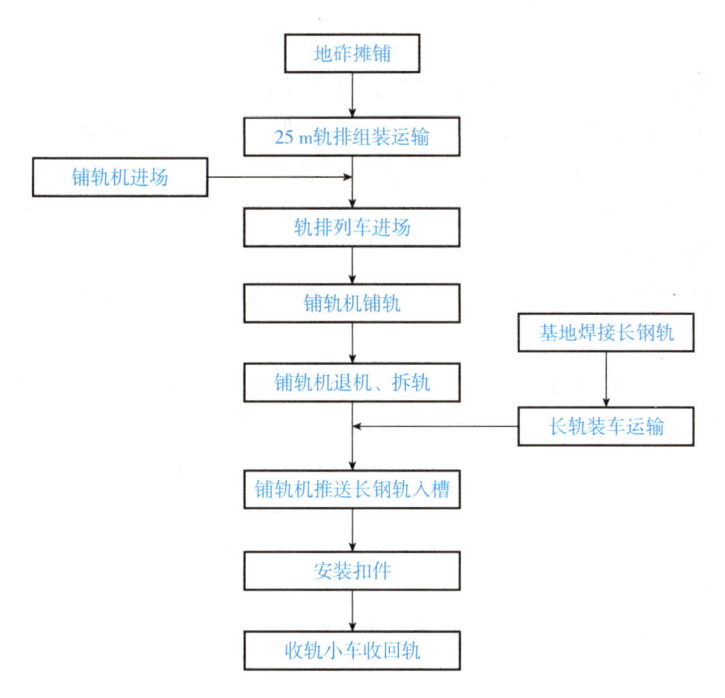

图 6-9　利用铺轨机推送换铺施工工艺流程

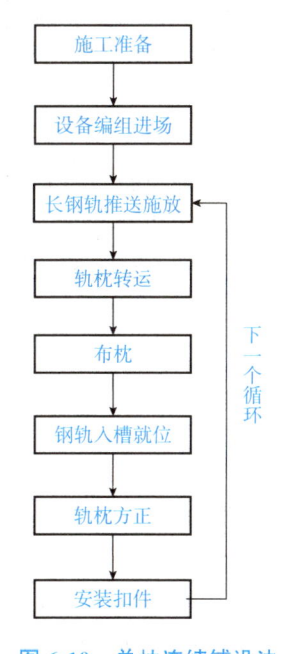

图 6-10　单枕连续铺设法

  c. 轨枕装车时严禁发生碰损、装偏、倾斜、漏垫支垫物等现象。
  ②长轨推送拖放。
  a. 机车推送铺轨列车进场时，运枕龙门式起重机应在铺轨机上锁定牢固。
  b. 拖卸长钢轨时，每次只允许解开所拖卸的长钢轨的锁紧装置。扳下钢轨间隔铁，搬开长轨前挡块。

　　c. 拨、串钢轨时，应由专人指挥，施工人员应动作一致。

　　d. 牵引长钢轨时，必须卡牢牵引卡，并设专人保护，施工人员不得站在牵引钢丝绳两侧，轨头送入推送机构时，位置要准确，拖拉要平稳。

　　e. 长轨推送装置将长轨沿导向装置推送至铺轨机前端拖拉机拖拉架下，并用专用的夹具将长轨前端与拖拉架相连。

　　f. 拖拉机拖拉长轨前行，每隔 10 m 左右在长轨下放置一对滚筒，滚筒横向中心距为 3 250 mm。

　　g. 在钢轨端部脱开个体或各工作机构时，一切人员与钢轨端部要保持一定的距离，防止钢轨端部反弹伤人。

③轨枕转运。轨枕的吊运应分层进行。

④布枕。

　　a. 铺轨机沿线路中心线匀速前行，轨枕布设装臂按规定间距布设轨枕，布枕中心线与线路中心线的误差在 30 mm 以内。

　　b. 轨枕布设时将橡胶垫板放至轨枕承轨槽。

⑤钢轨入槽就位。

　　a. 铺轨机前进时收轨装置自动将长钢轨收入轨枕承轨槽，长钢轨间用临时连接器连接。

　　b. 收轨同时，将轨底的滚筒收到铺轨机前端的存放滚筒架上。

⑥安装扣件。长钢轨就位后，放正轨枕，安装部分扣件，保证铺轨机组安全通过，铺轨机组通过后要及时补充扣件。

⑦质量检验。

　　a. 严格按铺轨编号依次铺设长钢轨，铺轨时应及时记录铺设轨温。

　　b. 铺轨后左右股单元轨节接头相错量不宜超过 100 mm。

　　c. 轨道中心线与线路设计中心线应一致，允许偏差为 30 mm。

　　d. 枕间距为 600 mm 时，轨枕间距及偏斜允许偏差为 ±20 mm，连续 6 根轨枕间距为 3 m±30 mm。

2）分层上砟整道。

①整道前施工测量。

　　a. 采用全站仪测设线路的中线桩，直线上每 50 m、圆曲线上每 20 m 及缓和曲线上每 10 m 测设一点，并把中线点外移到线路的外侧。

　　b. 完成平面测量，算出相应里程的拨道量。

　　c. 在路基两侧的路肩上钉设水平桩，直线地段不大于 50 m，曲线地段不大于 20 m，变坡点和竖曲线起讫点应增设桩橛。用水准仪往返测量，测出各点的桩顶实测高程、轨顶实测高程，计算出起道量、桩顶至设计轨顶高程的距离。

②补砟。长钢轨铺设后使用风动卸砟车及时进行第一次上砟。

③轨道线路调查。

　　a. 枕下道砟摊铺厚度不应小于 50 mm，枕木盒内道砟饱满。

　　b. 调查并处理钢轨硬弯、死弯、曲线反超高等。

c. 调查并处理、拆除可能影响机养作业的障碍物。

d. 调查具备机养条件的线路区段，编制施工方案。

④配砟整形作业。

a. 配砟整形车在收放工作装置时，应选择线路比较平直的地段进行。

b. 放下侧犁时应避免侧犁后翼犁板碰撞司机室，中犁放下后距轨枕面 10～15 mm，清扫装置放下后距轨枕面 10～15 mm。

c. 配砟整形车工作时，应注意线路上的固定装置及障碍物。

⑤综合作业捣固车起道、捣固作业。

a. 第一、第二遍起道虽不宜大于 50 mm，第三、第四、第五遍起道量不宜大于 30 mm。

b. 次拨道量不宜大于 50 mm。

c. 起道量 30 mm 以上时，宜双捣作业，起道量 30 mm 以下时，宜单捣作业。

⑥动力稳定作业。每层道床起道、捣固作业后，应进行 1～2 次动力稳定作业，稳定车在路基上工作速度一般为 0.6～0.9 km/h，由下层至上层速度逐层降低，作业频率控制在 30～35 Hz，竖向荷载为 19.8 kN。

⑦质量检验。

a. 轨道几何尺寸允许偏差应符合有关要求。

b. 轨面高程及道床断面基本符合设计，道床厚度宜比设计厚度小 40 mm，道砟数量应符合设计断面要求。

c. 轨道中心线与设计线路中线应一致，允许偏差为 30 mm。

d. 道床状态参数指标：道床横向阻力不低于 7.5 kN/枕；道床支承刚度不得低于 70 kN/mm。

二、无砟轨道长钢轨铺设

目前，无砟轨道长钢轨铺设两种方法：一是采用钢轨纵向推送直接入槽的方法，称为"纵向推送法"，如图 6-11 所示；二是采用钢轨纵向拖拉直接入槽的方法，称为"拖拉法"，如图 6-12 所示。纵向推送法的主要铺轨设备由机车、长钢轨运输车、长钢轨推送车、导向装置等组成；拖拉法的主要铺轨设备由机车、长钢轨运输车、牵引车、导向车、辊轮小车等组成。长钢轨铺设施工工序作业控制要点如下。

图 6-11 纵向推送法铺设长钢轨

图 6-12 拖拉法铺设长钢轨

1. 准备

无砟轨道铺轨应在无砟道床施工完毕，经验收合格并达到规定强度后方可施工。

2. 长钢轨储运

(1)长钢轨进场时应查验长钢轨出厂证明文件，并查看长钢轨外观质量，抽检长钢轨的长度、焊头平直度等，符合要求后方可卸存。

(2)长钢轨存放台要平整、稳固，各层钢轨之间应采用钢轨支垫，支垫跨距 7.5 m，上下对齐，与各层钢轨垂直放置。

(3)装卸长钢轨时各龙门式起重机应同步作业，缓起，轻落。

(4)长钢轨装车前应核实左右股长度符合配轨计划。

(5)长钢轨装车后必须加固锁紧，并按超长货物组织运输。

(6)长轨列车在区间及站内正线运行速度不得超过 40 km/h，侧向通过道岔限速 10 km/h，禁止通过 8 号及其以下道岔。

3. 纵向推送法

(1)铺轨列车在施工地段运行限速 5 km/h，在接近已铺长钢轨轨头 10 m 处停车，以 0.5 km/h 速度对位。

(2)距卸轨起点约 9 m、16 m 及 22 m 处依次组装 A 形龙门顺坡架，通过 3 台龙门顺坡架将长钢轨由平车高度卸至承轨槽滚筒上。

(3)长钢轨落槽后，宜每隔 5~8 根枕安装一组扣件，接头前后两根枕扣件应安装齐全。

(4)铺轨列车以不大于 3 km/h 的速度推进，并按相关规定对位，进行下一对长钢轨的推送。

4. 拖拉法

(1)铺轨牵引车和钢轨导向车预先在铺轨起点处等待，待长轨运输车进入区间后，机车推送长轨运输车与钢轨导向车连接。

(2)人工从铺轨牵引车上牵引钢丝绳经钢轨导向车后引入长轨运输车，并按预定顺序分左右两股各挂住钢轨轨头，车上人工配合拨轨和拖轨。

(3)铺轨牵引车向前走行，牵引长轨经钢轨导向车后引入未铺地段轨枕承轨槽之间的地面滚筒上。

(4)一节长钢轨牵引到位置后，用起重机将长钢轨拉起，拆除地面滚筒，长钢轨落槽就位，人工宜每隔 5~8 根枕安装一组扣件，接头前后两根枕扣件应安装齐全。

(5)严格按"配轨表"铺轨编号依次铺设长钢轨，铺轨时应记录铺设轨温，铺轨后左右股单元轨节接头相错量不宜超过 100 mm。

三、工地钢轨焊接

1. 基本规定

工地钢轨焊接应符合以下规定：

(1)钢轨焊头质量和焊接接头平直度应符合规范规定。

(2)气温在 0 ℃以下及恶劣天气时，不宜进行工地焊接作业。

(3)钢轨焊头应根据焊接工艺要求进行焊后热处理。

(4)承受拉力的焊缝,在其轨温高于400 ℃时应持力保压。

(5)锁定焊接需要插入短轨时,插入短轨长度不应小于6 m,材质与原钢轨相同,焊后应保持原无缝线路技术状态和锁定轨温不变。

(6)铝热焊缝距轨枕边缘不得小于100 mm。

工地焊接完成后应检查焊好的接头,并标记编号,填写焊接记录报告。工地钢轨焊接应采用移动式闪光焊,道岔内困难位置(如尖轨跟端等)可采用铝热焊。

2. 工地钢轨闪光焊接

(1)工艺流程。工地钢轨闪光焊接应配有移动式闪光焊接作业车、拉轨器、锯轨机、钢轨打磨机、正火机、调直机、探伤仪等设备。工地钢轨闪光焊接施工基本工艺流程如图6-13所示。

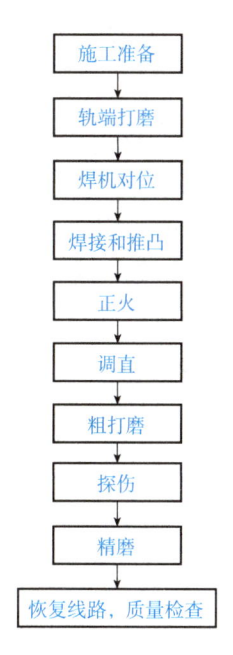

施工准备 → 轨端打磨 → 焊机对位 → 焊接和推凸 → 正火 → 调直 → 粗打磨 → 探伤 → 精磨 → 恢复线路,质量检查

图 6-13 工地钢轨闪光焊施工

(2)基本规定。

1)工地钢轨闪光焊接应符合下列要求:拆除待焊轨头前方长钢轨全部及轨头后方10 m范围内的扣件,并校直钢轨。根据轨枕和扣件类型适当垫高待焊轨头后方的钢轨,保证焊头轨顶平直度。待焊轨头前方长钢轨下每隔12.5 m安放一个滚筒,以便钢轨可以纵向移动焊接。

打磨两待焊轨轨端和焊机电极钳门的轨腰接触区,呈现光泽后方可施焊。将两待焊轨端抬起一定高度进行焊机对位夹轨,抬起高度应根据轨枕和扣件类型确定。焊轨作业车侧钢轨轨下应采取支垫措施实现轨面高度平顺过渡,尤其是焊轨作业车前轮对下方应垫实。

2)推进移动焊轨车初定位时应采取措施,防止钢轨外翻、焊轨车掉道。

3)由起重机的液压系统吊起焊机精确定位。

4)焊机夹紧钢轨并自动对正。焊机自动焊接钢轨、顶锻并推除焊瘤。

5)承受拉力的焊缝,在其轨温高于400 ℃时应持力保压。焊缝区域冷却到400 ℃以下时,焊轨作业车方可通过钢轨焊头。

6)作业车焊完后,应用相应机具对钢轨焊缝进行正火、打磨、平直度检查和超声波探伤等。

7)正火应在焊接接头不受拉力的条件下进行。焊接接头温度低于500 ℃(轨头表面)时方可正火加热,移动式闪光焊接焊头可采用气压焊加热器火焰摆动方式加热,加热温度应控制在850~950 ℃。轨头冷却宜采用风冷。

8)粗磨应保证焊接接头的表面粗糙度能够满足探伤扫描的要求。焊头非工作边的垂直、水平方向错边应进行纵向打磨过渡。

9)砂轮粗打磨时,应纵向打磨,使火花飞出方向与钢轨纵向平行。打磨过程中,不应使砂轮在钢轨上跳动冲击钢轨母材,不应出现打磨灼伤。

10)焊缝及焊缝中心线两侧各450 mm长度范围内的轨顶面、轨头内侧面应使用仿型打磨机精细打磨,打磨时焊头温度不宜大于50 ℃。

11)工地钢轨闪光焊接接头超声波探伤应符合规定。工地钢轨闪光焊接焊头平直度允许偏差应符合规定。

(3)工地钢轨闪光焊接完成后应做好以下工作:

1)检查焊好的接头,并打上焊接标记,填写焊接记录报告。

2)线路恢复时,扣配件应安装正确、配件齐全。

3)将轨道恢复到正常状态并清理焊接现场。

3. 质量检验

对焊接接头进行探伤检查,并检测焊头平直度,对无法整修达标的需锯除重新焊接。

四、无缝线路应力放散与锁定

1. 有关规定

(1)无缝线路应力放散及锁定可采用拉伸器滚筒法或滚筒法,应符合下列规定。

1)当施工作业时的轨温低于设计锁定轨温时,应采用拉伸器滚筒法施工。

2)当施工作业时的轨温在设计锁定轨温范围内时,应采用滚筒法施工。

(2)钢轨位移观测桩设置应符合下列规定。

1)位移观测桩应按设计设置。单元轨节起终点的位移观测桩宜与单元轨节焊接接头对应,纵向相错址不应大于30 m。位移观测桩应与电气设备错开。

2)位移观测桩应设置齐全、牢固可靠、易于观测和不易破坏。

3)跨区间无缝线路的位移观测桩按里程递增方向顺序编号,编号方法为"X—X",横线前数字为单元轨节的顺序号,横线后为单元轨条内的桩号,编号均以阿拉伯数字标注,并在桩号右上方标"♯"号。

4)观测桩在区间埋设在路肩上,在站内站台侧可设置在站台墙上,观测桩距道床外侧和路肩边缘均应大于0.3 m,当路肩宽度不足时,可埋于路肩中心。

5)路基上位移观测桩埋设深度应符合设计要求。

6)位移观测桩也可利用线路两侧的接触网基础(杆)、线路基标或在其他固定建筑物上设置。

7)桥上位移观测桩可设置于桥梁固定支座附近稳固的桥面防撞墙上。标记必须稳固、耐久、可靠,便于观测。

8)位移观测桩位置、编号及观测记录应列入竣工资料。

(3)无缝线路应力放散及锁定施工作业应符合下列规定。

1)线路锁定前应掌握当地轨温变化规律,根据作业区段的时间间隔,选定锁定线路的最佳施工时间。

2)测量轨温时,要对钢轨的不同位置进行多点测量,取其平均值。

3)拆除待放散单元轨节的全部扣件,每隔5~10 m垫入一个滚筒,每隔300~500 m距离设置一台撞轨器。

4)放散应力时,应每隔100 m左右设一临时位移观测点观测钢轨的位移,及时排除影响放散的障碍,达到应力放散均匀、彻底。

5)在单元轨节的终端应设置一台拉伸器拉伸钢轨,必要时撞轨,使拉伸量传递均匀。钢轨拉伸器拉伸钢轨前,滚筒应按要求垫放到位。

6)钢轨拉伸量达到计算值后,钢轨拉伸器保压,撤出滚筒,安装扣件,锁定线路。这时的锁定作业轨温加上钢轨拉伸换算轨温为实际锁定轨温。

7)线路锁定后,应立即在钢轨上设置纵向位移观测的"零点"标记,按规定开始观测并记录钢轨位移情况。

8)两股钢轨宜同步锁定,线路锁定后才能撤出钢轨拉伸器。

9)拉伸器撤除后,已锁定单元轨节自由端会产生回缩量,下一单元轨节拉伸锁定时,应将该回缩量计入单元轨节拉伸量。

10)锁定日期及实际锁定轨温应列入竣工资料。

(4)无缝线路缓冲区设置作业应满足下列要求。

1)缓冲区接头应方正,左右股轨端相错量不应大于40 mm。

2)缓冲区应与相邻单元轨节同时锁定,接头预留轨缝应符合设计规定,接头螺栓涂油,安装齐全,螺母扭矩应达到900 N·m。

3)缓冲区钢轨接头轨面及内侧工作边要求平齐,偏差不超过0.5 mm。

(5)无缝线路锁定应符合下列规定。

1)无缝线路实际锁定轨温应控制在设计锁定轨温范围内。

2)无缝线路锁定时应准确确定并记录锁定轨温。相邻单元轨节锁定轨温之差不应大于5 ℃,左右股锁定轨温之差不应大于3 ℃,同一区间内的单元轨节最高与最低锁定轨温之差不应大于10 ℃。

3)胶垫应放正无缺损,扣件安装齐全,扣压力符合设计要求。

(6)无缝线路有下列情况之一者,应重新放散,调整应力后锁定线路,使其符合设计要求,并按实际锁定轨温及时修改有关技术资料和位移观测标记。

1)实际锁定轨温超出设计锁定轨温范围。

2)相邻单元轨节锁定轨温之差大于5 ℃，左右股锁定轨温之差大于3 ℃，同一区间内的单元轨节最高与最低锁定轨温之差大于10 ℃。

3)固定区位移观测桩处最大位移大于10 mm或锁定轨温变化大于±5 ℃范围。

4)因处理线路故障或施工，改变了原锁定轨温，使之超出设计锁定轨温范围。

5)施工时因故未按设计锁定轨温锁定线路。

(7)无缝线路完工后，应备齐下列资料。

1)平面布置图及配轨图表。

2)铺轨日期、时间与实际锁定轨温记录。

3)工地移动闪光焊机焊接记录表、铝热焊接记录表及工地钢轨焊接接头超声波探伤记录。

4)无缝线路单元轨应力放散拉伸情况记录表。

5)无缝线路纵向位移观测记录表。

6)铺轨编号与焊缝编号对照表。

7)无缝线路基本技术状况登记表。

8)其他技术资料。

2. 应力放散与锁定工艺要点

此处介绍一次性铺设无缝线路中钢轨应力放散及无缝线路锁定施工。

(1)作业流程。设置临时位移观测点→拆卸扣件→放散应力→锁定线路→设置位移观测标记。

(2)过程控制标准。无缝线路锁定应具备以下条件：

1)按施工图要求已设置钢轨位移观测桩。

2)施工轨温应在设计锁定轨温范围以内或以下时施工。

3)有砟道床应达到初期稳定状态，并应符合以下规定：

①轨道几何尺寸允许偏差应达到表6-1的要求。

表6-1　轨道初期稳定静态几何尺寸允许偏差

序号	项目	允许偏差/mm
1	高低(10 m弦量)	4
2	轨向(直线10 m弦量，曲线20 m弦量)	4
3	扭曲(基长3 m)	4
4	轨距	±2
5	水平	4

②轨面高程及道床断面基本符合设计，轨枕盒内道砟应饱满，枕底满铺。

③轨面高程宜比设计低50～80 mm，轨道中线允许偏差为20 mm。

④道床状态参数指标：道床横向阻力不得低于7.5 kN/枕，道床支承刚度不得低于70 kN/mm。

4)无缝线路实际锁定轨温应控制在施工图锁定轨温范围内。

5)无缝线路锁定时必须准确确定并记录锁定轨温。相邻单元轨节锁定轨温之差不应大于5 ℃，左右股锁定轨温之差不应大于3 ℃，同一区间内的单元轨节最高与最低锁定轨温之差不应大于10℃。

6)单元轨节长度应满足施工进度和铺设时应力放散最佳效果的要求，以 1 000～2 000 m为宜，最短不得小于 200 m。

7)胶垫应放正无缺损，扣件安装齐全，扣压力符合施工图要求。

(3)工程施工质量验收标准。位移观测桩应设置齐全、牢固可靠、易于观测和不易破坏。无缝线路有下列情况之一者，应放散或调整应力后重新锁定线路，使其符合施工图要求，并应按实际锁定轨温及时修改有关技术资料和位移观测标记。

1)实际锁定轨温超出施工图锁定轨温范围。

2)相邻单元轨节锁定轨温之差大于5 ℃，或左右股锁定轨温之差大于3 ℃，或同一区间内的单元轨节最高与最低锁定轨温之差大于10 ℃。

3)位移观测桩处相对位移换算轨温加上原锁定轨温超出施工图锁定轨温允许范围。

4)因处理线路故障或施工改变了原锁定轨温，使之超出施工图锁定轨温范围。

5)施工时因故未按施工图锁定轨温锁定线路。

(4)施工机具。应力放散及线路锁定主要施工机具见表6-2。

表 6-2 应力放散及线路锁定主要施工机具表

序号	机具名称	型号
1	锯轨机	HC355
2	液压钢轨拉伸器	TR5
3	撞轨器	
4	液压起拨道机	
5	钻孔机	
6	轨道检测仪	
7	轨道车	
8	工具车	
9	平板车	
10	经纬仪	
11	水平仪	
12	滚筒	ϕ20 mm

(5)施工过程。

1)施工准备。

①进行应力放散及无缝线路锁定施工工艺设计，编制作业指导书。

②线路锁定前应掌握当地轨温变化规律，根据作业区段的时间间隔，选定锁定线路的最佳施工时间。

③对施工作业人员进行岗前安全和技能培训。

④根据施工需要配齐各种施工设备及检验检测量具。

2)工艺及质量控制流程。应力放散及无缝线路锁定施工工艺及质量控制流程如图 6-14 所示。

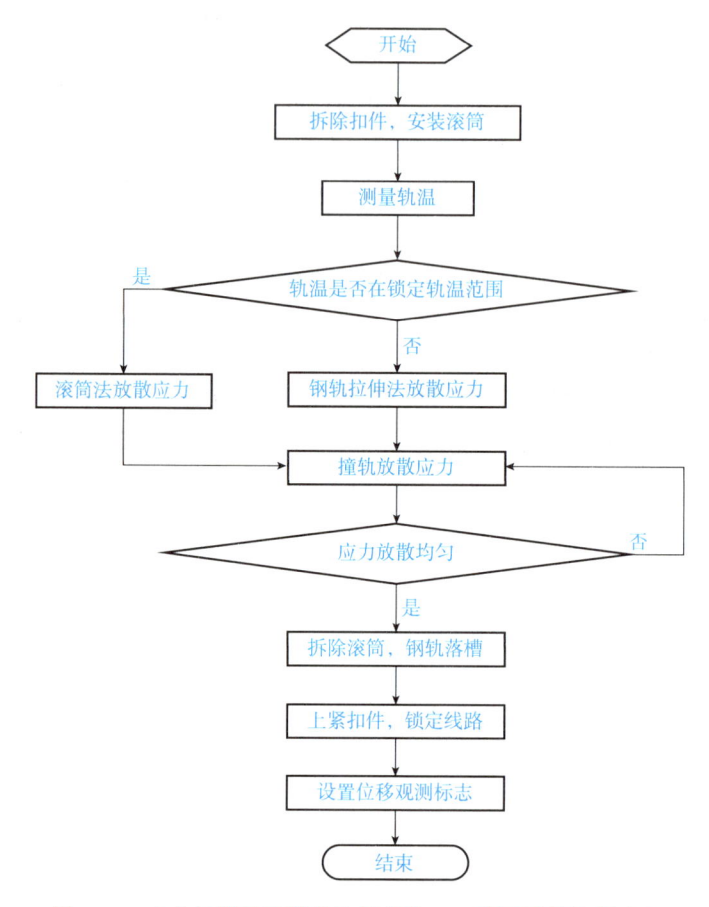

图 6-14 应力放散及无缝线路锁定施工工艺及质量控制流程

3)工艺步骤说明。

①应力放散施工准备包括选择作业时间、测量轨温、安装撞轨器、安装拉伸器、分配作业人员及工具等,作业人员应均匀分布在单元轨节长度范围内,一般分 6 个小组,每小组负责 200~300 m 线路的拆上扣件、垫取滚筒、撞轨、钢轨位移观测等工作。

②应力放散作业时应根据测量轨温判断,当轨温在设计锁定轨温范围内时采用"滚筒放散法",当轨温低于设计锁定轨温时采用"拉伸放散法"。

③滚筒放散法。

a. 计算放散量。放散量按式(6-2)计算:

$$\Delta L = \alpha L (T_{ss} - T_p) \tag{6-2}$$

式中 ΔL——放散量(mm);

α——钢轨钢的线膨胀系数,$\alpha = 11.8 \times 10^{-6}/℃$;

L——单元轨节长度(mm);

T_{ss}——实际锁定轨温(℃);

T_p——铺轨时的平均轨温(铺轨时每 300 m 测定一个轨温值,取各轨温的平均值)。

当实际锁定轨温低于铺轨平均轨温时,ΔL 为负值,即放散后单元轨节要短一截,此时需要准备一相应的短轨,放在单元轨节的未锁定端,作临时连接用。

当实际锁定轨温高于铺轨平均轨温时,放散后则需锯轨。

b. 在单元轨节两端及中间每隔 150 m 左右设一个应力放散位移观测点,观测钢轨在应力放散过程中相对于轨枕的移动量。观测点可设在轨底上表面或轨腰上。

c. 解除本单元轨节和与之焊连的无缝线路末端 25~75 m 范围内的所有扣件约束。

d. 用起道机抬起钢轨,每隔 15~20 根轨枕在轨底放入一个滚筒,使轨底高出橡胶垫 20 mm,处于自由伸缩状态。当实际锁定轨温高于铺轨平均轨温时在单元轨节的末端 30 m 范围内,每隔 5 m 放置一个逐渐垫高的滚筒,使末端轨底高出橡胶垫 180 mm。

e. 放散时,直线上每隔 350~400 m、曲线及向上坡方向每隔 300 m 设一个撞轨点。

f. 用撞轨器撞击钢轨,同时观测各点的位移变化情况。当钢轨位移发生反弹且各点位移变化均匀时,则视为钢轨达到自由伸缩状态,此时停止撞轨。应检查滚筒有无倾斜、脱落,钢轨有无落槽及撞击力不够等现象。

g. 确认单元长轨应力放散完毕后,若需锯轨则按锯轨操作程序锯轨,要求轨端不垂直度不大于 0.8 mm。

h. 撤掉滚筒,使长轨平稳地落入承轨槽,同时检查橡胶垫,有错位者纠正。

i. 将作业人员均布在进行应力放散长轨范围内,测量并记录开始紧扣件时的轨温,同时进行紧扣件作业,每隔两根紧一根,无缝线路尾端 25~75 m 范围内的扣件全部紧完,并上紧无孔钢轨接头[轨缝处仍用 20 mm 左右的薄轨头片衬垫,以保持轨缝为(25±2)mm],此时视为长轨已锁定。此时轨温为结束时轨温,做好记录,同时继续紧完其余全部扣件。

j. 计算锁定作业开始与结束时的平均轨温,此为实际锁定轨温,应记录在案。同时在位移观测桩和轨腰(或轨底上表面)相对应处,做出清晰、规范的记号。

④拉伸放散法(综合放散法)。

a. 计算拉伸量。长轨拉伸量按式(6-3)计算:
$$\Delta L = \alpha L (T_{ss} - T_d) \tag{6-3}$$

式中 ΔL——拉伸量(mm);

α——钢轨钢的线膨胀系数,$\alpha = 11.8 \times 10^{-6}/℃$;

T_{ss}——实际锁定轨温(℃);

T_d——锁定作业当时实测轨温(℃)。

b. 使钢轨处于自由伸缩状态,其作业程序符合上述滚筒放散法中 b~f,其中第 d 条中,单元轨节的末端无须抬高 180 mm,轨底高出橡胶垫 20 mm 即可。

c. 在各观测点上做出拉伸位移的零点标记。

d. 测量长轨尾端与下一个单元轨节轨端之间的距离,扣除应留的轨缝宽度后,与计算的拉伸量对比,以最终确定锯轨置,并按锯轨的操作程序锯轨,轨端不垂直度小于 0.8 mm。

锯轨量计算如下:

$$L_j = \Delta L - L_z - L_f \tag{6-4}$$

式中　L_j——锯轨量(mm);
　　　ΔL——计算拉伸量(mm);
　　　L_z——长轨处于自由状态时,长轨尾端与下一个单元轨节端之距离(mm);
　　　L_f——预留轨缝量(mm)。

e. 安装拉轨器,利用拉轨器和撞轨器共同作用,拉伸钢轨,同时观测各观测点拉伸位移的变化情况。拉伸量达到预定长度后,通知各观测点人员做出记号。此时撞轨器仍然继续作业,当各观测点在所做记号处出现反弹址(应力放散已均匀),停止撞轨,拉轨器保斥。在锁定作业完成之前不得因拉轨器的失压而使轨端出现位移。

f. 撤除撞轨器及滚筒,使长轨平稳地落入承轨槽,同时检查橡胶垫,有错位者纠正。

g. 将作业人员迅速均布到进行应力放散长轨的全长范围内,同时进行紧固扣件作业,每隔两根紧固一根,无缝线路尾端25~75 m范围内的扣件全部紧完,并上紧无孔钢轨接头(轨缝处仍用20 mm左右的薄轨头片衬垫,以保持轨缝为25 mm±2 mm),此时视为长轨已经锁定。继续紧完其余全部扣件。

h. 撤除拉伸器,复核长轨实际拉伸长度,换算出对应的实际锁定轨温值,该值若在计划锁定轨温范围内;则确认为实际锁定轨温,填入表内。否则锁定工作重新返工。

i. 作业过程中应及时填写"单元轨节应力放散及锁定作业记录表"。

⑤设置位移观测标志。

a. 在单元轨节的末端设临时位移观测零点,以观测钢轨末端位移回弹量,在放散下一根单元轨节时此点必须归零。

b. 设置正式位移观测桩零点标记。在位移观测桩与轨头外侧相对应处,做出清晰、规范的标记,对现场位移观测桩编号标识。

c. 位移观测桩应按施工图设置。单元轨节起终点的位移观测桩宜与单元轨节焊接接头对应,纵向相错量不得大于30 m,位移观测桩应与电气设备错开。

d. 位移观测桩也可利用线路两侧的接触网基础(杆)、线路基桩或在其他固定建筑物上设置。

五、钢轨胶接绝缘接头施工

1. 工地钢轨胶接绝缘接头施工

(1)工艺流程。工地钢轨胶接绝缘接头施工宜在设计锁定轨温的范围内进行。工地钢轨胶接绝缘接头施工主要设备有钢轨液斥拉伸器、锯轨机、端面打磨机、手提式砂轮机、角磨机、对轨架、起道机、小型发电机、温度计、测力扳手等。工地钢轨胶接绝缘接头施工基本工艺流程如图6-15所示。

(2)施工准备。

1)根据设计图现场确定胶接绝缘接头位置。

2)绝缘接头处钢轨平直度允许偏差不大于0.3 mm/m。

3)检查轨端有无低塌、轨头剥离、掉块或锈蚀等现象。

4)钢轨胶接端的端面垂直度偏差及水平偏差均不大于0.15 mm。

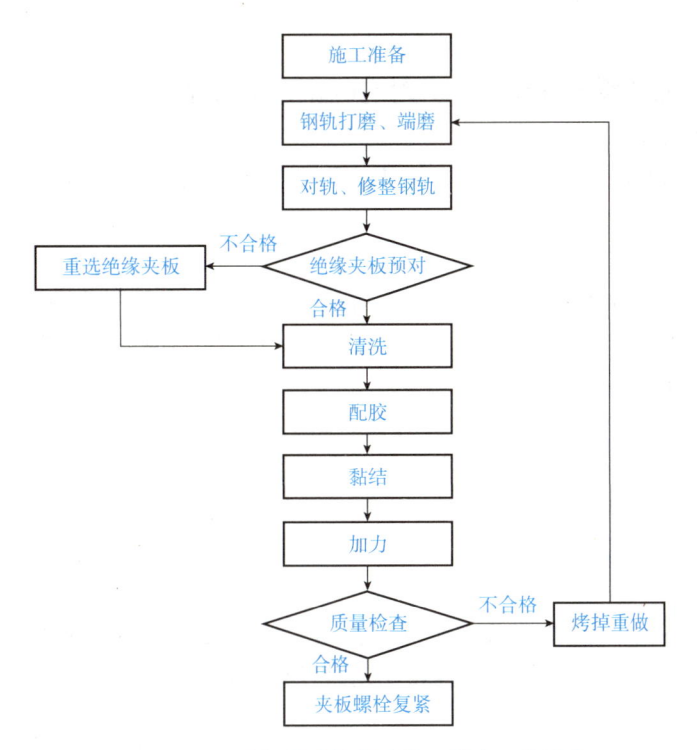

```
              ┌──────────┐
              │ 施工准备 │
              └────┬─────┘
                   ↓
              ┌──────────────┐
              │ 钢轨打磨、端磨 │←─────────┐
              └────┬─────────┘           │
                   ↓                     │
              ┌──────────────┐           │
              │ 对轨、修整钢轨 │           │
              └────┬─────────┘           │
                   ↓                     │
  ┌──────────┐  不合格  ╱╲               │
  │重选绝缘夹板│←──────╱绝缘╲              │
  └──────────┘       ╱夹板预对╲           │
                     ╲  合格 ╱            │
                      ╲    ╱              │
                       ╲  ╱               │
                        ↓                 │
                   ┌──────┐               │
                   │ 清洗 │               │
                   └──┬───┘               │
                      ↓                   │
                   ┌──────┐               │
                   │ 配胶 │               │
                   └──┬───┘               │
                      ↓                   │
                   ┌──────┐               │
                   │ 黏结 │               │
                   └──┬───┘               │
                      ↓                   │
                   ┌──────┐               │
                   │ 加力 │               │
                   └──┬───┘               │
                      ↓                   │
                    ╱╲     不合格   ┌──────────┐
                   ╱质量╲ ────────→│ 烤掉重做 │─┘
                   ╲检查╱           └──────────┘
                    ╲╱
                     │合格
                     ↓
              ┌──────────────┐
              │ 夹板螺栓复紧 │
              └──────────────┘
```

图 6-15　工地钢轨胶接接头施工基本工艺流程

5)用压机、短枕木头架起钢轨。根据绝缘接头夹板螺栓孔尺寸，在钢轨上打孔，螺栓孔直径及间距允许偏差±0.5 mm。

(3)钢轨打磨、端磨作业。

1)用轨端打磨机打磨钢轨端面，要求平整，并从轨头向轨底稍微偏斜 0.10～0.15 mm。

2)用角磨机打磨钢轨，要求距轨端 600 mm 黏结范围彻底除锈，黏结面完全露出金属光泽，无任何锈点。应用镜子检查轨端部位的打磨情况，防止疏漏。

3)轨顶、轨头侧面及螺栓孔按 45°倒角，倒角宽度 1～2 mm，并用纱布打磨达到光滑。

4)用对轨架对正待黏结轨，调整轨缝，绝缘接头轨缝为 6 mm。将绝缘端板捅入预留轨缝处，并用液压钢轨拉伸器张拉钢轨，将端板顶紧，绝缘端板顶面不得低于钢轨顶面。用 1 m 钢板尺测量，轨顶起拱 0.3 mm，轨头侧面允许有±0.3 mm 偏差，并将钢轨位置牢靠固定。

(4)绝缘夹板预对。

1)预对前用毛刷将黏结面和夹板绝缘层清理干净。

2)作业人员用挑棒将绝缘夹板对好，挑棒位置在第 2 和第 5 个螺栓孔位置。在其他孔插入绝缘套管，穿螺栓，带上垫片和螺母。

3)用加力扳手将螺栓扭力加到 1 000 N·m。

4)用兆欧表测量两黏结钢轨的轨头与轨头、轨头与夹板间的电阻值大于 300 MΩ 时方能使用。

5)在预对过程中不得损坏夹板绝缘层。

(5)清洗作业。

1)黏结面和夹板绝缘层用丙酮或丁酮擦抹洁净。钢轨清洁范围为距端头 600 mm 以内，夹板为整个绝缘层表面。

2)清刷黏结面和夹板绝缘层时应均匀、全面、不漏点，遇有风沙天气，则应支起挡风棚。

(6)配胶作业。

1)配胶前，测定钢轨温度，作业轨温不得超出设计锁定轨温的范围，并做记录。

2)将双组分胶调和均匀，调和应迅速，在 12~35 ℃ 外露时间不得超过 15 min。气温超过 35 ℃ 时外露时间不得超过 10 min。

(7)黏结作业。

1)用刮刀在钢轨和夹板的贴合面上涂胶，要求均匀无遗漏，厚度 1 mm。

2)用挑棒分别捅入夹板的第 2 和第 5 个螺栓孔位置，挑起夹板，依次一正一反用旋转状态插入螺栓，戴上垫圈和螺母，套上绝缘套管，并呆板手紧固螺栓。

(8)加力。

1)用测力扳手从中间向两端按规定顺序拧紧螺栓，要求扭力矩全部达到 1 000 N·m，并用道钉锤敲打夹板下沿，再复紧螺栓，反复敲打夹板，反复依次复紧螺栓 3 次。从调和胶到紧完螺栓时间不得超过 16 min。

2)检查黏结接头，其外观表面应美观、整洁，尺寸符合要求。待甲乙胶凝固后，用角磨机打磨突出的端板，并做其他修整。

3)胶接完立即用兆欧表测量绝缘接头电阻值，大于 10 MΩ 为合格，并做好记录。

4)胶接完 1 h 后进行第一次复紧，接头过 3 趟车后立即进行第二次复紧，上线 24 h 后进行第三次复紧。

(9)质量检验。钢轨胶接绝缘接头质量检验应符合下列规定：

1)两股钢轨的绝缘接头应相对铺设，绝缘轨缝绝缘端板宜设于两承轨台中央，距承轨台边缘不应小于 100 mm。

2)钢轨胶接绝缘接头应避免扣件与绝缘接头螺栓接触。

3)电绝缘性能：潮湿状态，在端板处浇水(约 5 L)，用兆欧表测量电阻值，其应大于 1 000 Ω。不合格应烤掉重做。

4)工地钢轨胶接绝缘接头外观质量允许偏差应满足相关的规定。

2. 厂制钢轨胶接绝缘接头施工

(1)厂制钢轨胶接绝缘接头规定。

1)胶接绝缘接头各项技术性能应符合胶接绝缘接头的相关技术要求，并具有型式检验合格证明书。

2)胶接绝缘钢轨的钢厂、钢种、轨型应与线路钢轨相同。

3)用于制作胶接绝缘接头的钢轨，应经过探伤检查，并应采用同一根钢轨锯开胶接。道岔内胶接绝缘钢轨长度按设计配轨要求确定。胶接端的端面垂直度偏差及水平偏差均不大于 0.15 mm。对轨后 1 m 直尺检查：轨顶允许偏差(+0.2，0)mm，轨头侧边允许偏差 ±0.3 mm。胶接绝缘钢轨全长范围内不得有硬弯。

(2)厂制钢轨胶接绝缘接头铺设规定。
1)钢轨胶接绝缘接头铺设(焊接)前应按规定测定其电绝缘性能。
2)搬运、铺设、焊连钢轨胶接绝缘接头时严禁摔、撞。
3)铺设质量要求应符合有关规定。

六、高钢轨预打磨的一般规定

(1)钢轨全线预打磨主要装备。打磨列车、人工操作的钢轨波纹研磨机、钢轨平直度测量仪、波纹磨耗测量仪、钢轨头部横断面绘图仪等。

(2)钢轨全线预打磨应符合下列规定。
1)无缝线路经静态整理后,道床进入稳定状态,静态平顺度符合标准要求后进行钢轨全线预打磨作业。
2)打磨列车到达工地后,根据轨面状态,可采用列车运行打磨、成型打磨等方式进行作业。打磨列车的使用和管理按其操作手册及维修保养手册的相关规定执行。
3)打磨前,应调整好打磨头的偏转面和对钢轨的施压力。
4)打磨前用安装在打磨机上的测量设备对整个打磨段上的钢轨进行纵断面的零位测量。
5)对具有波纹和短波的钢轨,原则上要磨到波纹底及波谷范围。
6)道岔尖轨及可动心轨、辙叉和钢轨伸缩调节器尖轨,应采用道岔打磨列车或手工操作的钢轨波纹研磨机进行打磨,严禁用普通打磨列车打磨。
7)打磨列车应回收打磨下的铁粉。

(3)钢轨预打磨后应符合下列规定。
1)消除钢轨微小缺陷及锈蚀等。
2)消除钢轨在轧制过程中形成的轨面斑点及微小不平顺。
3)消除轨头表面的脱碳层。
4)钢轨的表面应光滑、平顺、无斑点,使其适应列车速度。钢轨顶面平直度1 m范围内允许偏差+0.2 mm。
5)钢轨头部工作面实际横断面与理论横断面相比允许偏差为±0.3 mm。

学习拓展

沈阳铁路局的长大线多次发生断轨事故

1988年9月,沈阳铁路局的长大线下行K419~K424和长大三线K387~K391两个区段,进行换轨大修。但同年11月至1989年1月(铺设后仅4个月),这两个区段内相继发生5次断轨事故。

后经现场调查分析发现,断轨事故主要原因是铺设锁定轨温设置过高:铺设地段虽然在东北地区,但9月轨温还比较高,白天在20 ℃以上,由于铺轨在白天进行,使锁定轨温达到20 ℃以上。锁定轨温过高,加之焊接长钢轨时质量存在问题,导致冬季容易发生断轨事故。

鉴于此,无缝线路要保持稳定,首先要进行结构设计,进行稳定性计算,设计好合适的锁定轨温，其次要提高施工质量，使用过程中还要加强线路维修养护。

复习思考题

1. 无缝线路轨道结构有哪几种类型？各有什么特点？城市轨道交通中常用的是哪一种？
2. 推导温度力与轨温幅度的关系式。这个关系式表明了什么？
3. 如何计算无缝线路设计轨温？
4. 超长无缝线路有哪些优越性？
5. 焊接长钢轨有哪些方法？各有什么特点？
6. 有砟轨道无缝线路的铺设方法有哪几种？
7. 长大坡道线上铺设无缝线路应注意哪几点？
8. 观测桩如何设置？如何根据观测结果计算锁定轨温的变化情况？

参考文献

[1] 朱庆新，刘见见. 轨道施工技术[M]. 北京：人民交通出版社，2013.
[2] 张立. 铁路轨道构造与施工[M]. 2版. 北京：中国铁道出版社，2021.
[3] 张世军. 工程识图[M]. 北京：中国铁道出版社，2010.
[4] 秦飞. 铁路轨道工程施工技术[M]. 北京：中国铁道出版社，2014.
[5] 安国栋. 高速铁路无砟轨道技术标准与质量控制[M]. 北京：中国铁道出版社，2009.
[6] 朱颖. 客运专线无砟轨道铁路工程测量技术[M]. 北京：中国铁道出版社，2008.
[7] 铁道部工程管理中心. 客运专线铁路道岔铺设手册[M]. 北京：中国铁道出版社，2009.
[8] 铁道部工程管理中心. 客运专线铁路扣件系统安装技术手册[M]. 北京：中国铁道出版社，2009.
[9] 李昌宁，戴宇，孙军红. CRTS I 型双块式无砟轨道轨枕预制与铺设技术[M]. 北京：中国铁道出版社，2013.
[10] 李昌宁，戴宇，曹广. CRTS II 型板式无砟轨道板预制与铺设技术[M]. 北京：中国铁道出版社，2012.
[11] 李成辉. 铁路轨道[M]. 北京：中国铁道出版社，2010.
[12] 中华人民共和国行业标准. TB 10015—2012 铁路无缝线路设计规范[S]. 北京：中国铁道出版社，2013.
[13] 中华人民共和国国家铁路局. TB 10082—2017 铁路轨道设计规范[S]. 北京：中国铁道出版社，2017.
[14] 中国铁路总公司. 铁路技术管理规程[S]. 北京：中国铁道出版社，2014.
[15] 中华人民共和国国家铁路局. TB 10302—2020 铁路路基工程施工安全技术规程[S]. 北京：中国铁道出版社，2020.
[16] 谷爱军. 铁路轨道[M]. 北京：中国铁道出版社，2005.
[17] 荣佑范. 铁路线路维修与大修[M]. 北京：中国铁道出版社，2011.
[18] 胡名正. 高铁不神秘[M]. 北京：中国铁道出版社，2020.
[19] 中华人民共和国铁道部. TB 10601—2009 高速铁路工程测量规范[S]. 北京：中国铁道出版社，2009.
[20] 中华人民共和国国家铁路局. TB 10621—2014 高速铁路设计规范[S]. 北京：中国铁道出版社，2015.
[21] 王平. 铁路轨道施工[M]. 北京：中国铁道出版社，2010.
[22] 中华人民共和国住房和城乡建设部. GB 50157—2013 地铁设计规范[S]. 北京：中国建筑工业出版社，2014.
[23] 何华武. 无碴轨道技术[M]. 北京：中国铁道出版社，2005.
[24] 卢春房. 轨道工程[M]. 北京：中国铁道出版社，2015.
[25] 刘学毅. 铁路工务检测技术[M]. 北京：中国铁道出版社，2011.
[26] 易思蓉. 铁道工程[M]. 3版. 北京：中国铁道出版社，2015.
[27] 胡名正. 高铁不神秘[M]. 北京：中国铁道出版社，2020.